D1732240

Leeres Land

Dorothee Kimmich

LEERES LAND

Niemandsländer in der Literatur

Konstanz University Press

Bibliografische Information der Deutschen Nationalbibliothek

Die Deutsche Nationalbibliothek verzeichnet diese
Publikation in der Deutschen Nationalbibliografie;
detaillierte bibliografische Daten sind im Internet über
http://dnb.d-nb.de abrufbar.

© Konstanz University Press 2021
www.k-up.de | www.wallstein-verlag.de
Konstanz University Press ist ein Imprint der
Wallstein Verlag GmbH

Vom Verlag gesetzt aus der Chaparral Pro
Umschlaggestaltung: Eddy Decembrino
Druck und Verarbeitung: Hubert & Co, Göttingen
ISBN 978-3-8353-9134-5

Inhalt

Vorwort

Dieses Buch über Niemandsländer sollte ursprünglich der dritte Teil eines Bandes über die lebendigen Dinge in der Literatur der Moderne sein. *Lebendige Dinge in der Moderne* erschien 2011 als Essay,[1] und auch aus dem ursprünglich als zweiter Teil geplanten Text über Ähnlichkeit wurde eine eigenständige Publikation.[2] Es besteht daher ein lockerer Zusammenhang zwischen den Büchern, eine notwendige Gemeinsamkeit haben sie nicht, auch wenn einige der besprochenen Autoren, darunter Gottfried Keller, Siegfried Kracauer und Franz Kafka, in allen drei Texten auftauchen und so etwas wie einen roten Faden bilden mögen.

Lebendige Dinge sind unheimlich, weil sie dem Menschen ähnlich werden. Die Trennung in Subjekt und Objekt, totes Ding und lebendiges Wesen wird verwischt. Die Frage nach der *agency* von Dingen und Strukturen wird mittlerweile – im Anschluss u. a. an Bruno Latour – umfassend und unter verschiedenen Aspekten diskutiert.[3] Ein Aspekt dabei ist, nicht von einer Subversion von Differenzen auszugehen, sondern nach Ähnlichkeit, genauer nach den vielen unterschiedlichen Ähnlichkeiten zu fragen, die Dinge und Menschen verbinden und zugleich unterscheidbar machen.

Ähnlichkeitsbezüge – im Sinne der von Wittgenstein eingeführten »Familienähnlichkeiten«[4] – bieten ein aktuelles

---

1 Dorothee Kimmich, *Lebendige Dinge in der Moderne*, Konstanz: Konstanz University Press 2011.
2 Dorothee Kimmich, *Ins Ungefähre. Ähnlichkeit und Moderne*, Konstanz: Konstanz University Press 2017.
3 Vgl. Bruno Latour, *Wir sind nie modern gewesen. Versuch einer symmetrischen Anthropologie*, Berlin: Akademie-Verlag 1995.
4 Ludwig Wittgenstein, *Philosophische Untersuchungen*, Frankfurt a. M.: Suhrkamp 1971, § 67, S. 57.

Kategoriensetting, das komplexe und flexible Differenzierungen erlaubt, allerdings auf scharfe Distinktion verzichten muss. In einer Philosophie der Ähnlichkeit werden Phänomene um Prototypen herum angeordnet und es haben Kategorien daher keine scharfen Grenzen, sondern granulare Übergänge, die Schwellen- oder Grenzräumen gleichen.

Ähnlichkeitsrelationen und Vergleichspraktiken haben in vielen Kontexten eine Affinität zu räumlichen Vorstellungen im Sinne eines mehr oder weniger nah bzw. mehr oder weniger fern.[5] Hier setzt systematisch die Erforschung von Niemandsländern an.

Niemandsländer sollen also im Folgenden weniger als literarische Motive, sondern vor allem als Reflexionsfiguren auf ein mehr oder weniger an Besitz und ein mehr oder weniger an Herrschaft verstanden werden, und damit als Indikatoren dienen für etwas, das auf den ersten Blick in einer modernen Eigentumslogik keinen Platz hat.

Niemandsländer in der Literatur und in kulturtheoretischen Texten stehen für unterschiedliche, ja gegensätzliche Raum- und Eigentumsnarrative, die sich jeweils kommentieren und kritisieren: Im Begründungszusammenhang kolonialer Aneignung dienen sie dazu, Raub als kulturellen Fortschritt zu rechtfertigen. Als Gegenbild jedoch zur vermessenen Welt der Grundbesitzer formulieren sie einen kritischen Einwand gegenüber Eigentum – vor allem an der Natur – überhaupt. Sie verkörpern ein irritierendes Konzept von Nichtbesitz und Mehr- oder Weniger-Besitz, das sowohl Eroberungsphantasien provoziert als auch Geborgenheitsträume hervorbringt.

5 Vgl. Robert Spaemann, »Ähnlichkeit«, in: Ders., *Schritte über uns hinaus. Gesammelte Reden und Aufsätze II*, Stuttgart: Klett-Cotta 2011, S. 50–58, hier S. 57.

Einleitung: Zur Theorie der Niemandsländer

1 »Drawing a line«

Eigentum ist eine so fundamentale und auch eine so selbstverständliche Institution moderner Gesellschaften, dass es fast unsichtbar zu sein scheint: Unsichtbar nicht dann, wenn individuelles Eigentum fehlt und Armut droht, unsichtbar auch nicht dann, wenn exzessiver Reichtum zur Bedrohung von sozialem Frieden wird. Vielmehr sind es die Institutionen von individuellem, staatlichem oder gemeinschaftlichem Eigentum als solche, die fast unsichtbar geworden sind.[1] »Eigentum ist eine Institution, die zugleich ein Ding- und ein Sozialverhältnis konstituiert«[2] und zugleich auch eine bestimmte Form des Selbstverhältnisses ausbildet. Eine Sache oder Grund und Boden zu besitzen, bedeutet nicht nur, dass man darüber frei verfügen, Ertrag erwirtschaften und weiterveräußern und eben auch andere davon ausschließen kann. Vielmehr gehen Eigentum, Selbstwert, Anerkennung und sogar Identität in modernen Gesellschaften eine weitreichende Allianz ein. Das moderne Subjekt ist eines, das das, was es nutzt oder braucht, auch besitzt, oder anders formuliert sind nur diejenigen, die das, was sie nutzen und brauchen, auch besitzen, souveräne Subjekte.

Eigentum garantiert Verfügungsmacht und Exklusionsrecht. Diese Rechte werden von modernen Staaten geschützt und gelten als fundamentale Freiheitsrechte. Der Schutz von Besitz und die Freiheit, zu besitzen, sind keine

---

[1] Vgl. dazu Tilo Wesche, »Einleitung«, in: *Deutsche Zeitschrift für Philosophie* 62/3 (2014) (Schwerpunkt »Eigentum«), S. 409–414.
[2] Tilo Wesche, Hartmut Rosa, »Die demokratische Differenz zwischen besitzindividualistischen und kommunitären Eigentumsgesellschaften«, in: *Berliner Journal für Soziologie* 28/1–2 (2018), S. 237–261, S. 240.

wertneutralen Regelungen, sondern normative Grund-
sätze. Der Schutz von Eigentum des einen schließt aus, dass
ein anderer dieselben Dinge oder Grundstücke besitzt. Daran schließt sich die Frage nach der Gerechtigkeit der Verteilung an, die nach der politischen Bedeutung der Verteilung und auch diejenige nach der Auswirkung auf staatliche
Machtausübung. Unabhängig davon, ob man den von Karl
Marx vorgebrachten Argumenten zum Mehrwert in kapitalistischen Gesellschaften zustimmt oder nicht, ist nicht
zu leugnen, dass Besitz und Eigentum ungerecht, ja radikal
ungerecht verteilt sind. John Rawls spricht 2001 von einer
property-owning democracy, deren Stabilität durch unge-
rechte Verteilung von Eigentum gefährdet sei.[3] Das ist keine
wirklich überraschende These, überraschend allerdings ist
die geringe Resonanz. Jedenfalls wird die Vorstellung, dass
es ein Recht auf individuelles Eigentum gäbe und dies die
Grundlage eines modernen Rechtssystems sei, kaum ange-
zweifelt.

Die klassischen Eigentumstheorien, die oft durchaus auch
Eigentumskritik enthalten, wie die von Karl Marx, stammen
aus dem 19. Jahrhundert; sie berufen sich auf die Thesen
von John Locke, David Hume und Jean-Jacques Rousseau.
Bisher sind sie nicht abgelöst von neueren Theorien mit gleicher Reichweite und Bedeutung. Eigentumstheorien werden
heute vor allem in den Rechtswissenschaften diskutiert,
philosophische und kulturwissenschaftliche Beiträge sind
seltener, als man erwarten würde. Theorien der Eigentumslosigkeit finden sich zwar zahlreiche und sehr unterschiedliche von theologischen bis hin zu marxistischen, Konzepte
einer neuen Eigentumslogik im Sinne von gemeinschaftlichem oder teilweise gemeinschaftlichem Eigentum, von
commons, werden jedoch erst allmählich wahrgenommen und

---

3 Vgl. Erin Kelly (Hg.), *John Rawls. Justice as Fairness. A Restatement*,
Cambridge Mass.: Harvard UP 2001; Thomas Piketty, *Kapital und Ideologie*, München: Beck 2020, v. a. S. 139–171.

eher von Aktivisten vertreten.[4] Als Commons werden materielle und immaterielle Ressourcen bezeichnet, die prinzipiell durch alle Mitglieder einer Gemeinschaft genutzt werden können. Dazu gehören selbstverständlich Luft, oft auch Wasser – nicht immer allerdings die Fische, die sich darin befinden –, aber auch der Zugang zu Information – im Idealfall.[5] Man kann also Open-source-Formen ebenso dazuzählen wie traditionelle Formen von Allmendeeigentum, wie sie etwa in den Bergregionen Swanetiens in Georgien noch gepflegt werden.[6] Die historische Forschung zu Commons zeichnet deren Bedeutung bis in die Antike und ins Mittelalter nach.[7] Von Commons ist heute auch im Hinblick auf Wissen und Ressourcen die Rede.[8]

Niemandsländer, also Landstriche und Gegenden, die niemandem gehören, sind heute so selten geworden, dass man sie unter Artenschutz stellen müsste. Sie widersprechen dem Grundsatz von Besitz und individueller Nutzungsmöglichkeit, werden möglicherweise gar nicht oder von vielen zugleich genutzt, die Rechtslage ist unbestimmt und somit auch nicht klar, wer von der Nutzung ausgeschlossen wer-

4 Dazu gehören etwa Silke Helfrich (Hg.), *Wem gehört die Welt? Zur Wiederentdeckung der Gemeingüter*, München: oekom 2009; dies. (Hg.), *Commons. Für eine neue Politik jenseits von Markt uns Staat*, Bielefeld 2012; Elinor Ostrom, *Governing the Commons: The Evolution of Institutions for Collective Action*, Cambridge: Cambridge University Press 1990; vgl. das *International Journal of the Commons*, online unter https://www.thecommonsjournal.org, abgerufen am 2.4.2020.
5 Vgl. dazu auch Daniel Loick, *Der Missbrauch des Eigentums*, Berlin: August Verlag 2016, S. 124 ff.
6 Vgl. dazu Luka Nakhutsrishvili, »Pein und Zeit. Fünf geschichtsphilosophische Fragmente aus Georgien«, in: *literaturkritik.de*, 10 (2018).
7 Peter Linebaugh, *The Magna Carta Manifesto: Liberties and Commons for All*, Berkeley, Los Angeles, London: University of California Press 2008, vgl. vor allem auch Kap. 12, »Conclusion«, S. 270 ff.
8 Vgl. Andreas Weber, »Wirklichkeit als Allmende. Eine Poetik der Teilhabe für das Anthropozän«, in: Silke Helfrich, David Bollier (Hg.), *Die Welt der Commons. Muster gemeinsamen Handelns*, Bielefeld: transcript 2015, S. 354–372.

den darf. Spricht man heute von einem Niemandsland, dann ist dies meist in einem metaphorischen und nicht in einem rechtlichen Sinne gemeint. Beides allerdings, die Metapher und das reale Niemandsland – etwa die Weltmeere – stellen eine Herausforderung der »Eigentumsvergessenheit«[9] dar.

»The primordial scene of the *nomos* opens with a drawing of a line in the soil«,[10] konstatiert Cornelia Vismann in ihrem Aufsatz über Niemandsländer zwischen den Fronten des Ersten Weltkriegs. Sie fährt fort: »Cultivation defines the order of ownership in space.«[11] Kultivierung, also im ursprünglichen Sinne landwirtschaftliche Bearbeitung von Boden, ist der Akt der Inbesitznahme und damit das Fundament, auf dem der Anspruch auf – rechtmäßiges – Eigentum ruht. Über Niemandsländer zu reflektieren, sie zu katalogisieren, zu rubrizieren, Bilder und Texte zu Niemandsländern zu sammeln und zu deuten, heißt in erster Linie, über den Zusammenhang von Besitz und Nichtbesitz, über den von Kultivierung und Eigentum, über Kolonialisierung und Inbesitznahme, über Zäune, Grenzen und Gräben bzw. über deren Verschwinden zu sprechen.

Niemandsländer haben oft keinen guten Ruf. Sie gelten als Territorien der Rechtlosigkeit: Besonders in Zeiten von Flucht und Migration kennt man Niemandsländer als Orte zwischen den Grenzen, an denen Menschen stranden, die keinen Zugang zu einem Staat oder zu irgendeinem zivilen Status und keinen Pass bekommen. Im Niemandsland ist

9 Wesche, Rosa, *Die demokratische Differenz*, S. 239.
10 Cornelia Vismann, »Starting from Scratch: Concepts of Order in No Man's Land«, in: Bernd Hüppauf (Hg.), *War, Violence and the Modern Condition*, Berlin, New York: De Gruyter 1997, S. 46–64, S. 46; vgl. Eric J. Leed, *No Man's Land. Combat and Identity in World War I*, Cambridge, New York: Cambridge University Press 1979. Vgl. dazu auch den Roman von Kurt Oesterle, *Die Stunde, in der Europa erwachte*, Tübingen: Klöpfer, Narr 2019. Hier werden die verwüsteten und verlassenen Schlachtfelder des Ersten Weltkriegs zum Schauplatz einer Annäherung zwischen Fremden und Gestrandeten.
11 Vismann, »Starting from Scratch«, S. 47.

man zwischen Absperrungen festgehalten, rechtlos und unversorgt zum Warten verdammt. Niemandsländer gelten gemeinhin als gefährliche Orte, als tückische Zonen zwischen Frontlinien – wie etwa im Ersten Weltkrieg.[12] Sie markieren zudem verminte Pufferzonen – wie an der ehemaligen deutsch-deutschen oder der innerkoreanischen Grenze.

Meist werden aber auch einfach die nicht geographisch erfassten bzw. nicht staatlich beherrschten Wüsten-, Polar- oder Meeresgebiete als Niemandsländer bezeichnet. Gebiete, die zwar auch gefährlich sein können, aber in erster Linie unbebaut und nicht von einem einzelnen Staat in Besitz genommen sind. Niemandsländer sind also diejenigen Gebiete der Erde, die niemandem gehören oder niemandem zu gehören scheinen, weil niemand sie pflegt, einhegt und Anspruch auf sie erhebt oder im Gegenteil, weil sie umkämpft sind und zwischen zwei feindlichen, oft unpassierbaren Grenzen liegen.

Man unterscheidet im juristischen Sprachgebrauch zwischen staatsrechtlichem und besitzrechtlichem Niemandsland. *Terra nullius*, so der lateinische Begriff, wird im Englischen als *empty land* bezeichnet. Dazu gehören z. B. internationale Gewässer – sowohl deren Wasseroberfläche als auch der Seegrund –, internationaler Luftraum und der gesamte Weltraum, dazu rechnet man auch einige sich überlappende Luft-, Land-, Küsten- bzw. Seegebiete. Unbeflaggte Schiffe auf internationalen Gewässern oder auch ein umkämpftes Gebiet zwischen kriegführenden Staaten werden ebenfalls als Niemandsländer bezeichnet, ebenso herrenlose Gegenden, die es allerdings heute kaum noch gibt. Im 21. Jahr-

---

12 Christoph Nübel, *Durchhalten und Überleben an der Westfront. Raum und Körper im Ersten Weltkrieg*, Paderborn: Ferdinand Schöningh 2014; vgl. auch Texte, Filme und Lieder zum so genannten Weihnachtsfrieden 1914: Herfried Münkler, *Der Große Krieg. Die Welt 1914 bis 1918*, Berlin: Rowohlt ⁶2013; Paul McCartney, *Pipes of Peace*, Parlophone/EMI u. Columbia Records 1983; Ralf Marczinczik, *Niemandsland* (Comic), 2013.

hundert finden sich nur noch zwei staatsrechtlich als echte Niemandsländer zu bezeichnende Gebiete: das Marie-Byrd-Land in der Antarktis und das Gebiet Bir Tawil zwischen Sudan und Ägypten. Juristisch gesehen handelt es sich bei Niemandsländern also um Gebiete, die keiner staatlichen Macht unterstellt sind.

Die Debatte um Niemandsländer ist daher eher eine völkerrechtliche und unterliegt nicht den Vorstellungen und Parametern des Privatrechts, obwohl in der Rechtsgeschichte und -theorie sich die Fragestellungen nicht selten berühren und gegenseitig kommentieren. Dies gilt insbesondere dann, wenn man die Überlegungen zu *terra nullius* als Spezialfall der *res nullius*, also der herrenlosen Gegenstände ganz allgemein, behandelt.

Im nicht-juristischen, allgemeinen Sprachgebrauch dagegen werden häufig solche Gebiete als Niemandsländer bezeichnet, die anscheinend niemandem gehören. Daher werden oft Stadtbrachen,[13] dysfunktionale Räume in Großstädten oder besonders unwirtliche Gegenden an den Peripherien von Städten als Niemandsländer angesehen, obwohl sie dies im rechtlichen Sinne meist gar nicht sind. Es sind die in der Romantik berühmt gewordenen *terrains vagues*,[14] die hier das Konzept vom Niemandsland prägen. Niemandsländer in diesem Sinne sind nicht notwendigerweise identisch mit Wüsten, Eis oder Wildnis: Niemandsland *kann* Wildnis sein, muss es aber nicht; im allgemeinen Sprachgebrauch sind Niemandsländer eher *verwildert* als wild.

13 Vgl. Andreas Feldtkeller (Hg.), *Städtebau: Vielfalt und Integration. Neue Konzepte für den Umgang mit Stadtbrachen*, Stuttgart, München: Dt. Verl.-Anst. 2001.
14 *Terrain vague* entspricht nicht genau dem, was »Brache« meint. Der Begriff stammt aus der französischen Romantik und wurde von François-René de Chateaubriand 1811 zum ersten Mal verwendet, findet sich dann bei Honoré de Balzac und spielt in der französischen Moderne eine große Rolle. Vgl. dazu Jacqueline M. Broich, Daniel Ritter, »Tagungsbericht ›Terrain vague: Die Brache in den Stadt- und Kulturwissenschaften‹«, in: *Romanische Studien* 1/2 (2015), S. 379–393.

Es sind unkultivierte Gebiete in doppeltem Sinne: *Cultura* bedeutet ursprünglich Ackerbau und, darauf weist auch Albrecht Koschorke hin, ist mit dem Bild des Pflügens, der Einkerbung, des Ziehens von Linien, Furchen und Grenzen verbunden.[15] Unkultiviert sind sie aber auch, weil sich an solchen Orten eine bestimmte Form von Kultur, Zivilisation und Staatlichkeit nicht durchsetzen kann. So unterscheidet sich kultiviertes, bebautes, fruchtbares Land von unbebautem, wenig belebtem, kaum oder nicht kultiviertem Raum, der entweder ursprüngliche Wildnis oder eben Niemandsland ist.

Denn während Wildnis zur vorfindlichen Natur gehört und letztlich keine Aussage über Besitz- und Eigentumsverhältnisse macht, ist es ganz offensichtlich eine bewusste Entscheidung, eine Einschätzung, oft sogar ein politischer Akt, ein Gebiet zur *terra nullius* zu erklären.[16] Denn schließlich ist es nicht so offensichtlich, dass ein Gebiet niemandem gehört, wie es erscheinen mag. Die europäischen Kolonisatoren im 17., 18. und 19. Jahrhundert machten sich die Idee der *terra nullius* zunutze, um ihre Besitzansprüche in den Kolonien juristisch untermauern zu können. Sowohl der afrikanische als auch der amerikanische und der australische Kontinent galten nicht nur als wild, sondern wurden zusätzlich zu Niemandsländern erklärt, um die Aneignung durch die europäischen Kolonisatoren zu rechtfertigen.

Das englische *Common Law* im 18. Jahrhundert erlaubte ausdrücklich, »uninhabited or barbarous countries« zu be-

---

15 Vgl. Albrecht Koschorke, »Codes und Narrative. Überlegungen zur Poetik der funktionalen Differenzierung«, in: Walter Erhart (Hg.), *Grenzen der Germanistik. Rephilologisierung oder Erweiterung?*, Stuttgart, Weimar: Metzler 2004, S. 174–185, S. 174.

16 Politisch und historisch relevant wurde dies etwa um 1095, als Papst Urban II. verfügte, dass von Nicht-Christen bewohntes Land als Niemandsland zu qualifizieren und damit bedenkenlos zu kolonisieren sei. Vgl. Pramod K. Nayar, *The Postcolonial Studies Dictionary*, London: Wiley 2015, S. 153. Die Verfügung diente der Vorbereitung des ersten Kreuzzugs nach Palästina und der Etablierung der Kreuzfahrerstaaten.

siedeln. Rechtmäßiger Besitz sollte dabei dezidiert nicht an eine reine *occupatio*, also an Eroberung, sondern an die *cultivatio*, die landwirtschaftliche Nutzung, gebunden sein. Diese verlangt »culture and husbandary« und schließlich »enclosure« und beinhaltet damit ausdrücklich die Einzäunung des Gebietes.[17] Diese Auffassung – vor allem die Vorstellung, dass als solches deklariertes Niemandsland unter der Bedingung der kultivierenden Nutzung in Besitz genommen werden darf –, fand Eingang in die Eigentumsdefinitionen der Aufklärungsphilosophie und prägte damit eine jahrhundertelange politische, ökonomische und juristische Diskussion über Konzepte von Besitz und Eigentum.[18] Denn schließlich ist die Frage, wie Eigentum ganz ursprünglich entsteht und legitimiert werden kann, nicht einfach und grundsätzlich zu beantworten, sondern war und ist immer mit politischen und ökonomischen Interessen verbunden.

Wem die Erde – als Immobilie – und ihre Früchte, die *mobilia*, gehören, also diejenigen Gegenstände, Pflanzen, Tiere und Dinge, die nicht vom Menschen geschaffen wurden, sondern vorfindlich sind, ist eine Thematik, die sich aus jeweils sehr divergierenden Blickwinkeln erörtern lässt. Seit der Antike wird die Entstehung von Eigentum, sowohl von Eigentum an beweglichen Dingen als auch an Grund und Boden, ausführlich diskutiert. Theologie, Philosophie und die Rechtswissenschaften, später Wirtschafts- und Kul-

---

17 Daniel Damler, *Wildes Recht. Zur Pathogenese des Effektivitätsprinzips in der neuzeitlichen Eigentumslehre*, Berlin: Duncker & Humblot 2008, S. 37 f.
18 Helmut Janssen, *Die Übertragung von Rechtsvorstellungen auf fremde Kulturen am Beispiel des englischen Kolonialrechts: Ein Beitrag zur Rechtsvergleichung*, Tübingen: Mohr Siebeck 2000, S. 64 ff.; Alexander Proelß, »Raum und Umwelt im Völkerrecht«, in: Wolfgang Graf Vitzthum (Hg.), *Völkerrecht*, Berlin: De Gruyter ⁵2010, S. 389–489; vgl. auch: Timm Ebner, *Nationalsozialistische Kolonialliteratur. Koloniale und antisemitische Verräterfiguren »hinter den Kulissen des Welttheaters«*, Paderborn: Fink 2016, S. 113–120.

turwissenschaften beteiligten und beteiligen sich aus unterschiedlichen, z. T. sich widersprechenden Perspektiven und mit sehr unterschiedlichen Interessen an dieser Debatte. Die Argumente sind kulturell, geographisch, religiös und oft sogar konfessionell geprägt. Sie sind selten wert- bzw. zweckfrei, sondern meist direkt mit politischen und vor allem auch ökonomischen Interessen verknüpft und zudem mit Grundannahmen über die Universalität der Humanitas bzw. den Wert von Kulturen verbunden.

Thesen und Theorien zu Eigentum an beweglichen Gütern und zu Eigentum an Grund und Boden sind dabei oft nicht parallel entwickelt worden: Der Besitz von Land wird politischer, internationaler, auch theoretischer und mit größerem methodischem Aufwand diskutiert als der Besitz von Dingen. Das liegt daran, dass der Besitz von Dingen meist im Bereich des Privatrechtlichen angesiedelt wird, es aber beim Besitz von Grund und Boden um Staatsrecht, um internationales Recht, Rechtsphilosophie und daher auch häufig um rechtsvergleichende Ansätze geht. Die Überlegungen, wie Menschen zu Eigentum an Grund und Boden gelangen können, berühren die Frage, wem die Welt – vor jedem Grundbucheintrag und Kaufvertrag – gehört. Diese Fragestellung hat eine beachtliche Konjunktur an systematischen philosophischen Darstellungen auf der einen und ebenso Diskurse oder Narrative auf der anderen Seite hervorgebracht, die nicht nur in theoretischen, sondern auch in literarischen Texten zu finden sind. Daher ist die Konstitution von Besitz und Eigentum – und eben auch die von Nicht-Besitz – nicht nur für die Philosophie und die Jurisprudenz interessant, sondern es handelt sich auch um eine Problematik, die im Bereich der Kulturtheorie und gerade auch in der Literatur erörtert wird.

Im Folgenden soll allerdings nicht eine alle diese Wissensgebiete umfassende Geschichte von Besitzdenken bzw. Eigentumslosigkeit – von der Bibel über Karl Marx bis hin zu Thomas Piketty – geschrieben werden. Vielmehr geht es anhand von – vor allem literarischen – Niemandsländern, ihrer Funktion, Form, Narration und Proliferation darum, wie sich Geschichten von Besitz bzw. Inbesitznahme, Verlust und Aneignung, Eigentum und Eigentumslosigkeit erzählen lassen, also auch darum, was Literatur zu Eigentum – und seinem Gegenteil – zu sagen hat.[19] Es ist nicht in erster Linie der Besitz an sich im Fokus, sondern vor allem dasjenige, was an und mit Orten und Räumen geschieht, die *gar nicht* oder nicht *wirklich* in Besitz genommen worden sind.

Die Geschichte und Entwicklung dieser Narrative könnte im Detail und historisch genau von der Antike bis in die Gegenwart nachgezeichnet werden. Auch dies soll hier nicht geschehen. Vielmehr kann an einigen einschlägigen Beispielen gezeigt werden, wie sich das Imaginäre des leeren Raumes mit der Historie von Eigentumsreflexionen und zugleich mit dem Erzählen von Autarkie, Glück, aber auch mit Geschichten von Freiheit, Verwandlung und Verständigung verbindet. Und umgekehrt finden sich auch Texte, die von Einsamkeit, Verlust, Desorientierung und Verlassenheit im Niemandsland berichten.

Die nicht selten auf mythische Formeln zurückgreifenden Narrative handeln von Gottesbefehlen und exklusiver Errettung – etwa des Volkes Israel –, von neu errichteten Paradiesen, von unbewohnten Inseln, vom glücklichen Elysium, von rettenden Höhlen und von nicht bevölkerten, fruchtbaren Weiten – wie im Fall der Kolonisierung Nordamerikas – ebenso wie von bedrohlichen Wüsten, vermüllten Stadtbrachen, verwilderten Gärten und aufgelassenem Industriegelände. Der Schwerpunkt wird in den unten diskutierten Beispielen nicht auf solchen Erzählungen liegen, die Niemandsländer als reine Dystopie begreifen,[20] sondern

---

19 Vgl. Inge E. Boer, »No-Man's-Land? Deserts and the Politics of Place«, in: Dies. et al. (Hg.), *Uncertain Territories: Boundaries in Cultural Analysis*, Amsterdam: Rodopi 2006, S. 107–138.

20 Vgl. James G. Ballard, *Concrete Island*, New York: Jonathan Cape 1974.

er soll vielmehr auf solche gelegt werden, die dem Sonderstatus des Niemandslandes auch produktive Aspekte abgewinnen, also besonders den ambivalenten, widersprüchlichen, geheimnisvollen und faszinierenden Charakter von Niemandsländern betonen.

2 *Wem gehört die Erde? Zur Geschichte des Eigentums an Grund und Boden*

Seit der Antike wird über die Grundlagen von Besitz und Eigentum – vor allem von Land – nachgedacht. Im Umfeld der Stoa und dann besonders wirkmächtig formuliert von Cicero galt im römischen Recht die Regel: »[S]unt autem privata nulla natura.«[21] Mit dieser Aussage war nicht gemeint, dass es überhaupt keinen privaten Besitz von Land geben könne, also die Welt und alle Länder gewissermaßen in staatlichem Besitz sein sollten, sondern vielmehr, dass ursprünglich die Erde *niemandem* bzw. eben *allen* gehört habe. Aneignung geschehe üblicherweise »aut vetere occupatione, ut qui quondam in vacua venerunt, aut victoria, ut qui bello potiti sunt, aut lege pactione condicione sorte«, also durch Besetzung von leerem Land, durch kriegerische Eroberung oder ein vertraglich geregeltes Losverfahren.[22] Wer es schafft, »in vacua« zu kommen und sich dort Land anzueignen, das von niemandem reklamiert wird, scheint Glück gehabt zu haben und muss sich weder auf Eroberung noch auf Losverfahren oder auf Verträge einlassen.

Die Frage, auf welche Weise die Eigentumsvorstellungen des römischen Rechts in vormodernen und modernen Rechtstheorien und Praktiken ihren Niederschlag gefunden haben, ist unter Historikern und Juristen umstritten.

21 Marcus Tullius Cicero, *De officiis. Vom pflichtgemäßen Handeln*, I, 21, übers., kommentiert und hg. von Heinz Gunermann, Stuttgart: Reclam 1976, S. 20.
22 Ebd., S. 21.

Sicher scheint zu sein, dass der Terminus *terra nullius* sich erst sehr spät – im 19. Jahrhundert – als eigenständiger Begriff etabliert hat und zuvor nur im Zusammenhang von *res nullius* auftritt: »Contrary to the views of some historians, our analysis will show that *res nullius* was a concept with a firm foundation in Roman legal sources, but *terra nullius* was merely derived from the Roman concept of res nullius by analogy.«[23] Benton und Strautmann können zeigen, dass die Konzepte von *terra nullius* nicht ausschließlich auf römisches Recht zurückgehen, sondern verschiedene Traditionen aufgreifen, und dass sich darin weltanschauliche und politische Interessen mit juristischen und philosophischen Thesen vermengen: »The diversity of interpretations and the language they employ suggest that the term terra nullius may be standing in for not a single doctrine but a legal orientation and a divers set of practices.«[24]

Genau dies scheint auch für eine kulturtheoretische Erörterung plausibel: Haben wir so etwas wie eine allgemeine Rechtsorientierung und ein dazugehöriges Set an Praktiken, die Aneignung, Weitergabe, Besitz, Eigentum und Nutzung regeln, dann bezieht man sich nicht auf eine Anzahl von bestimmten Gesetzen, sondern spricht vielmehr von Konzepten oder Modellen, die Eigentumsvorstellungen prägen und regulieren. Thomas Piketty betont in seiner monumentalen Analyse politischer und sozialer Ungleichheit daher die »engen Bande zwischen politischer Ordnung und Eigentumsordnung« und schließt daraus, dass jedes »Ungleichheitsregime, jede Ungleichheitsideologie [...] auf einer Theorie der Grenze und einer Theorie des Eigentums« beruht. Dies wiederum erfordert – so Piketty – eine Ideengeschichte des Eigentums, die gerade nicht nur ökonomische, sondern vielmehr philosophische, juristische, theologische und po-

---

23 Lauren Benton, Benjamin Strautmann, »Acquiring Empire by Law: From Roman Doctrine to Early Modern European Practice«, in: *Law and History Review* 28/1 (2010), S. 1–38, S. 2.
24 Ebd., S. 11.

litische Konzepte, also die ideologische Basis von Eigentum in den Blick nimmt.[25] Es sind solche Konzepte, die in literarischen Texten unterschiedlicher historischer Provenienz und in verschiedenen Gattungen aufgerufen und auf Plausibilität, Gerechtigkeit und Praktikabilität hin überprüft werden. Dabei spielen gerade die unterschiedlichen Bewertungen von »Entdeckung« eines leeren oder als leer bezeichneten Landes, von dessen Okkupation – wobei nicht immer geklärt ist, was dies genau meint – und seiner Bebauung, Nutzung und Kultivierung – wobei auch hier sehr unterschiedliche Praktiken von Landwirtschaft, Siedlungsbau oder militärischer Befestigung in Frage kommen – eine zentrale Rolle. Neben den theoretischen Begründungen von Eigentumsansprüchen sind also auch die jeweiligen Praktiken – friedlich oder gewalttätig – der Aneignung zentral. Fast immer wurde – und wird – dabei allerdings die Frage des ›ursprünglichen‹ Eigentümers erörtert, wenn auch nicht selten mit zweifelhaften Argumenten.[26]

Insbesondere Philosophen und Juristen seit dem 17. und im 18. und 19. Jahrhundert versuchten, die Legitimität von Eigentum durch die Beantwortung der ontologischen Frage nach dem Ursprung von Eigentum zu lösen. Die Antworten gleichen sich strukturell überall dort, wo von einem Naturzustand ausgegangen wird, in dem Eigentumsnachweise nicht nötig, nicht bekannt oder nicht anerkannt waren. Die neuzeitlichen, naturrechtlichen Varianten des christlichen Modells, in dem Gott seinen Kindern die Erde zu ihrer Nutzung überlässt, unterschieden sich in der Rechtsphilosophie der europäischen Renaissance und Aufklärung nicht grundsätzlich von der antiken Vorstellung einer Zeit ohne Eigentum und damit auch ohne Vergesellschaftungsformen: Immer gehörte die Erde zu Anfang allen Menschen

---

25 Piketty, *Kapital und Ideologie*, S. 20 f.
26 Diese Debatte setzt sich bis heute in hitzigen Auseinandersetzungen vor allem um die Ansprüche von sogenannter indigener Bevölkerung in Australien fort.

bzw. sie gehörte niemandem in einem privatrechtlichen Sinne.[27] Aneignung geschieht dann durch Überlassung oder Nutzung. Auch im heutigen internationalen Recht finden sich noch Spuren dieser Auffassung, etwa dort, wo von einem »common heritage of mankind« die Rede ist, also z. B. vom Status des Mondes, der Antarktis oder in Art. 136 des UN-Seerechtsübereinkommens von der Hohen See.[28]

Die bedeutendsten Ideen dazu entwickeln u. a. John Locke, Samuel Pufendorf und Hugo Grotius. John Locke etwa bestätigt die postulierte Koppelung von Eigentum und Arbeit bzw. Bearbeitung und hat mit dem fünften Kapitel seines *Second Treatise of Government* (1689) sicherlich eine der einflussreichsten Eigentumstheorien verfasst:

> Die Arbeit seines Körpers und das Werk seiner Hände, so können wir sagen, sind im eigentlichen Sinne sein. Was immer er also jenem Zustand entrückt, den die Natur vorgesehen und in dem sie es belassen hat, hat er mit seiner Arbeit gemischt und hat ihm etwas hinzugefügt, was sein eigen ist – folglich zu seinem Eigentum gemacht.[29]

27 Vgl. John H. Elliott, *Empires of the Atlantic World. Britain and Spain in America, 1492–1830*, New Haven, Conn.: Yale University Press 2007; Brian Slattery, »Paper Empires: The Legal Dimensions of French and English Ventures in North America«, in: *Despotic Dominion: Property Rights in British Settler Societies*, hg. v. John McLaren, Andrew R. Buck und Nancy E. Wright, Vancouver: University of British Columbia Press 2005, S. 50–78, S. 51.

28 Vgl. https://eur-lex.europa.eu/LexUriServ/LexUriServ.do?uri=OJ:L:1998:179:0003:0134:DE:PDF.

29 John Locke, *Zwei Abhandlungen über die Regierung*, hg. von Walter Euchner, übers. von Hans J. Hoffmann, Frankfurt a. M.: Suhrkamp 1967, 5. Kap., § 32, S. 221; Paul Corcoran, »John Locke on the Possession of Land: Native Title vs. the ›Principle‹ of *Vacuum domicilium*««, in: *Proceedings, Australasian Political Studies Association Annual Conference*, Melbourne: Monash University, 24.–26. September 2007 (online unter digital.library.adelaide.edu.au/dspace/bitstream/2440/44958/1/hdl_44958.pdf, abgerufen am 2. 4. 2020).

Die Argumentation geht bei Locke – wie vorher schon bei Cicero und später bei Rousseau – von einem Ursprungstableau aus: Gott hat allen Menschen die Welt gemeinsam gegeben, allerdings nicht zur Kontemplation, sondern zur Bearbeitung. Das Einzige, was ebenso ursprünglich wie die Welt im Besitz *aller* immer schon im Besitz *eines jeden Einzelnen* ist, ist sein Körper. Entsprechend ist das, was jeder mit seinem Körper schaffen bzw. erschaffen kann, sein Eigentum. Damit wird Arbeit gewissermaßen zur Grundwährung, mit der man sich etwas aneignen kann. Die berühmte Formulierung, dass ein Mensch so viel Land haben soll, wie er »bepflügt, bepflanzt, bebaut, kultiviert«,[30] leitet sich aus der Kombination von Gottes Auftrag und natürlicher Begrenzung von Körperkraft und Bedürfnissen ab. Bedingung für dauerhaften Frieden ist zudem, dass für alle genug da ist, wovon Locke ausgeht. Gott hat die Welt groß genug geschaffen, um alle zu ernähren, die Möglichkeit etwa von Ressourcenknappheit wird nicht erörtert.

Diejenigen allerdings, die nicht arbeiten, das heißt nichts produzieren, sondern nur von dem leben wollen, was die Natur auch ohne Arbeit liefert, sollen auch nichts besitzen, oder anders formuliert, sie sind diejenigen, die keine Vorstellung von Privatbesitz haben, sind auch nicht als vollwertige Bürger eines Landes anzuerkennen, also etwa der ›wilde Indianer‹, der sich von Wildbret, also von der Jagd und nicht von Ackerbau, ernährt.[31] Anders als Tiere müssen Menschen arbeiten, um ihrer – göttlichen oder anthropologischen, das bleibt bei Locke klug in der Schwebe – Bestimmung gerecht zu werden. Anders formuliert: Wer nichts produziert, gleicht einem wilden Tier und ist daher besitzrechtlich auch nicht zu berücksichtigen.

John Locke entwickelt diese Theorie nicht in einem Raum rein philosophischer und naturrechtlicher Debatten,

---

30 Locke, *Zwei Abhandlungen über die Regierung*, S. 221.
31 Vgl. dazu Loick, *Der Missbrauch des Eigentums*, S. 24.

die Überlegungen sind durchaus politisch motiviert: Er hat sich – wie Hugo Grotius[32] und Samuel Pufendorf auch – intensiv mit den sehr konkreten besitz- und eigentumsrechtlichen Fragen, die die europäische Expansion seit dem 15. Jahrhundert aufwarf, auseinandergesetzt. Daniel Damler[33] führt überzeugend aus, dass Anlass und Zweck der philosophischen Eigentumsdiskussion im 17. und 18. Jahrhundert die Kolonisierung der »Neuen Welt« war. Dabei ging es um eine interne Konkurrenz zwischen den Kolonialmächten, Spanien, Portugal, England und den Niederlanden, die sich jeweils die bereits reklamierten Gebiete streitig machten. Mit dem Prinzip der effektiven Nutzung von Land konnte man sowohl gegenüber den Ureinwohnern – die als schlechte Bauern galten – als auch gegenüber anderen Kolonialmächten einen echten Besitz einklagen, wenn man das Land nicht nur formal beanspruchte, sondern bearbeitete, kultivierte und landwirtschaftlich nutzte. Ähnlich argumentiert Daniel Loick, dass sich »Lockes Theorie des Eigentums gar nicht nachvollziehen lässt, wenn man die Situation in Amerika außer Acht lässt [...]. Die Frage der Rechtmäßigkeit der Aneignung des amerikanischen Landes durch die Europäer [...] ist nicht ein nebensächliches Spezialthema der *Zwei Abhandlungen* [von John Locke, D. K.], sondern eines ihrer Hauptziele.«[34]

Lockes auf den ersten Blick friedlich anmutende Idee einer Aufteilung von Land zum Zwecke der Subsistenzwirtschaft wird – so sagt er selbst – letztlich nicht ohne Verträge und Abmachungen völker- und zivilrechtlicher Art auskom-

---

32 Vgl. dazu Hans W. Blom, »Grotius' *res nullius*. Ein kosmopolitischer Streit über Eigentum und Allgemeingut«, in: Michael Kempe, Robert Suter (Hg.), *Res nullius. Zur Genealogie und Aktualität einer Rechtsformel*, Berlin: Duncker & Humblot 2015, S. 61–76; Reinhard Brandt, *Eigentumstheorien von Grotius bis Kant*, Stuttgart-Bad Cannstatt: Frommann-Holzboog 1974; Mathias Risse, *On Global Justice*, Princeton: Princeton University Press 2012.

33 Vgl. Damler, *Wildes Recht*.

34 Vgl. Loick, *Der Missbrauch des Eigentums*, S. 38 f.

men. Allerdings sind diese gerade nicht die *Voraussetzung* für die Aneignung von Land, wie man meinen könnte. Es bedarf nicht der Zustimmung von anderen, um rechtmäßig in den Besitz von Grund und Boden zu gelangen. Vielmehr steht unbebautes Land demjenigen zur Verfügung, der es – nachhaltig – kultiviert. Eine vertragliche Festlegung kann sich daran anschließen, um andere Ansprüche zukünftig auszuschließen. Eigentum geht hier also nicht aus einem kontraktualistischen Denken hervor. Der Übergang vom Urzustand zum gesellschaftlichen wird durch einen reinen Akt, durch Arbeit, und nicht durch Verhandlungen bzw. Übereinstimmung festgelegt.

Selbstredend beschreibt der Gesellschaftsvertrag – und dies reflektieren beinahe alle Kontraktualismustheorien – kein historisches Ereignis, sondern er macht mit dem Naturzustand eine Fiktion zum Ausgangspunkt seiner Narration, um eine spezifische Staatskonstruktion zu begründen. Überdies machen die Autoren immer wieder deutlich, »dass die Figur des Vertrags allein die in Aussicht gestellte Behebung des Mangels im Staat nicht leisten kann [...]«,[35] so formuliert Sigrid Köhler die kontraktualistische Überwindung des Naturzustandes. Nicht sie, sondern die Idee der *occupatio* und der daran anschließenden bzw. sie überdeckenden *cultivatio* liegen dem Narrativ zugrunde, das Cicero und Locke und später andere Kolonisten mit unterschiedlicher Rechtfertigung in Anwendung bringen. Ohne Grenzen und ihre Festlegung wird es also auch bei Locke nicht gehen. Sie werden allerdings *aufgrund* der Aneignung gezogen und nicht zu ihrem Zwecke.

Rousseau sieht das in seiner *Abhandlung über den Ursprung und die Grundlagen der Ungleichheit unter den Menschen* ganz ähnlich. Allerdings betont er nicht den einschließenden, sondern den ausschließenden Charakter von Grenzen.

---

35 Sigrid Köhler, *Homo contractualis* (Habilitationsschrift Bochum 2017, im Erscheinen), S. 70.

Der erste, der ein Stück Land mit einem Zaun umgab und auf den Gedanken kam zu sagen »Dies gehört mir« und der Leute fand, die einfältig genug waren, ihm zu glauben, war der eigentliche Begründer der bürgerlichen Gesellschaft. Wie viele Verbrechen, Kriege, Morde, wieviel Elend und Schrecken wäre dem Menschengeschlecht erspart geblieben, wenn jemand die Pfähle ausgerissen und seinen Mitmenschen zugerufen hätte: »Hütet euch, dem Betrüger Glauben zu schenken; ihr seid verloren, wenn ihr vergesst, dass zwar die Früchte allen, aber die Erde niemandem gehört«.[36]

Dies dürfte eine der meistzitierten Passagen aus Rousseaus *Discours sur l'origine et les fondements de l'inégalité parmi les hommes* (1755) sein. Rousseau erörtert die von der Académie in Dijon gestellte Preisfrage nach dem Ursprung der Ungleichheit der Menschen in der naturrechtlichen Tradition von Thomas Hobbes, John Locke und Samuel Pufendorf, die alle einen anthropologischen, gewissermaßen präkulturellen und quasimythischen Urzustand der Menschheit zum Ausgangspunkt ihrer Ausführungen machen.

Anders als Hobbes – der postuliert, dass in den Urzeiten die Menschen den Menschen so gefährlich seien wie Wölfe – imaginiert Rousseau einen fast paradiesischen Naturzustand: Die Erde ist ein Niemandsland, eine *terra nullius*, und ihre Früchte sind für alle da. Sie gehört allen und niemandem zugleich. Dieser Urzustand erinnert an den biblischen Pakt, den Gott mit Noah und seinen Söhnen nach der Sintflut schließt:

Dann segnete Gott Noah und seine Söhne und sprach zu ihnen: Seid fruchtbar, mehret euch und füllet die Erde!

---

36 Jean-Jacques Rousseau, *Abhandlung über den Ursprung und die Grundlagen der Ungleichheit unter den Menschen*, hg. und übers. von Heinrich Meier, Stuttgart: Schöningh UTB ⁶2008, S. 173.

Furcht und Schrecken vor euch sei über allen Tieren auf Erden und über allen Vögeln unter dem Himmel, über allem, was auf dem Erdboden wimmelt, und über allen Fischen im Meer; in eure Hände seien sie gegeben. Alles, was sich regt und lebt, das sei eure Speise; wie das grüne Kraut habe ich's euch alles gegeben.[37]

Solange sich die Menschen an die Eigentumsvorstellungen des alttestamentarischen Gottes halten, gilt der Pakt zwischen Gott und Mensch, ist keine weitere Sintflut zu erwarten und im Zeichen des Regenbogens ein friedliches Zusammenleben garantiert. Voraussetzung dafür ist, dass die Erde für alle Bewohner genug Nahrung und Platz bietet, und zudem, dass niemand mehr zu besitzen verlangt, als er zur Versorgung seiner selbst und seiner Familie braucht. Vermehrung von Besitz, Tausch von Waren, Arbeitsteilung und Vergesellschaftung sind nicht vorgesehen oder – wie bei Rousseau – mit schlimmen Vorzeichen versehen.

Die Verse aus der Genesis mögen bei manchem Leser Rousseaus nachklingen und die Vorstellung einer friedlichen Koexistenz aller Menschen – ohne Eigentum, Grundbücher und Zäune – wird vor allem all denjenigen plausibel erscheinen, die eine irgendwie geartete numinose Macht, einen Gott, als Garanten für den Frieden auf Erden als selbstverständlich implizieren,[38] vielleicht aber auch diejenigen überzeugen, denen das (ur-)christliche, vom mittelalterlichen Mönchswesen, vor allem den Franziskanern, wiederbelebte Armutsgelübde vertraut ist. Es handelt sich dabei nicht um naive Vorstellungen einzelner Bettelmönche, sondern um ein Lebens- und Glaubenskonzept bzw. eine daraus resultierende Debatte, die vom 12. bis zum 15. Jahrhundert die

---

37 *Die Bibel*, Gen 9,1–3, hg. v. der Deutschen Bibelgesellschaft nach Martin Luthers Übersetzung. Lutherbibel revidiert 2017. Mit Apokryphen, Stuttgart: Deutschen Bibelgesellschaft 2016, S. 9f.
38 Vgl. Wolfgang Kersting, *Die politische Philosophie des Gesellschaftsvertrags*, Darmstadt: Wissenschaftliche Buchgesellschaft 2005.

katholische Kirche erschüttert und zahllose juristische Traktate provoziert hat. Kern der Diskussion, an der etwa auch Wilhelm von Ockham beteiligt war, war die Frage, ob Jesus und seine Jünger Besitz gehabt hätten und wenn nicht, ob Besitz dann womöglich also häretisch sei. Letztlich wird hier schon die Frage nach dem Verhältnis von Besitz und Menschsein auf radikale Weise diskutiert – mit offenem Ausgang. Diese Fragen wurden auch in modernen Debatten wieder aufgegriffen, so unter anderem mehrfach von Antonio Negri und Michael Hardt, aber auch von Giorgio Agamben in seinem *homo-sacer*-Projekt.[39]

Leicht lässt sich die Passage aus Rousseaus Abhandlung für polemische Zwecke verschiedener ideologischer Provenienz missbrauchen, klingt es doch – aus dem Zusammenhang gerissen – so, als handle es sich um eine Absage an das Privateigentum an Grund und Boden überhaupt und als sei dies die schlechthinnige Lösung aller Konflikte, die im menschlichen Zusammenleben auftreten können. Rousseau geht es allerdings in seiner Argumentation nicht in erster Linie darum, Eigentumsverhältnisse zu reflektieren, sondern vielmehr darum, die aus ihnen hervorgehende Ungleichheit und die Hierarchien innerhalb von und zwischen unterschiedlichen Gesellschaften zu erklären.

Aus dieser Darstellung folgt, dass die Ungleichheit, die im Naturzustand nahezu null ist, ihre Macht und ihr Wachstum aus der Entwicklung unserer Fähigkeiten und den Fortschritten des menschlichen Geistes bezieht und durch Etablierung des Eigentums und der Gesetze schließlich dauerhaft und legitim wird.[40]

---

39 Michael Hardt, Antonio Negri, *Common Wealth. Das Ende des Eigentums*, Frankfurt a. M.: Campus-Verlag 2010, S. 50 ff.; Giorgio Agamben, *Höchste Armut. Ordensregeln und Lebensform* (= Homo Sacer. Bd. 4.1), übers. von Andreas Hiepko, Frankfurt a. M.: Fischer 2012, S. 150 ff. Der Armutsstreit dreht sich u. a. darum, ob Nutzung Eigentum voraussetzt.
40 Rousseau, *Abhandlung über den Ursprung*, S. 271.

Dieses – recht einfache – Modell suggeriert einen idealen Urzustand, dessen Vorteil die totale Unabhängigkeit des einzelnen Menschen ist. Die Rhetorik, mit der es Rousseau gelingt, den Naturzustand als Glückszustand zu beschreiben, ist verblüffend:

> Solange die Menschen sich mit ihren ländlichen Hütten begnügten, solange sie sich darauf beschränkten, ihre Kleider aus Häuten mit Dornen oder Geräten zu nähen, sich mit Federn und Muscheln zu schmücken [...,] solange sie sich nur Arbeiten widmeten, die ein einzelner bewältigen konnte [...,] lebten sie so frei, gesund, gut und glücklich, wie sie es ihrer Natur nach sein konnten [...].[41]

Das ist ebenso suggestiv wie unplausibel: Die darin enthaltene Identifikation von Gesundheit, Freiheit und gutem Leben, also von Unversehrtheit, Autarkie und Glück, ist – trotz aller Rhetorik – für den modernen Leser wohl kaum mehr wirklich überzeugend. Andererseits klingt in dem Versprechen, Autarkie und Glück hingen zusammen, eine lange Tradition nicht nur naturrechtlicher Reflexion, sondern auch weltanschaulicher Orientierung mit. Dieses Ursprungsnarrativ, das – darauf hat Whitney Baumann aufmerksam gemacht – dem kreationistischen der *creatio ex nihilo* und dem empiristischen der *tabula rasa* gleicht, impliziert einen vorgeschichtlichen mythischen Zustand der Gerechtigkeit, der die gesellschaftlichen Regelungen zur Aufteilung von Eigentum, wie man sie aus historischer Zeit kennt, immer negativ tingiert.[42] Ursprünglich soll also die ganze Erde eine *terra nullius* gewesen sein, und das war gut so.

Der Wert dieses Narrativs als Erklärung bzw. im Hinblick auf die Funktion und Regelung von Eigentum ist gering, die

---

41 Ebd., S. 195.
42 Vgl. Whitney Baumann, *Theology, Creation, and Environmental Ethics: From Creatio Ex Nihilo to Terra Nullius*, London: Routledge 2009.

ideologischen Implikationen sind aber nicht zu unterschätzen: Je nach geschichtsphilosophischer Ausrichtung dient es als Begründung von Eigentum wie bei Locke, als eine Art rückwärtsgerichtete Utopie wie bei Rousseau, als Narrativ mit Appellcharakter und kulturkritischem Impetus, so etwa in Sigmund Freuds Erzählung von der mordenden Urhorde oder Hobbes' wölfischen Menschen.[43]

Das theoretisch und ästhetisch produktive Potential einer imaginären Urzeit ohne Eigentum und Besitz wird in historischen, konkreten Zusammenhängen sofort problematisch: Oft ist bzw. war schwer oder gar nicht festzustellen, ob es tatsächlich niemanden gab, dem diese oder jene *terra* gehören könnte. *Venire in vacua* scheint eine Frage der Auslegung und keine Tatsachenfeststellung zu sein. Wann ist ein Land leer? Wenn es keine festen Wohnsitze gibt? Wenn keine dauerhafte Bewirtschaftung vorherrscht? Wenn ›nur‹ nomadisierende Bewohner zu finden sind? Ist es das Ziehen einer Grenzlinie, das Besitz markiert? Oder bedarf es des Einverständnisses all derer, die im weitesten Sinne davon betroffen sind? Und wer wäre dies im Zweifelsfall eines leeren Landes? Schließlich stellt sich damit auch die Frage, was das eigentlich Ungehörige und Gefährliche an Rousseaus Zäunen sein soll, noch einmal anders: Ist es die Tatsache, dass man sich *überhaupt* etwas nimmt oder ist es doch eher diejenige, dass man dabei anderen etwas *weg*nimmt? Denn

---

43 Vgl. insbesondere Teil IV, »Die infantile Wiederkehr des Totemismus«, in: Sigmund Freud, *Totem und Tabu. Einige Übereinstimmungen im Seelenleben der Wilden und der Neurotiker* (Gesammelte Werke, Bd. 9), hg. von Anna Freud et al., Frankfurt a. M.: Fischer, ⁷1986; vgl. auch: Ulrike Brunotte, »Brüderclan und Männerbund. Freuds Kulturgründungstheorie im Kontext neuerer kulturanthropologischer und gendertheoretischer Ansätze«, in: Eberhard T. Haas (Hg.), *100 Jahre »Totem und Tabu«. Freud und die Fundamente der Kultur*, Gießen: Psychosozial-Verlag 2012, S. 209–242. Albrecht Koschorke, »Götterzeichen und Gründungsverbrechen. Die zwei Anfänge des Staates«, in: *Neue Rundschau* 1 (2004), S. 40–55; Elisabeth Roudinesco, »Freud on Regicide«, in: *American Imago* 68/4 (2011), S. 605–623.

je nachdem, ob man damit jemandem etwas vorenthält bzw. sogar stiehlt oder ob man eben nur ein herrenloses Stück Land mit einem Zaun umgibt, verändert sich die Situation doch erheblich: Geht es um Einfriedung oder um Exklusion? Oder ist eben doch jede Art von Eigentum Diebstahl?[44]

Letztlich wird also zu klären sein, was überhaupt als herrenlos und leer gelten kann. Mein ist nicht nur mein, sondern auch: nicht dein. Dies ist für Locke ganz offenbar kein drängendes Problem: Die Erde bietet genug Platz für alle, und wenn Europa zu klein wird, dann findet sich doch leicht im Inneren Amerikas ein Gebiet, für das das *in vacua venerunt* Ciceros gelten kann. »Die Klassifizierung des amerikanischen Landes als ›Brachland‹ (*wasteland*) und der aboriginalen Landnutzung durch Jagen und Sammeln als ›Brachliegenlassen‹ ist die Voraussetzung für die Aneignungstheorien der europäischen Eigentumsphilosophie und offenbaren ihren inhärenten Rassismus.«[45]

Da das Innere Amerikas aber weder leer noch vollkommen unbebaut war, als die europäischen Siedler kamen, ist das, was dem einen eine *terra nullius* ist, dem anderen die Heimat. Die Perspektiven von Einwanderergesellschaften und Ureinwohnern unterscheiden sich hier diametral. Darauf haben Matthias Asche und Ulrich Niggemann hingewiesen.[46] Die historischen Narrative von Einwanderergesellschaften, so können sie zeigen, sehen auch dort leeres Land, Wüsten oder eben eine *terra nullius*, wo sich in Wirklichkeit durchaus Siedlungen, Menschen, Land- und Tierwirtschaft finden.

---

44 Vgl. Pierre-Joseph Proudhon, *Was heißt Eigentum? Oder: Untersuchungen über die Grundlagen von Recht und Staatsmacht* [*Qu'est ce que la propriété? Ou recherches sur le principe du droit et du gouvernement*, 1840].
45 Loick, *Der Missbrauch des Eigentums*, S. 41. Vgl. auch Cherly Harris, »Whiteness as Property«, in: *Harvard Law Review* 6 (1996), S. 1707–1791.
46 Vgl. Matthias Asche, Ulrich Niggemann (Hg.), *Das leere Land. Historische Narrative von Einwanderergesellschaften*, Stuttgart: Franz Steiner Verlag 2015.

Der Topos vom leeren Raum, der sich in verschiedener Hinsicht auf die Rechtstradition seit Grotius, Pufendorf und Locke beziehen kann, betont daher zwar immer wieder, dass es sich weniger um *unbewohnte* als um *unbebaute* Leere handelt, zieht aber daraus trotzdem – oder gerade darum – den Schluss, dass es sich um Land handelt, das man sich aneignen könne. »Das wichtigste Argument, das immer wieder als Beleg der Primitivität der Indigenen herangezogen wurde, war dabei der Verweis auf den nomadisierenden Charakter der Indigenen.«[47] Südafrika, die Mandschurei, Polen, deutsche Auswanderergebiete an der Donau, vor allem aber die nordamerikanischen Prärien gelten unter diesen Voraussetzungen als leeres Land.[48]

Wie ein solcher Prozess der Aneignung im Einzelnen begründet und vollzogen werden kann, haben Michael Kempe und Robert Suter gezeigt: »Res nullius« – also die umfassende Formel für etwas, das aus unterschiedlichen Gründen niemandem gehört, bezeichnen sie »als gefährlichen Moment: die Transformation von Nicht-Besitz in Besitz«.[49] Sie betonen, dass es »keine einfache Abfolge von *res nullius* zu *res mea* und *res communes omnium*« gebe. Die »Einheit der Differenz von Besitz und Nicht-Besitz« gilt es bei allen Ursprungstheorien von Besitz und Eigentum mitzudenken.[50]

Dabei handelt es sich keineswegs um Ereignisse, die nur die historische Aneignung von Kolonien betreffen, sondern vielmehr um solche, die auch aktuell eine eminent politische Bedeutung haben: Welche politischen Folgen der Übergang von Nicht-Besitz in Besitz im Namen der *terra nullius* heute

47 Norbert Finzsch, »Der glatte Raum der Nomaden: Indigene Outopia, indigene Heterotopia am Beispiel Australiens«, in: Claudia Bruns (Hg.), »Rasse« und Raum: Topologien zwischen Kolonial-, Geo- und Biopolitik: Geschichte, Kunst, Erinnerung, Trier: Reichert Verlag 2017, S. 123–144, S. 125.
48 Vgl. dazu Ebner, Nationalsozialistische Kolonialliteratur, S. 25.
49 Michael Kempe, Robert Suter, »Einleitung«, in: Dies. (Hg.), Res nullius, S. 7–20, S. 7.
50 Ebd.

haben kann, wird – neben vielen anderen Beispielen – am sogenannten »Mabo Case« in Australien deutlich. Erst in den 70er Jahren des 20. Jahrhunderts begann dort – aber auch in vielen südamerikanischen Ländern – eine Auseinandersetzung mit dem kolonialistischen Konzept der *terra nullius*.[51] Der Mabo Case ist zum exemplarischen Fall kolonialer Besitzansprüche und postkolonialer Durchsetzung von kultureller und lokaler Identität im Namen des Besitzes an Grund und Boden geworden.[52] »Als die britischen Kolonisatoren Australien als *terra nullius* deklarierten, die frei angeeignet und ausgebeutet werden durfte, haben sie damit nicht nur die zuvor etablierten sozialen Normen und Bräuche ignoriert«,[53] sondern die Ureinwohner wurden auch von ihrem Land vertrieben und gezwungen, die europäische Eigentumsordnung anzuerkennen, die ihren eigenen Vorstellungen von Raum und Nutzung in keiner Hinsicht entsprach. Als rechtmäßige ursprüngliche Besitzer des Landes wurden in den 90er Jahren die australischen Aborigines anerkannt.[54] Von politisch ähnlich hoher Brisanz dürfte der zionistische Gedanke eines Anspruches auf Land in Palästina sein, der ebenfalls nicht nur mit einer ursprünglichen Herkunft argumentiert, sondern zudem noch die mangelnde Kultivierung des Gebietes durch die arabische Bevölkerung anführt(e).[55] Die Spreng-

---

51 Eine ganz aktuelle, wenn auch nicht vollkommen analoge Diskussion dreht sich um das sogenannte *landgrabbing*. Vgl. dazu Stefano Liberti, *Landraub: Reisen ins Reich des neuen Kolonialismus*, übers. v. Alexander Knaak, Berlin: Rotbuch 2012.

52 Vgl. dazu die Entscheidung des High Court of Australia: *Mabo and Others v Queensland* (No. 2) (1992) 175 CLR 1 F.C. 92/014 (online unter http://www.austlii.edu.au/au/cases/cth/high_ct/175clr1.html, abgerufen am 1.8.2017).

53 Loick, *Der Missbrauch des Eigentums*, S. 100.

54 Vgl. Janssen, *Die Übertragung von Rechtsvorstellungen auf fremde Kulturen am Beispiel des englischen Kolonialrechts*, S. 64 ff.; vgl. Proelß, *Raum und Umwelt im Völkerrecht*, S. 389–489.

55 Steffen Hagemann, »Verlassen und verwüstet – Eretz Israel zwischen Utopie und mythischen Regeln«, in: Asche, Niggemann (Hg.), *Das leere Land*, S. 251–266.

kraft dieser Debatte wurde zuletzt wieder deutlich, als Achille Mbembe die Siedlungspolitik und den Mauerbau in Israel bzw. in den palästinensischen Gebieten mit der südafrikanischen Apartheidspolitik verglich.[56]

Die Erörterung und Begründung von Landbesitz findet in einem Grenzbereich von juristischen, politischen und philosophischen Argumentationen statt, die sich theologischer und oft auch mythologischer Philosopheme vom Ursprung der Menschheit bedienen. Es entstehen komplexe (Be-)Gründungsnarrative, die seit dem Zeitalter der europäischen Expansion der Bearbeitung und Kultivierung von Land einen zentralen Stellenwert verschafft haben. Die Kongruenz mit der protestantischen innerweltlichen Askese, die sich als Arbeitsleben manifestiert, hat dort, wo Expansion, Ansiedelung, Landnahme und protestantischer Glaube zusammenfallen, den Gründungs-Effekt verstärkt. Es sollte aber nicht übersehen werden, dass das *terra nullius*-Argument auch dort greift, wo sich keine protestantische Arbeitsaskese manifestiert. Die Identifikation von Eigentum und subjektiver Freiheit, von Souveränität und Besitz hat in der idealistischen Philosophie eine fundamentale Begründung gefunden und ist im Laufe des 19. und 20. Jahrhunderts auch in eine Vielzahl politischer Diskurse gelangt.

Die Verbindung von Eigentum und dem Gedanken der souveränen Beherrschung dessen, was man besitzt, koppelt die Freiheit des Subjekts an den Besitz. G. W. F. Hegel formuliert es präzise: »Alle Dinge können Eigentum des Menschen werden, weil dieser freier Wille und als solcher an und für sich ist [...]. Sich zueignen heißt im Grunde somit nur die Hoheit meines Willens gegen die Sache manifestieren [...].«[57] Das Eigentum wird als Bestimmung des

56 Achille Mbembe, *Necropolitics*, Durham, NC: Duke University Press 2016. Vgl. z. B. S. 5.
57 G. W. F. Hegel, *Grundlinien der Philosophie des Rechts*, in: Ders., *Werke in 20 Bänden*, Bd. 7, hg. v. Eva Moldenhauer und Karl Markus Michel, Frankfurt a. M.: Suhrkamp 1989, § 44, S. 106 f.

Subjekts beschrieben, als grundlegende Form der Vergegenständlichung des freien Willens. »Die Bestimmung des Eigentums«,[58] so Hegel, ist es, dass sich das Ich im Ausdruck des freien Willens gegenständlich und damit auch erst wirklich wird. Anders und etwas verkürzt formuliert: Ohne Eigentum kein Ich.

Problematisch wird – auch für Hegel selbst – die Frage, was alles besessen werden kann, was also eine »Sache« ist, die, so die Definition, »keinen Selbstzweck« hat.[59] Tiere fallen für Hegel selbstverständlich darunter, und auch der eigene Körper[60] ist eine Sache, die das Subjekt sich anzueignen hat. In beiden Fällen muss man sich das als ein Herrschaftsverhältnis mit den entsprechend desaströsen Folgen vorstellen. Schließlich ist auch die Frage zu stellen, was mit der Souveränität derjenigen ist, die nichts – oder eben nur ihren eigenen Körper und ihre Arbeitskraft – besitzen.

Viele dieser Fragen wurden in der kritischen Ökonomie – oft marxistischer Provenienz – aufgegriffen und von der Kritischen Theorie der Frankfurter Schule weitergedacht.[61] Adorno wirft in diesem Zusammenhang der Philosophie idealistischer Prägung – und damit auch Marx – eine Verfehlung des Objekts und eine reine Konzentration auf das Subjekt vor. »Der Gedanke an den Vorrang des Objekts« sei der Philosophie »suspekt«:[62] Auch und gerade der frühe Marx habe mit seinem Gedanken von »Verdinglichung« und – für Adorno eine noch ärgerlichere Terminologie – »Verfremdung« erheblich dazu beigetragen, Objekte nur im Hinblick auf ihre mögliche Aneignung durch Subjekte zu

58 Ebd., S. 107.
59 Ebd.
60 Ebd., §47, S. 110.
61 Manches davon wird heute allerdings eher in der Ökologie – Besitz und Beherrschung von Natur – und in der Psychologie bzw. der Medizin – Beherrschung und Ausbeutung des eigenen Körpers – diskutiert.
62 Theodor W. Adorno, *Negative Dialektik. Jargon der Eigentlichkeit*, in: Ders., *Gesammelte Schriften*, Bd. 6, hg. v. Rolf Tiedemann, Frankfurt a. M.: Suhrkamp 1973, S. 190.

sehen. »Die Dinge verhärten sich als Bruchstücke dessen, was unterjocht ward«, die Errettung des Subjekts sei nicht von der Beherrschung der Dinge, sondern von der »Liebe zu den Dingen« zu erwarten,[63] formuliert Adorno für manche seiner Leser wohl eher überraschend.

Statt Erkenntnistheorie sei Empfindung gefragt, und »keine Empfindung ohne somatisches Element.«[64] Nicht das Besitzen eines Körpers oder einer Sache bestimme also das Subjekt, sondern die Erfahrung, selbst auch Anteil am Somatischen – dem Objektiven – zu haben und dadurch immer schon weniger – oder wenigstens nicht nur – Subjekt zu sein. Auf den Spuren dieser fundamentalen Nicht-Identität konstatiert Adorno: »Traditionelle Philosophie hat das ihr Heterogene durch den Zuschnitt ihrer Kategorien verhext.«[65]

Nicht nur Adorno würde genau hier die Aufgaben und Möglichkeiten von Kunst angesiedelt sehen: Das Ästhetische scheint Heterogenes, jenseits philosophischer Kategorien, von seinem Hexenbann befreien zu können. Für die hier verhandelte Thematik würde dies genauer bedeuten: das Subjekt vom Objekt her und damit Freiheit ohne Besitz – an Grund und Boden – denken zu können. Das Nachdenken über Eigentum und Besitz führt nicht nur zu fundamentalen Fragen ökonomischer Theorie, sondern auch zu solchen der herkömmlichen europäischen Philosophie. Offenbar geht es um Epistemologien, in denen das Aisthetische, das Somatische, das Emotionale und die Kunst eine fundamentale Rolle übernehmen und in denen das Verhältnis von Subjekten zu ihren Objekten – und umgekehrt – neu verhandelt werden muss.

Diese Bemerkungen mögen auf den ersten Blick etwas zu kategorial und übersystematisch wirken, erweisen sich

63 Ebd., S. 191.
64 Ebd., S. 193.
65 Ebd., S. 194.

allerdings bei der Lektüre der literarischen Texte als durchaus plausibel und hilfreich, denn literarische Niemandsländer machen ihre Bewohner tatsächlich oft zu Niemanden, sie lösen sie von ihrer Identität und konfrontieren sie mit neuen Erlebnissen. Was auf den ersten Blick erscheint wie krankhafter Ichverlust und dramatische Identitätskrise, ist allerdings genau dies nicht. Vielmehr geht es um eine Erfahrung von Nichtidentität, die nicht nur als erstaunlich befreiend erfahren wird, sondern auch die Voraussetzung dafür ist, Heterogenes – wenn nicht zu erkennen, so doch – zu empfinden.

Es lässt sich festhalten, dass die literarische Geschichte von Niemandsländern eng verknüpft ist mit der philosophischen und juristischen Geschichte von Eigentum bzw. von Eigentumskonzepten. Sie verbindet europäisches Recht und Kolonialgeschichte und basiert auf einer ebenso impliziten wie höchst konkreten und politisch bzw. ökonomisch wirksamen Kulturtheorie bzw. deren Kritik, die Besitz nicht nur mit Arbeit und Recht verschränkt, sondern auch mit der Souveränität des Einzelnen und sogar dem Konzept von Subjektivität ganz allgemein.

3 Grenzwüsten, Spielplätze und Möglichkeitsräume

Niemandsländer lassen sich also unter der Perspektive des Besitzenwollens ins Auge fassen. Dieser Perspektive muss allerdings ein wichtiger Aspekt hinzugefügt werden, der diejenigen Möglichkeiten betont, die ein solcher Raum bietet, wenn die Besitzverhältnisse ungeklärt und in der Schwebe bleiben. Der Gedanke, dass eine Nutzung von Grund und Boden möglich sein kann, ohne dass damit Besitzansprüche verbunden sein müssen, ohne dass die Exklusivität des Eigentums eine gemeinschaftliche Nutzung ausschließt, beschäftigt neben Ökonomen auch Philosophen und Soziologen.

Georg Simmel ist wohl derjenige Theoretiker, der sich zu Beginn des 20. Jahrhunderts am intensivsten mit der Interdependenz von Raumverhältnissen und sozialstrukturellen Mustern beschäftigt hat. Er hat sich dabei auch mit leeren Räumen, mit Grenzwüsten, mit dieser speziellen Art von Niemandsländern befasst und daraus ein Konzept entwickelt, das demjenigen einer sozialen Pufferzone oder einem Übergangsort ähnelt, wo sich Verhandlungen führen und Konflikte beilegen lassen, Verhaltensweisen ausgetestet und Annäherungen versucht werden können.

Simmel entwickelt in seinem Text *Über räumliche Projectionen socialer Formen* von 1903[66] – flankiert von seinem berühmten *Exkurs über den Fremden* von 1908[67] – eine Vorstellung von sozialen oder kulturellen Niemandsländern. An diesen Orten, die er auch »Grenzwüsten«[68] nennt, gibt es keine Hausherren und keine Besitzer, niemanden, der die Regeln festsetzt und keinen, der Regelübertretungen sanktioniert. Das kann gefährlich, aber auch produktiv sein. In seinen Ausführungen geht es zunächst ganz konkret und in historischer Perspektive um sogenannte Grenzwüsten, also um leer gelassene Gebiete, die zur Sicherung des eigenen Terrains um ein Land gelegt werden – wie etwa im Jugoslawienkrieg durch die UNPROFOR-Truppen – oder in der Antike gelegt wurden. Bei Simmel stellen diese Bereiche zudem einen Raum der Neutralität und Objektivität dar, in dem Begegnungen stattfinden können, die es sonst nirgends gäbe:

66 Georg Simmel, »Über räumliche Projectionen socialer Formen«, in: Ders., *Gesamtausgabe*, Bd. 7: *Aufsätze und Abhandlungen 1901–1908*, Bd. 1, hg. von Rüdiger Kramme, Angelika Rammstedt und Otthein Rammstedt, Frankfurt am M.: Suhrkamp 1995, S. 201–220.
67 Georg Simmel, »Exkurs über den Fremden«, in: Ders., *Gesamtausgabe*, Bd. 11: *Soziologie. Untersuchungen über die Formen der Vergesellschaftung*, hg. von Rüdiger Kramme, Angelika Rammstedt und Otthein Rammstedt, Frankfurt am M.: Suhrkamp 1992, S. 764–771.
68 Simmel, »Über räumliche Projectionen socialer Formen«, S. 215.

Eine unabsehbare Zahl von Beispielen zeigt uns Gebiete, auf denen Verkehr, Entgegenkommen, schlichte Berührung zwischen gegensätzlichen Parteien möglich ist, derart, daß hier der Gegensatz nicht zu Worte kommt, ohne daß er doch aufgegeben zu werden braucht, daß man sich zwar aus den Grenzen, die uns sonst vom Gegner scheiden, hinausbegibt, aber ohne in die seinen überzutreten, sondern sich vielmehr jenseits dieser Scheidung hält.[69]

Entscheidend ist hier die Formulierung, dass Gegensätze vorhanden sind, Differenzen beibehalten werden können: Man kann sich allerdings zeitweise und zu einem speziellen Zweck jenseits der Scheidung in eigen und fremd aufhalten und dadurch bestimmte Konflikte suspendieren, ohne sie zu unterdrücken und auch ohne sie lösen zu müssen. Es handelt sich um eine zeitlich eingeschränkte »Berührung«, Kontiguität, die aber gerade *nicht* als Verstehen, als Kommunikation, bezeichnet wird.

In Simmels Überlegungen geht es um soziale Differenzierung bzw. um Fragen der Assimilation und Integration von Fremden in eine Gemeinschaft, der Aushandlung von Differenzen und ihren räumlichen Voraussetzungen. Der Fremde, so Simmel, ist derjenige, der »heute kommt und morgen bleibt«,[70] der also – mit Reserven – Teil der Gesellschaft wird. Entscheidend für das Gelingen von Zusammenleben sind also gerade nicht Parameter wie Identität, Kommunikation, Kultur oder gar kulturelle Identität, sondern vielmehr die Fragen nach Zonen der Kontiguität und den Spielräumen von Aushandlungsprozessen.

Im letzten Abschnitt seiner Abhandlung *Über räumliche Projektionen socialer Formen* entwickelt Simmel daher die Idee von Orten und Räumen, in denen *alle* diesen Status

---

69 Ebd., S. 219.
70 Simmel, »Exkurs über den Fremden«, S. 764.

haben, also alle – mehr oder weniger – fremd und – mehr oder weniger – unterwegs, jedenfalls nicht zuhause sind. Es können Orte des Warentauschs und Handels sein, also Märkte, Basare und Messen. Aber auch an anderen Orten sieht Simmel strukturell ähnliche Möglichkeiten gegeben: So etwa in besonderen Sphären der Geselligkeit, in Kirchen, in der Kunst oder in der Wissenschaft. Dies gilt ganz konkret für die Gebäude, aber auch im übertragenen Sinne: So ist z. B. eine Universität nicht nur ein Ort der Forschung, sondern im Simmel'schen Sinne auch ein produktives Niemandsland, also ein Ort der sozialen Berührung und Aushandlung von Differenzen und Ähnlichkeiten zwischen Gruppen und Individuen, die sich im alltäglichen, außeruniversitären Leben durchaus nicht freundlich gesinnt und schon gar nicht zusammengehörig sein müssen.

Simmels Idee der Niemandsländer ist also alles andere als nur die Beschreibung eines antiken Grenzsicherungskonzeptes. Seiner Vorstellung einer Interdependenz von Raum und sozialem Verhalten entsprechend prägt sich im Niemandsland ein bestimmter Verhaltenstypus aus. Es handelt sich um eine Art soziales Anti-Rollenspiel, in dem man die Rolle des Protestanten, des Tierschützers oder der Kommunistin für eine Zeit aussetzen kann. Niemandsländer bieten die Möglichkeit, in einer flexiblen Übergangszone ein elastisches Identitätsmodell auszutesten. In Simmels Niemandsland geht es nie ums Prinzip, sondern ganz im Gegenteil darum, Prinzipien partiell und temporär einzuklammern:

> Unter den vielen Fällen, in denen die Maxime: tu' mir nichts, ich tu dir auch nichts – das Benehmen bestimmt, gibt es keinen reineren und anschaulicheren als den des wüsten Gebiets, das eine Gruppe um sich legt; hier hat sich das Prinzip völlig in die Raumform hineinverkörpert.[71]

71 Ebd.

Georg Simmels Niemandsländer sind räumliche Projektionen sozialer Umgangsformen. Sie ermöglichen Verhandlungen, Aushandlungen und Verständigung unter den speziellen Bedingungen temporär suspendierter Identitäten und Prinzipien. Diese Idee verbindet Simmels Konzept der Niemandsländer mit Gabriel Tardes Modell von kultureller »Imitation«,[72] die in spezifischen Grenzräumen stattfindet. Robert Ezra Parks Studien zur Stadtsoziologie knüpfen ebenfalls an Simmel an und begreifen städtische Freiräume als Spielräume der Aushandlung von »Fremdem« und »Autochtonem«.[73] Auch der weniger bekannte deutsche Wirtschafts- und Sozialwissenschaftler Ernst Grünfeld entwickelte ein vergleichbares Konzept: In seinem Essay über »Peripherien« betont er deren Funktion für den »Kulturwandel«.[74] Grünfeld erörtert wie Georg Simmel, Ezra Park,[75] Gabriel Tarde[76] und auch Jurij Lotman[77] den Zusammenhang von Fremdsein und Raumordnung, das heißt die Ökonomie von Distanz und Nähe im Kontext von Integration und Diskriminierung, Stagnation und Innovation.

Auch wenn sich die Ansätze in einzelnen Argumentationsschritten und auch, was Beispiele und Empirie angeht,

---

72 Vgl. Gabriel Tarde, *Die Gesetze der Nachahmung*, übers. von Jadja Wolf, Frankfurt a. M.: Suhrkamp 2009 (*Les lois de l'imitation. Étude sociologique*, Paris: Alcan 1890).

73 Vgl. Robert Ezra Park, »Human Migration and the Marginal Man«, in: *The American Journal of Sociology* 33 (1928), S. 881–893.

74 Ernst Grünfeld, *Die Peripheren. Ein Kapitel Soziologie*, Amsterdam: N. V. Noord-Hollandsche Uitgevers Mij. 1939.

75 Vgl. Park, »Human Migration and the Marginal Man«; Michael Makropoulos, »Der Mann auf der Grenze. Robert E. Park und die Chancen einer heterogenen Gesellschaft«, in: *Der Freibeuter* 35 (1988), S. 8–22.

76 Vgl. Tarde, *Les lois de l'imitation* (*Die Gesetze der Nachahmung*).

77 Vgl. Jurij Lotman, *The Universe of the Mind. A Semiotic Theory of Culture*, London, New York: Tauris 1990; ders., »Dynamische Mechanismen semiotischer Systeme«, in: Ders., *Aufsätze zur Theorie und Methodologie der Literatur und Kultur*, hg. von Karl Eimermacher, Kronberg, Ts.: Scriptor 1974, S. 430–437, S. 430.

unterscheiden, verbindet sie der Grundgedanke, dass sich moderne Gesellschaften nicht mit Parametern von fremd und eigen, Identität und Alterität bzw. mit Hilfe von strikten Abgrenzungen erfassen lassen. Vielmehr verhilft ihnen die Konzeptualisierung von räumlichen Modellen – und ihren Metaphern – dazu, Koexistenz und Kontiguität zu formulieren, Kontaktzonen und Überlappungen, Dynamiken und Mobilität zu beschreiben.

Die Genannten vertreten zudem grundsätzlich – wenn auch im Einzelnen verschieden begründet – die Auffassung, dass eine spezifische räumliche Distanz zum Macht- und Ordnungszentrum einen Raum der relativen Unordnung – nicht des totalen Chaos – entstehen lässt, in dem sich innovative Prozesse und kulturelle Entwicklungen ansiedeln. In Niemandsländern entstehen keine neuen Gemeinschaften, keine Identitäten und schon gar keine homogenen Gruppen. Es sind Räume, in denen sich – oft flüchtige – Begegnungen ereignen und Berührungen auf einer bestimmten Ebene stattfinden, ohne dass die Beteiligten sich grundsätzlich anpassen oder assimilieren müssten. Diese Niemandsländer kann man nicht dauerhaft besitzen und nicht bewohnen, schon gar nicht bebauen, sondern nur ab und zu betreten und wieder verlassen. Im Niemandsland hat keiner das Hausrecht, niemand ist dort daheim, keiner ist fremd, keiner einheimisch. Es sind Räume des Mehr-oder-weniger und nicht des Entweder-oder.

Auch Theodor W. Adorno verfolgt einen ähnlichen Gedanken, wenn er in der *Negativen Dialektik* formuliert, dass der »versöhnte Zustand« nicht mit »philosophischem Imperialismus das Fremde [annektiert, sondern sein Glück daran [hat], dass es in der gewährten Nähe das Ferne und Verschiedene bleibt, jenseits des Heterogenen und des Eigenen.«[78] Der versöhnte Zustand ist ein Zustand, der keine Herrschaft oder zumindest keine Ausbeutung kennt,

---

78 Adorno, *Negative Dialektik*, S. 192.

und zwar weder die von Natur noch die von Menschen – und auch keine Selbstausbeutung, denn es geht um ein Denken, das im Jenseits von fremd und eigen angesiedelt ist.

Diese Orte jenseits der Scheidungen in »Heterogenes und Eigenes« sind Orte, die man nicht vorschnell als Heterotopien bezeichnen sollte. Simmel hat sein Konzept enger gefasst als Michel Foucault.[79] Die Foucault'sche Heterotopie – soweit sie überhaupt definierbar ist – ist ein Gegenort: Der Zugang zu ihr ist meist streng geregelt und oft – so beim Gefängnis und bei der Psychiatrie – sind Zugang und Ausgang nicht individuell zu entscheiden. Das Simmel'sche Niemandsland ist dagegen Teil des gesellschaftlichen Raumes und anders als Institutionen oder Privaträume allen zugänglich, allerdings bleibt es auf eine seltsame Weise oft unterhalb der Aufmerksamkeits- und Regulationsschwelle.

Niemandsländer sind auch keine »Nicht-Orte«,[80] wie Marc Augé sie beschrieben hat, die die anonyme Unbehaustheit des postmodernen Menschen signalisieren. Niemandsländer bergen mehr kreative Möglichkeiten als Nicht-Orte: Die relative Anonymität, die ein Niemandsland verspricht, garantiert auch die notwendige Freiheit, Möglichkeiten auszuloten. Es sind Räume des Über- und Durchgangs, die symbolisch und faktisch offen sind, weil sie tendenziell unterreguliert sind. Das Niemandsland hat allerdings auch keinen utopischen Charakter, es ist weder der Raum glücklicher Intimität noch ein echtes Paradies, sondern eben nur ein meist übersehenes Stück Land.[81]

79 Michel Foucault, *Die Heterotopien/Der utopische Körper. Zwei Radiovorträge*, zweisprachige Ausgabe, übers. von Michael Bischoff, mit einem Nachwort von Daniel Defert, Frankfurt a. M.: Suhrkamp 2005.
80 Marc Augé, *Orte und Nicht-Orte. Vorüberlegungen zu einer Ethnologie der Einsamkeit*, Frankfurt a. M.: Fischer 1994.
81 Auch etwa Orte wie das berühmte Shangri-La aus dem Roman *Lost Horizon* (1933) von James Hilton kommen dem, was man als ein u-topisches Niemandsland bezeichnen könnte, sehr nahe. Shangri-La ist eine Art Amalgam aus christlicher, humanistischer und buddhistischer Lehre. Der ungeheure – auch filmische (Verfilmung durch Frank

Niemandsländer eignen sich auch nicht dazu, die Habermas'sche Idee des herrschaftsfreien Diskurses zu verwirklichen, denn es geht gerade nicht darum, sich zu verstehen, sondern darum, sich zu verständigen. Nicht die Deutung und das Begreifen des Anderen, des Fremden, stehen im Vordergrund, sondern viel eher sind es Interessenabgleich, Distanzwahrung, vielleicht Höflichkeit, Aushandeln und partielle, pragmatische Erledigung von bestimmten Zwecken, die angestrebt werden. Es ist, wie Simmel sagt, die praktische Verwertung der Neutralität des Raumes und eine »Sphäre von gegen andere geübten Reserven.«[82]

Genaugenommen sind Niemandsländer Freiräume im Sinne von Spielplätzen, die nicht nur Kinder einladen, sondern eben auch Erwachsenen einen spielerischen Umgang mit überkommenen Verhaltensformen anbieten, das probeweise Aussetzen von bestimmten Regeln ermöglichen, oder die Übernahme von fremden Rollen stimulieren. Niemandsländer, Brachen oder *terrains vagues* sind faszinierende Orte, da sie sowohl ein gewisses Risiko bergen, ja Angst und Sorge provozieren, aber eben auch Neugier wecken und Kreativität anregen können. Die geringe Regelungsdichte, die Niemandsländer charakterisiert, lädt nicht nur zur Okkupation durch Kolonisatoren ein, sondern ist auch attraktiv für andere, die an Besitz und Eigentum *gerade nicht* interessiert sind, also für Flaneure, spielende Kinder, Verliebte, Streuner, Dealer, Diebe, Künstler und Phantasten. Als Spielplätze und Bühnen sind sie dem Theater und der Kunst ähnlich. Niemandsländer sind in vieler Hinsicht neutrale Räume und bieten daher mehr – oder zumindest andere – Möglichkeiten als Räume, in denen eine hohe Regelungsdichte herrscht. Sie sind – so könnte man

---

Capra 1937) – Erfolg sorgte dafür, dass Shangi-La einen quasi realen Status auf der Landkarte utopischer Niemandsländer bekam.

82 Simmel, »Über räumliche Projectionen socialer Formen«, S. 217.

in Anspielung auf Robert Musils »Möglichkeitssinn«[83] sagen – »Möglichkeitsräume«.[84] Daher lässt sich festhalten, dass nicht Inbesitznahme und Eigentum, sondern gerade auch Besitzlosigkeit und Indifferenz gegenüber Eigentum und Nutzung den Umgang mit Niemandsländern charakterisieren.

Nicht überraschend ist gerade in literarischen Texten viel von solchen Möglichkeitsräumen die Rede und sie sind oft sehr konkret: Inseln und Höhlen, Wälder, Urwälder, Wüsten, Meere, Ruinen, Stadtbrachen, Industriebrachen, aber dann auch das Elysium. In einem Rekurs auf sich selbst ist dabei (fast) immer auch der literarische Text selbst als Möglichkeitsraum entworfen. Die gelegentliche Suspendierung oder Einklammerung von Identitäten und sozialen Rollen, die teilweise Infragestellung von Normen und Maximen, die Erprobung von alternativen Lebensformen, das Aushandeln von Toleranzen und Assimilationsspielräumen verlangen spezielle Bedingungen. In bestimmter Hinsicht sind es gerade die fiktiven Welten selbst, die diese Funktion übernehmen, und sie greifen dabei auf Räume zurück, die sich als Spiel- oder Möglichkeitsräume anbieten. Anders formuliert sind dann also auch wiederum reale Niemandsländer und ihre Möglichkeiten Räume, die immer schon einen Anteil am Fiktiven, am Imaginären, am Möglichen haben, weil sie dazu einladen, jenseits des Alltäglichen und Bekannten Neues und Anderes zu erproben. Sie ähneln Fiktionen in ihrem Möglichkeitspotential und fungieren daher im literarischen Text als Folie und

83 Musil hat im 4. Kapitel von *Der Mann ohne Eigenschaften*, »Wenn es Wirklichkeitssinn gibt, muß es auch Möglichkeitssinn geben«, diesen Begriff geprägt.
84 »Möglichkeitsraum« ist ein Begriff, der aus der Psychotherapie bzw. der psychotherapeutischen Spieltheorie von Donald W. Winnicott stammt. Vgl. Jan Slaby, »Möglichkeitsraum und Möglichkeitssinn. Bausteine einer phänomenologischen Gefühlstheorie«, in: Kerstin Andermann, Undine Eberlein (Hg.), *Gefühle als Atmosphären*, Berlin: Akademie-Verlag 2011.

Metapher für literarische Selbstreflexion. Texte entwerfen Möglichkeitsräume und verstehen sich selbst zugleich *als Möglichkeitsraum*.[85]

In den folgenden Kapiteln schließen sich Analysen von Prosatexten aus unterschiedlichen literarischen Epochen vom 18. bis zum 21. Jahrhundert an. Sie sind grob chronologisch angeordnet, was allerdings keine teleologische Entwicklung – weder im Sinne einer zunehmenden Komplexität noch in dem eines zunehmend utopischen oder dystopischen Charakters – suggerieren soll.

Man wird auf den folgenden Seiten keine umfassende Motivgeschichte des Niemandslands finden. Eine solche müsste zahlreiche weitere und auch andere Texte miteinbeziehen, Wüstenexpeditionen, Reisen zu den Polen und ins ewige Eis berücksichtigen, Geschichten von einsamen Inseln oder Unterwasserfahrten aufarbeiten. Das konnte und sollte hier nicht geleistet werden. Vielmehr ging es darum, die mit den Geschichten von Niemandsländern verbundene literarische Epistemologie von Besitz, Eigentum, Subjektivität, Freiheit und Verlust nachzuverfolgen.

Literarische Texte sind nie Illustrationen von philosophischen, theologischen oder juristischen Theorien und sollen hier auch nicht als solche verhandelt werden. Daher werden sie hier auch nicht in einem simplen Sinne als Beispiele für die im Eingangskapitel diskutierte Thematik von Niemandsländern angeführt. Niemandsländer in der Literatur bedienen ein anderes Register, haben einen anderen Duktus, als sie in der Philosophie und in der Theorie zu finden sind. Genuin nicht an Lösungen, Definitionen und Kategorien interessiert, werden Landnahme, Gemeinschaftsbildung, Kolonisierung, Flucht und Verbannung, Frieden und Rettung in den literarischen Texten nicht als präzise zu bewertende Ereignisse vorgestellt, sondern gehören zu einem Diskurs,

---

85 Vgl. Kathrin Passig, Aleks Scholz, *Verirren. Eine Anleitung für Anfänger und Fortgeschrittene*, Berlin: Rowohlt 2010.

den Hans Blumenberg als den der »Unbegrifflichkeit« bezeichnet hat.[86]

Literarische Texte eignen sich in besonderem Maße, den ebenso widersprüchlichen wie vielversprechenden Charakter von Niemandsländern zu verarbeiten, ohne ihn zu vereinfachen. Oft sind Ordnung und Unordnung kaum zu unterscheiden, und was jeweils gefährlicher ist, lässt sich nicht sagen. Die fundamentale Verunsicherung, die mit dem Betreten von Niemandsländern immer einhergeht, eine Verunsicherung, die Berufs- und Geschlechtsidentität genauso betreffen kann wie religiöse Überzeugungen, sozialen Habitus und emotionale Stabilität, ist immer Gefahr und Chance zugleich.[87] Anders als theoretische Texte, die solche Unschärfen selten produktiv werden lassen können, finden sich zahlreiche literarische Texte, die den Charakter von Niemandsländern nicht zugunsten der einen oder der anderen Seite auflösen, sondern sie aufeinander abbilden. Das gilt allerdings auch für eine Anzahl kulturtheoretischer Texte, etwa von Siegfried Kracauer, Walter Benjamin und Michel Leiris, die einen Raum zwischen Literatur und Theorie besetzen und daher in den folgenden Kapiteln ebenfalls eine Rolle spielen.

Zudem war der Aspekt einer gewissen politischen Orientierung ausschlaggebend für die Auswahl der Texte. Dabei ging es mir weniger um einen eindeutigen Bezug auf zeitgenössisch aktuelle Fragen von Politik und Staat. Vielmehr wurden hier Texte herangezogen, die kulturtheoretische Fragen auf ihre politische Bedeutung hin überprüfen, die also etwa Zugehörigkeit zur Gemeinschaft, zur Familie, zu

---

86 Vgl. z. B. Hans Blumenberg, »Ausblick auf eine Theorie der Unbegrifflichkeit«, in: Ders., *Ästhetische und metaphorologische Schriften*, Auswahl und Nachwort von Anselm Haverkamp, Frankfurt a. M.: Suhrkamp 2001, S. 193–209.

87 Daher wurden hier auch *eindeutig* dystopische oder *eindeutig* utopische Varianten nicht ausgewählt, obwohl sie selbstverständlich auch Niemandsländer verhandeln können.

einem Geschlecht oder einer Religion auf der einen und auf der anderen Seite Diskriminierung, Ausschluss, Exil und eben den Rückzug ins Niemandsland thematisieren. Alle Texte verarbeiten eine Tiefenstruktur, in der die Differenz von Ordnung und Unordnung prekär wird.

Dieses prekäre Verhältnis von Raum, Ordnung und Macht wirkt sich auf sehr unterschiedliche, aber immer höchst relevante Art auf die Identität, das Verhalten und das Selbstverständnis der Personen im Niemandsland aus. Die Bewohner der Niemandsländer sind – oder werden – in vieler Hinsicht selbst eben Niemande, was sich wiederum als außerordentlich gefährlich oder auch als ebenso beglückend erweisen kann. Die *terra nullius* hat einen prekären Status, sie ist immer gefährdet, erobert oder eingemeindet zu werden. Sie ist eine Störung im System von Eigentum und Besitz und provoziert das Nachdenken über deren Legitimität. Anders als die Wildnis verspricht sie dabei keine großen, sondern eher die kleinen Abenteuer. Eines dieser Abenteuer ist es, im Niemandsland nicht ein Jemand, sondern ein Niemand zu sein.

Lektüren

Die Beispiele, die hier ausgewählt und kommentiert werden, sind nicht repräsentativ, sondern eher signifikant im Sinne einer spezifischen historischen und jeweils auch räumlichen Ausgestaltung des Niemandslandes. Die historische Breite spielt eine Rolle bei der Auswahl, sie kann aber nicht umfassend sein und macht sich – wie jede Auswahl – angreifbar. Die hier getroffene verfährt exemplarisch und zeigt in verschiedenen historischen Konstellationen, welche Funktionen die literarische Rede vom Niemandsland erfüllt.

Beginnend mit dem 18. Jahrhundert und Christoph Martin Wielands *Neuen Göttergesprächen*, den *Gesprächen im Elysium* und seinem *Peregrinus Proteus* werden religionskritische, aufklärerische und ironische Modelle sehr positiv konnotierter Niemandsländer aufgeführt. Es sind Orte im Nichts zwischen Himmel und Hölle, Erde, Unterwelt und Paradies, an denen sich – verstorbene – Menschen begegnen, die sich trotz langer Feindschaft verständigen und ihre Rivalität manchmal sogar beilegen können. Voraussetzung dafür ist nicht nur, dass sie sich im Niemandsland treffen, sondern dass sie dort einen Teil ihrer weltlichen Identität ablegen und gerade dadurch menschlicher werden. Diejenigen dagegen, die auf ihrer Identität bestehen – unter anderem die fanatischen Christen – stellen sich als die wahren Gefährder des himmlischen Friedens heraus. Wielands Elysium ähnelt trotz des großen zeitlichen Abstands am meisten den Konzepten von Georg Simmel und seinen Vorstellungen von gesellschaftlich produktiven Niemandsländern.

Zu Beginn des 19. Jahrhunderts inszeniert Goethes *Faust II* die Problematik von Kolonisierung und Landgewinnung, Leibeigenschaft und Befreiung, von Freiheit und Besitz exemplarisch und wirkmächtig. Die Feier des freien Menschen auf der – leider nicht ganz – leeren eigenen Scholle ist nicht nur hoch ambivalent, sondern auch in höchstem Maße kritisch, auch wenn dies die Rezeptionsgeschichte nicht immer abbildet.

Noch expliziter stellt sich die doppelte Funktion von Niemandsländern in realistischen Texten des 19. Jahrhunderts dar. Bei Adalbert Stifter sind es die Grenzzonen zwischen bewohntem Land, schroffen Bergen oder tiefem Wald, die soziales Verhalten – oft produktiv, aber manchmal auch destruktiv – verunsichern. Bei Gottfried Keller findet sich ein Stück brachliegenden Ackers: Er ist Freiraum und Ort eines kolonialen Verbrechens zugleich. Die Problematisierung von Besitz und Freiheit, bürgerlicher Gesellschaft und Arbeit, Eigentum und Raub steht nun deutlich im Vordergrund.

Bei Franz Kafka zeigt sich in »Beim Bau der chinesischen Mauer« eine explizit politische Auseinandersetzung mit der Funktion von Simmels Grenzwüste, die neben den politischen auch ästhetische Reflexionen impliziert. Nicht nur individuelle Identität, sondern vor allem auch Konzepte kollektiver Identität, die sich auf das Eigentum an Grund und Boden berufen, Grenzen ziehen und Mauern errichten lassen, werden als Zerrbilder von Ordnung und Staatlichkeit entlarvt.

Walter Benjamins und Siegfried Kracauers Texte, selbst angesiedelt in einem Zwischenraum zwischen Theorie und Literatur, legen wenig später eine Art raumzeitliche Theorie von Niemandsländern vor und explizieren diese an der Funktion von Passagen in europäischen Großstädten der Jahrhundertwende. Möglichkeitsräume sind auch sie, weil sie die radikale Idee einer Verständigung des Menschen mit seinen Dingen einräumen, eine Idee, die sich auch auf Kafkas Dachböden und in seinen Kellerräumen andeutet. In den Niemandsländern der großen Städte können die Menschen mit den Dingen zusammenleben und sich verständigen, weil sie sich überraschend ähneln. Dabei handelt es sich weder um eine Verdinglichung des Menschen noch um eine Humanisierung der Warenwelt, sondern um die Erfahrung von brüchigen Identitäten in Räumen mit diffusem Status.

Robert Musil inszeniert den lustvollen Selbstverlust im Niemandsland jenseits der Frontlinien des Ersten Weltkriegs und im Dunkel verlassener Tiroler Bergwerke, wobei deutlich wird, dass die vielen Männer ohne Eigenschaften, die uns in Musils Texten begegnen, auch eine Art Identitätsdiät durchlaufen. Sie verabschieden sich als Väter, Ehemänner, Eigentümer und bürgerliche Subjekte aus der Gesellschaft, was allerdings nicht immer gut ausgeht. Neben manchen abenteuerlichen, oft erotischen Möglichkeiten, die sich auftun, ist auch die Möglichkeit des Todes durchaus einkalkuliert.

Michel Leiris berichtet über großstädtische Brachen und Niemandsländer zwischen Stadt und Land, Dorf und Busch, in Paris und in Zentralafrika. Diese Banlieues haben strukturelle Ähnlichkeiten, da sich hier Begegnungen mit dem Heterogenen arrangieren lassen, ohne dass dies zu radikalem Befremden führen müsste. Für den Ethnologen essentiell ist die Möglichkeit, Fremdes nicht als radikal Anderes zu erfahren, und die Banlieues – egal ob vor Paris oder im Land der Dogon – bieten einen solchen Möglichkeitsraum.

Giorgio Agamben radikalisiert die dystopische Seite des Niemandslandes als Lager, allerdings auch die Frage nach dem Zusammenhang von Besitz und Subjektivität, der für ihn die Urkatastrophe der europäischen Moderne ausmacht.

In Chinua Achebes Romantrilogie *Things Fall Apart* ist es der *ajo ofia*, der *bad bush* mitten im Dorf, der als eine Art sakrale Mülldeponie fungiert, den Zusammenhalt der Dorfgemeinschaft garantieren soll, das schlechthin Heterogene symbolisiert und beherbergt und letztlich der Ort sein wird, von dem aus die christlichen Kolonisatoren ihren Zerstörungsprozess beginnen.

Die Rolle von Brachen im Großstadtroman etwa bei Oskar Loerke, Edgar Hilbig, Brigitte Kronauer und Georg Klein gleicht der von Niemandsländern.[1] Sie sind hier verunkrautete Trümmerlandschaften oder vergessene Flussufer, alte Industriegelände oder ein verwildertes Grundstück. Hier holt sich die Natur Stadtlandschaften zurück und eine Unterscheidung in Kultur und Natur ist oft kaum mehr möglich. In verwilderten Gebieten werden vor allem Kinder zu Archäologen der eigenen Zeit: Gerade sie sind ihrer Epoche um Dekaden voraus, ja möglicherweise bereits in einem posthumanen Zeitalter angekommen. Ihr Umgang mit Dingen und mit der verwilderten Stadtlandschaft ist spielerisch und – so würde Adorno sagen – liebevoll. Die städtischen Niemandsländer sind allerdings Zufluchtsorte nicht nur für Kinderbanden, sondern auch für Gespenster, Träume und vergessene Wünsche aus einer durch Alltäglichkeit versiegelten und zugepflasterten Vergangenheit.

Als letzte Lektüre wird noch ein Beispiel aus der Filmgeschichte angeführt: der amerikanische Western. Es hätte sicherlich viele andere Themen gegeben, aber auch hier musste eine Auswahl getroffen werden, und sie sollte noch einmal das Niemandsland, die Kolonisierung, Arbeit, Eigentum und Freiheit zusammenbinden: Die große koloniale Landnahme in Nordamerika hat eine Reihe von quasimythischen Figuren hervorgebracht, den guten Indianer, den gefährlichen Wilden, den Siedler, die Barbesitzerin, den Sheriff und natürlich den Cowboy. Der Cowboy ist kein Siedler, er hat keinen Landbesitz: Die Ikone des nordamerikanischen *no*

1 Vgl. Burkhard Schäfer, *Unberühmter Ort. Die Ruderalfläche im Magischen Realismus und in der Trümmerliteratur*, Frankfurt a. M.: Lang 2001; Helmut Lethen, »Ein heimlicher Topos des 20. Jahrhunderts«, in: Gustav Frank (Hg.), *Modern times? German literature and arts beyond political chronologies. Kontinuitäten der Kultur 1925–1955*, Bielefeld: Aisthesis 2005, S. 213–219; Wulf Koepke, »On Time and space in Exile – Past, Present and Future in a No-Man's Land«, in: Johannes F. Evelein (Hg.), *Exiles Travelling: Exploring Displacement, Crossing Boundaries in German and Exile Arts and Writings 1933–45*, Amsterdam, New York: Rodopi 2009, S. 35–49.

man's land, der Cowboy als *drifter*, muss im 19. Jahrhundert den Großgrundbesitzern mit ihren Stacheldrahtzäunen, der *enclosure* von Land, weichen und in die nördlichen Prärien Kanadas auswandern. Erstaunlicherweise ähnelt er hierin eher den nomadisierenden Ureinwohnern als den sesshaften und besitzenden Neusiedlern. Auch er ist einer jener Besitzlosen und Armen, für die Freiheit nicht auf Eigentum gebaut ist, sondern im Gegenteil Freiheit immer Freiheit von Besitz meint.

I NIEMANDSLÄNDER UM 1800: AN DER GRENZE ZUM PARADIES UND ZUR HÖLLE

1 Christoph Martin Wielands Helden »im Neglischee«:[2] Niemande im Elysium

Mit dem griechischen Satiriker Lukian von Samosata (120–180?) hat sich Christoph Martin Wieland zeitlebens intensiv beschäftigt: Er gilt als sein »Lieblingsautor«.[3] Mitte der 80er Jahre des 18. Jahrhunderts übersetzte er die Schriften des antiken Autors. Die Übersetzung erschien 1788/89. Weiter hat Wieland dann eine ganze Reihe von Texten verfasst, in denen ein fiktiver Lucian wichtige Rollen übernimmt: *Lustreise ins Elysium* von 1787, 1791 erscheint sein Dialog-Roman *Peregrinus Proteus*, *Die neuen Göttergespräche* dann 1790/93 und die *Gespräche im Elysium* 1796.[4]

Peregrinus Proteus wird zunächst in Fortsetzung im *Teutschen Merkur* und dann 1791 als Buch publiziert.[5] Bislang

2 Christoph Martin Wieland, »Vorrede zur Übersetzung der Lukianschen Göttergespräche«, in: *Lucians von Samosata Sämmtliche Werke. Aus dem Griechischen übersetzt und mit Anmerkungen versehen von C. M. Wieland*, Bd. 2, Leipzig: Weidmannsche Buchhandlung 1788, S. 3; vgl. auch: Peter Pilhofer et al. (Hg.), *Lukian. Der Tod des Peregrinos. Ein Scharlatan auf dem Scheiterhaufen*, Darmstadt: Wissenschaftliche Buchgesellschaft 2005.
3 Kai Kauffmann, »Wielands *Peregrinus Proteus* – ein Transzendentalroman der Goethezeit?«, in: Walter Erhart, Lothar van Laak (Hg.), *Wissen – Erzählen – Tradition*, Berlin, New York: De Gruyter 2010, S. 223–234, S. 227; vgl. Gerhard Braunsperger, *Aufklärung aus der Antike: Wielands Lukianrezeption in seinem Roman »Die geheime Geschichte des Philosophen Peregrinus Proteus«*, Frankfurt a. M.: Peter Lang 1993.
4 Vgl. dazu Hans-Dietrich Dahnke, »Die Götter im Negligé. Die Erneuerung der lukianischen Gesprächstradition in Wielands ›Göttergesprächen‹«, in: *Impulse* 9 (1986), S. 187–224; Herbert Jaumann, »Der deutsche Lucian. Kontinuitätsbruch und Dialogizität, am Beispiel von Wielands ›Neuen Göttergesprächen‹« (1791), in: Harro Zimmermann (Hg.), *Der deutsche Roman der Spätaufklärung*, Heidelberg: Winter 1990, S. 61–90.
5 Vgl. Jutta Heinz, »Peregrinus Proteus« (Kap. 5.1.8), in: Dies. (Hg.), *Wieland Handbuch. Leben – Werk – Wirkung*, Stuttgart: Metzler 2008, S. 305–314.

wurde der Dialogroman als Auftakt zu Wielands Alterswerk verstanden, das vom Beginn der 90er bis zu seinem Tod im Jahr 1813 angesetzt wird. In der neueren Forschung geht man allerdings eher von einer ersten Phase der Werkexposition und einer seit den 70er Jahren daran anschließenden umfassenden Verarbeitung, Umsetzung und Variation von Themen und Formen aus. Diese zweite Phase ist geprägt von der Arbeit an Übersetzungen antiker Literatur und kann daher als genuin intertextuelle Schaffensphase bezeichnet werden.[6] »Intertextualität« markiert hier aber nicht eine Kopräsenz von literarischen Texten aller Art, die sich gegenseitig kommentieren, sondern sie charakterisiert vielmehr Wielands literarische Philosophie einer narrativen Vermittlung von Tradition und Innovation. »Narrative Versuchsanordnungen«,[7] die antike und zeitgenössische Problemkonstellationen aufeinander abbilden, leisten eine spezifische Art der Überprüfung von Wissensbeständen.

Das Romangeschehen des *Peregrinus* wird in Form eines Totengesprächs – zwischen dem Autor Lucian und seinem Protagonisten Peregrinus – im Elysium erzählt. Lucian begegnet im Elysium also ausgerechnet der Person, die er zu seinen Lebzeiten in einer ausführlichen und durchaus kritischen Schrift behandelt hatte, denn Peregrinus ist für seinen Biographen kein positiver Held: Er führte ein Leben voller Betrug und Verblendung, dem er durch eine spektakuläre Selbstverbrennung auf dem Scheiterhaufen in Olympia ein Ende setzte.

Nach ihrem jeweiligen Tod und in anderen Gefilden angekommen, wirken die beiden abgeklärt und vor allem be-

6 Die zentrale Bedeutung der Übersetzungstätigkeit wird in mehreren neuen Publikationen betont: Bettine Menke, Wolfgang Struck (Hg.), *Wieland/Übersetzungen*, Berlin, New York: De Gruyter 2010; Michael Weissenberger, »Wieland als Übersetzer Lukians«, in: Walter Erhart, Lothar van Laak (Hg.), *Wissen – Erzählen – Tradition*, S. 329–343, vgl. dort auch die Einleitung, S. 1–14, S. 1.
7 Ebd., S. 5.

reit, den anderen nicht sofort zu verurteilen, sondern ihm erst einmal zuzuhören.[8] Dies ist umso bemerkenswerter, als Lukians historische Peregrinus-Biographie den Selbstmord auf dem Scheiterhaufen als eitle Selbstinszenierung verurteilt hatte. Die Begegnung, so kann man festhalten, ist also nicht ohne Spannungen, ein geeigneter Ort mit den entsprechenden Regeln ist notwendig, um überhaupt ein Gespräch zu ermöglichen: Wichtigste Voraussetzung ist, dass beide tot sind.

Totengespräche sind in der Antike, im Humanismus und auch im 18. Jahrhundert eine beliebte Gattung. Sie wurde u. a. von Erasmus von Rotterdam, Ulrich von Hutten, Bernard le Bovier de Fontenelle, Wieland, Goethe, Edgar Allan Poe und schließlich Arno Schmidt[9] aufgegriffen.[10] Zu den Gesprächspartnern zählen bei Wieland neben den Göttern des Olymps, antiken Philosophen und Orpheus auch Herakles und Christus. Seine Götter- und Totengespräche finden nicht im christlichen Paradies, auch nicht

8 Vgl. dazu Lothar van Laak, »Christoph Martin Wielands ›Peregrinus Proteus‹ als Satyrspiel der Aufklärung«, in: *Sprache und Literatur* 80 (1997), S. 21–50.

9 Schmidt erinnert sich mit Schrecken daran, dass er ein Exemplar seiner Werke nach Marbach gegeben und damit möglicherweise seine Unsterblichkeit verschuldet hat (»Tina oder über die Unsterblichkeit«, 1955/58). Vgl. dazu: Arno Schmidt, *Tina oder über die Unsterblichkeit*, Bargfelder Ausgabe, Werkgruppe I/II, Zürich: Haffmans Verlag 1986, S. 165–187, S. 169.

10 Vgl. Manuel Baumbach, »»Wenn Tote Politik betreiben‹ – Das Totengespräch und seine Rezeption im Humanismus am Beispiel von Erasmus und Hutten«, in: Bodo Guthmüller (Hg.), *Dialog und Gesprächskultur in der Renaissance*, Wiesbaden: Harrassowitz Verlag 2004, S. 261–275; ders., *Lukian in Deutschland. Eine forschungs- und rezeptionsgeschichtliche Analyse vom Humanismus bis zur Gegenwart* (Beihefte zur Poetica 5), München: Fink 2002; Ruth Petzoldt, »Literaturkritik im Totenreich. Das literarische Totengespräch als Literatursatire am Beispiel von Goethes Farce ›Götter, Helden und Wieland‹«, in: *Wirkendes Wort* 45 (1995), S. 406–417; David Hill, »German Literature and the French Revolution: Wielands Göttergespräche«, in: Willliam C. Donahue (Hg.), *History and Literature*, Tübingen: Stauffenburg 2000, S. 231–249.

im Hades oder der Hölle, sondern im Elysium, einem Zwischenreich, statt. Das Erzählen ist dort nicht nur aus dem irdischen Raum, sondern auch aus der Zeit herausgehoben und schwebt in ahistorischen Intermundien, in denen sich Zeitalter überschneiden, Religionen begegnen, Epochen überlagern, aus unterschiedlichen Zeiten stammende Personen treffen und historische Phänomene über Jahrhunderte hinweg ineinander spiegeln können.[11] Zeit – der Toten und Unsterblichen – und Raum – zwischen Welt und Transzendenz – haben ihre speziellen Konditionen. Sie stellen eine Art Laboratorium für gelebte Intertextualität dar und ermöglichen es Wieland, die Komplexität seines eigenen Zeitalters zu reflektieren.

Wieland wählt – mit beidem, seinen antiken Übersetzungsvorhaben und seinen Romanprojekten – historische Epochen, die der seinen in bestimmter Hinsicht vergleichbar sind: Das heterogene Angebot an weltanschaulicher Orientierung im 1. Jahrhundert n. Chr., dem Zeitalter Lukians, dürfte von den Zeitgenossen als ähnlich anspruchsvoll empfunden worden sein wie die historischen Entwicklungen in Europa seit 1789. Eine ganz besondere Rolle spielt dabei für Wieland die von ihm so bezeichnete »Schwärmerei«.[12]

11 Jan Philipp Reemtsma sieht hierin ein Globalisierungsphänomen und Uwe Japp weist darauf hin, dass es in ästhetischer Hinsicht um eine Diskussion über Weltliteratur und ihre Standards geht. Jan Philipp Reemtsma, »Peregrinus Proteus oder: der Charme der Heiligen Familie«, in: Ders., *Der Maskentanz der Liebe. Aufsätze zum Werk Christoph Martin Wielands*, Zürich: Haffmans 1999, S. 67–95; Uwe Japp, »Rekapitulation der Weltliteratur. Arno Schmidts Totengespräche«, in: *DVjS* 71/1 (1997), S. 164–177; Nicola Graap, »Peregrins Geschichte. Die antike Welt als Rederaum in Wielands Geheime Geschichte des Philosophen Peregrinus Proteus«, in: *Literaturwissenschaftliches Jahrbuch im Auftrage der Görres-Gesellschaft* (LJGG) 38 (1997), S. 9–25; Karl Mickel, »Peregrinus Proteus oder die Nachtseite der pädagogischen Revolution«, in: *Sinn und Form: Beiträge zur Literatur* 35/4 (1983), S. 814–835.
12 Vgl. Jutta Heinz, »Von der Schwärmerkur zur Gesprächstherapie: Symptomatik und Darstellung des Schwärmers in Wielands ›Don Sylvio‹ und ›Peregrinus Proteus‹«, in: *Wieland Studien*, II: Aufsätze, Texte und

Diese von ihm vielfach und in immer neuen Konstellationen verarbeitete Charaktereigenschaft würde man heute eher als einen Hang zur politischen oder religiösen Ideologisierung und Radikalisierung unterschiedlichster Couleur verhandeln: Sie geht mit einer letztlich bewundernswerten Energie und Begeisterungsfähigkeit einher, hat aber eine unangenehme Tendenz zum Missionarischen. »Schwärmerei« ist gespeist von Imagination und dem Glauben an eine bessere Zukunft, tendiert aber zum Totalitären und leidet unter einem Mangel an Selbstkritik.

Die im Jahr 165 n. Chr. anlässlich der Olympischen Spiele öffentlich inszenierte Selbstverbrennung des Peregrinus Proteus gehört bis heute in das Repertoire von missionarisch veranlagten Radikalen. Heutigen Lesern ist die zutiefst skeptische Haltung, die Peregrinus' Biograph Lucian an den Tag legt, nur allzu verständlich, denn öffentlicher Selbstmord im Dienste einer politischen oder weltanschaulichen Botschaft assoziiert immer auch die Möglichkeit eines erweiterten Selbstmords – oder eben des Attentats. Angesichts einer solchen Tat wird Lucians Geduld bei den Gesprächen mit dem Protagonisten seiner Biographie auf eine harte Probe gestellt. Dafür bedarf es bestimmter Konditionen und die scheint das Elysium zu bieten.

Das Elysium ist kein beliebiger Platz für ein Gespräch. Es unterscheidet sich von anderen beliebten Orten der Unterhaltung und ist sowohl narratologisch als auch konzeptionell deutlich zu trennen etwa von einem Garten, wie wir ihn aus Boccaccios *Decamerone* kennen, einem fürstlichen Schlafzimmer wie dem aus den Märchen von *Tausendundeine Nacht* bekannten, von der Spinnstube aus Mörikes Kunstmärchen *Die Schöne Lau* oder einem Wirtshaus, wie es Hauffs Novelle *Das Wirtshaus im Spessart* oder auch Storms

Dokumente, Berichte, Bibliographie, hg. von Klaus Manger, Viia Ottenbacher und Heinrich Bock, Sigmaringen: Thorbecke 1994, S. 33–53; Walter Erhart, *Entzweiung und Selbstaufklärung. Christoph Martin Wielands »Agathon«-Projekt*, Tübingen: Niemeyer 1991, S. 23–86.

Der Schimmelreiter wählen. Jeder dieser Orte bietet besondere Bedingungen, die die Unterhaltungen, die Auswahl
der Geschichten, aber auch die Art und Weise der Einwir-
kung auf die Erzählenden und auch deren Beteiligung be-
stimmen. Die Räume sind oft nicht nur einfach angenehm,
sondern sie bieten lebensnotwendigen Schutz vor Krieg und
Seuchen, sind Stätten der Unterbrechung und Erholung von
mühsamen und gefährlichen Reisen, Durchgangsstationen,
an denen Halt gemacht werden muss, an denen man redet,
isst, trinkt und Erfahrungen austauscht.[13] Nicht selten verbindet sich hier das Erzählen mit anderen Formen von Zeit-
vertreib, man wartet auf frische Pferde, besseres Wetter,
die Bekehrung des Despoten, den Umschwung des Schicksals oder der politischen Konstellationen. Erzählen soll und
kann in solchen Situationen Langeweile vertreiben und die
Angst – vor Gefahren und vor dem Tod – bannen. Genau hier
ist der Unterschied zum Elysium angesiedelt. (Lebens-)Zeit
spielt hier keine Rolle mehr, in allen anderen Erzählsituatio-
nen scheint sie dagegen von zentraler Bedeutung.

»Erfahrung, die von Mund zu Mund geht, ist die Quelle,
aus der alle Erzähler geschöpft haben«,[14] so beginnt der oft
zitierte zweite Abschnitt von Walter Benjamins Reflexionen
über das Erzählen. Erzählen sei im Grunde ein Anreden gegen den Tod oder ein Reden im Bewusstsein des Todes, eine
Rede im Wissen um die begrenzte Lebenszeit des Menschen
und zugleich im Zeichen seiner Hoffnung auf die Ewigkeit.
»Der Tod ist die Sanktion von allem, was der Erzähler berichten kann«.[15] Damit ist gemeint, dass die Autorität des
Erzählers an seinen Tod gebunden ist, an die Erfahrung der

13 Vgl. Harald Neumeyer, »Rederaum Gasthaus. Zur Konstruktion von
Wirklichkeit in Theodor Storms ›Der Schimmelreiter‹ und Wilhelm Raabes
›Stopfkuchen‹«, in: *Jahrbuch der Raabe-Gesellschaft* 2011, S. 87–103.
14 Walter Benjamin, »Der Erzähler« (1936), in: Alexander Honold (Hg.),
Erzählen. Schriften zur Theorie der Narration und zur literarischen Prosa,
Frankfurt a. M.: Suhrkamp 2007, S. 103–128, S. 104.
15 Ebd., S. 114.

Sterblichkeit, die Wichtiges und Unwichtiges zu unterscheiden lehrt. »Vom Tode her hat er seine Autorität geliehen«,[16] so Benjamin.

Daher stehen auch Erzählen und Reisen in einem engen Zusammenhang, der Reisende ist einer der Prototypen des Erzählers: Der Wanderbursche, der Seemann und der Pilger – der Pelegrinus –, sie bringen Kunde von der Ferne und Fremde, der Gefahr und ihrer Überwindung. Reisende sind *erfahrene* Menschen. Die Erzählung sei, so Benjamin, daher immer verbunden mit einer in die Lebensgeschichte eingewobenen Weisheit, die aus der Erfahrung stamme.[17] Das Benjamin'sche Anerzählen gegen die Vergänglichkeit kann man sich im Elysium allerdings sparen, denn nun ist klar, dass das Leben eben nicht zu Ende ist, sondern dass es auf eine durchaus angenehme Weise weitergeht. Die Zeit hat sich verabschiedet und mit ihr auch die Spannung, ebenso wie die Notwendigkeit, Ratschläge zu hören und zu erteilen. Die elysische Narration ist eine eher philosophische Form des Erzählens, nicht in der Zeit, sondern im Raum angesiedelt, in einer »Laboratoriumswirklichkeit«.[18]

Schon in den ersten Sätzen, die die beiden ungleichen Protagonisten in Wielands Text wechseln, wird deutlich gemacht, dass sie sich gewissermaßen auf neutralem Boden befinden: Das Elysium erlaubt weder absichtliche Lügen noch offensichtliche Feindschaften.[19] Lucian muss zugeben, dass seine epikureisch inspirierte Todesphilosophie, also der Glaube an das vollkommene Verschwinden der Person, widerlegt ist: »Wir waren beide *zu ganz* das was wir waren, ich zu kalt, du zu warm, du zu sehr *Enthusiast*, ich ein zu überzeugter *Anhänger Epikurs* [...].«[20] Der Skeptiker wirkt

16 Ebd.
17 Vgl. ebd., S. 128.
18 Jan-Dirk Müller, *Wielands späte Romane*, München: Fink 1971, S. 139.
19 Heinz, »Peregrinus Proteus«, S. 307.
20 Christoph Martin Wieland, »Peregrinus Proteus (erster bis dritter Theil)«, in: Ders., *Sämmtliche Werke*, hg. von der »Hamburger Stiftung zur

dadurch etwas milder und ist eher bereit, auf Peregrinus einzugehen. Beide, so stellen sie fest, haben eine gewisse Anzahl von »Abschälungen«[21] hinter sich. Bei Peregrinus Proteus, der nicht nur nach dem »Pelegrinus«, sondern auch nach dem Gott der Verwandlung benannt ist, sind sie sogar programmatisch in den Namen eingeschrieben, aber auch Lucian hat Metamorphosen durchlebt: »Die Luft, die wir hier athmen, lieber Lucian, macht uns zu Freunden, wie verschieden wir auch noch immer in unserer Vorstellungsweise seyn mögen.«[22]

Was man sich unter diesen »Abschälungen« genauer vorzustellen hat, wird von Wieland in einem anderen Text aus den späteren *Gesprächen im Elysium* (1796)[23] beschrieben. Hier beobachten wir Diokles, einen ehemals reichen Staatsmann, wie er im Elysium erwacht und zu seinem Erschrecken bemerkt, wie fetzenweise die Einbildungen und Lebenslügen von ihm abfallen; und zwar in einer solchen Menge, dass er fürchtet, es bleibe nichts von ihm übrig. Der auch hier zufällig vorbeikommende Lucian kann ihn trösten und eröffnet ihm, dass dies nun gerade das Angenehme am Elysium sei, dass man frei von Selbstbetrug leben könne. Dies sei im Übrigen die einzige Art, die eine glückliche Existenz garantiere. Diokles glaubt es nicht und wird erst

Förderung von Wissenschaft und Kultur«, zusammen mit dem »Wieland-Archiv« in Biberach an der Riß und Hans Radspieler, Hamburg: Greno 1984, 14 Bde., Bd. IX/27, S. 48 [i. Orig. gesperrt].

21 Vgl. ebd., S. 39.

22 Ebd.

23 Christoph Martin Wieland, »Gespräche im Elysium«, in: *Sämmtliche Werke*, Bd. VIII/25, S. 277–328, S. 282: »Lucian. Dünkt dich nicht, du werdest bei jeder dieser Abschälungen leichter, freier, dir selbst durchschaulicher? Diokles. So däucht mich – aber nur gar zu leicht, gar zu durchsichtig! Denn ich merke wohl, es wird vor lauter Abschälungen, wie du es nennst, beinahe nichts von mir übrig bleiben.« Vgl. Alexandra Kleihues, »Rückkehr aus dem Elysium. Wielands Umgang mit der Tradition des literarischen Dialogs«, in: Walter Erhart, Lothar van Laak (Hg.), *Wissen – Erzählen – Tradition*, S. 169–188.

einmal wieder ins Bad zurückgeschickt, damit sich dort die noch nicht abgefallenen Krusten lösen.

Peregrinus dagegen ist bereits seit 160 Jahren im Elysium, als er auf Lucian trifft. Beide sind schon recht weit entfernt von ihrer ehemaligen Existenz und haben viele Schichten ihrer *amour propre* abgeschält: Eine ideale Konstellation, um die Lebensgeschichte noch einmal zu erzählen, und so erfahren wir unter anderem, wie Peregrinus sich von einer Göttin verführen und täuschen lässt und nach dieser Frustration zu den so genannten Christianern gelangt, einer seltsamen Sekte, deren Lebensstil ihn zunächst befremdet, dann aber faszi- niert. Dem Zuhörer bleibt nicht verborgen, dass dies aus- schließlich daran liegt, dass er, der unverbesserliche Schwär- mer und Enthusiast, hier offenbar bei den radikalsten Ideolo- gen seiner Zeit angekommen ist.[24] Anders als bei den heidni- schen Varianten dieser Spezies haben wir es bei den Christia- nern aber mit Verschwörern, aufständischen Betrügern und Verbrechern zu tun.[25] Dies gilt zumindest für ihre Anführer, die sich die naive Harmlosigkeit der Durchschnittsgläubigen zu Nutze machen. Besonders eindrucksvoll wird diese Form der frommen Naivität gleich zu Beginn der ersten Begegnung mit der Sekte beschrieben: Peregrinus kommt zu einer Fami- lie mit sechs Söhnen und sechs Töchtern.

Sie waren alle eben so reinlich als einfach gekleidet, und zeichneten sich von allen weiblichen Wesen, die mir je- mahls vorgekommen waren, durch ein Ansehen von Un- schuld, Zucht und in sich selbst verhüllter Jungfräulich- keit aus, das sich besser fühlen als beschreiben läßt [...].[26]

---

24 Vgl. Walter Erhart, »Wüste in Tyrol. Die Fremdheit des Schwärmers«, in: *Wieland Studien* 4 (2005), S. 132–146.
25 Auf die historischen Parallelen zu Wielands eigener Epoche, den Illu- minaten, Freimaurern, der Geschichte von Cagliostro weisen die wissen- schaftlichen Kommentare immer wieder hin. Vgl. dazu auch Michael Voges, *Aufklärung und Geheimnis*, Tübingen: Niemeyer 1987.
26 Wieland, »Peregrinus Proteus (erster Theil)«, S. 296.

Alles, was sie tun, geschieht geräuschlos und ohne Blickkontakt zu dem Fremden: »Noch etwas das mir auffiel, war, daß diese sechs Mädchen einander so ähnlich sahen, als ob es eben so viele Kopien eben desselben Modells gewesen wären [...]. Eben dieß [...] bemerkte ich auch an den Söhnen.«[27]

Das Prinzip der Identität aller Familienmitglieder scheint nicht nur bei der biologischen Reproduktion, sondern auch bei der Rekrutierung von neuen Mitgliedern zu herrschen. Als der Fremde – seinen eigenen Bräuchen gemäß – den Göttern ein Schlückchen seines Weines opfert, fliehen die Töchter entsetzt aus dem Zimmer und Peregrinus muss sich darüber aufklären lassen, dass dies ein schwerer Fehltritt war, dass er sich ab jetzt strikt an die Regeln zu halten habe und nur als ›Bruder‹ in den Genuss ihrer Liebe kommen könne – also unter der Bedingung der totalen Identifikation. Die Eingliederung in die heilige Familie der Christianer geschieht nach dem Prinzip der Einfalt im Herzen, im Denken und in der Existenz. Die Vielfalt und mit ihr alle Formen der Verwandlung, Veränderung und Entwicklung sind unerwünscht. Die Christianer sind Radikale und verkörpern ein biologistisch tingiertes Programm der Homogenität und Identität. Sie propagieren daher auch nicht nur die absolute Gleichheit nach innen, sondern verlangen zudem eine strenge Abschottung nach außen: »[U]nd wenn wir nicht so strenge darüber hielten, so viel möglich alle Gemeinschaft mit denen, die es nicht sind, zu vermeiden, würden wir bald aufhören das zu seyn, was dir [...] so viel Wohlwollen für uns eingeflößt hat.«[28]

Die Christianer sind eine Sekte, weil sie nach dem Prinzip von fremd und eigen streng unterscheiden, wer dazugehören kann und wer nicht. Erst nach seiner Konversion kann auch Peregrinus als Bruder zur Familiengemeinschaft gehören. Soziale Gemeinschaft wird nach dem Modell ›Familie‹

27 Ebd.
28 Ebd., S. 302.

konstruiert und Gesellschaft auf dem Hintergrund von Blutsverwandtschaft entworfen. Identität wird mit Hilfe von Differenz erreicht. Die Differenz ist hier nicht relativ, sondern radikal im Sinne eines Entweder-oder, einer nicht überbrückbaren Opposition gedacht. Fundamentalistisch wird sie dadurch, dass sie sich des Modells der Blutsverwandtschaft, der Familie bedient, und so eine unverhandelbare Tatsache zu sein vorspiegelt. Die hier auftauchenden biologistischen Vorstellungen davon, wie Gruppenidentitäten zu stiften sind, sind im Ansatz rassistisch und in jedem Fall radikal, sektiererisch und gefährlich. Im Elysium kann man sich die Christianer nicht vorstellen.

Wenn sich aber doch einer ins Elysium verirrt, der eigentlich ins christliche Paradies gehört, gibt es daher auch sofort Spannungen: Der »Unbekannte«,[29] der in Wielands *Göttergesprächen* einen eher unangenehmen Eindruck hinterlässt, weil er gegenüber dem gelassen wirkenden Jupiter auf der *einen* frei machenden Wahrheit besteht, ist, so stellt sich schnell heraus, der etwas präpotent wirkende Christus, der, sich selbst zitierend – »die Wahrheit wird Euch frei machen«, heißt es in Johannes 8,32 –,[30] keine relative, sondern nur die eine, absolute Wahrheit anerkennen möchte: »Die Wahrheit wird sie in den Besitz der Freyheit setzen, die das unentbehrlichste Bedingniß der Glückseligkeit ist: denn Wahrheit allein macht frey –«.[31] So erfahren es die staunenden Zuhörer im Elysium: »Bravo!« – jubelt der alte Jupiter – »[d]as hörte ich schon vor fünf hundert Jahren in der Stoa

29 Christoph Martin Wieland, »Göttergespräche«, in: Ders., *Sämmtliche Werke*, Bd. VIII/25, S. 1–276, S. 126.

30 Die Worte spricht Jesus am Ölberg zu »den Juden«, die ihn töten wollen. Die Unfreiheit bezieht sich auf den falschen Glauben, dem sie anhängen. Die antisemitische Haltung, die sich mit diesem Zitat verbinden lässt, spielt im Streit um das Freiburger Universitätsmotto eine zentrale Rolle. Vgl. Gerhard Kaiser, »Die Wahrheit wird Euch frei machen«, in: Ludwig Wenzler (Hg.), *Welche Wahrheit braucht der Mensch?*, Freiburg: Böhlau 2003, S. 47–103.

31 Wieland, »Göttergespräche«, S. 126.

zu Athen bis zum Überdruss [...].«[32] Der Unbekannte wird ungeduldig und betont überheblich, dass die armen Sterblichen eben noch nicht reif seien für die Wahrheit: »Aber ganz gewiss werden sie besser werden, wenn die Wahrheit sie erst frey gemacht haben wird.«[33] Das wirkt umso naiver, als alle im Elysium ja schon tot sind, oder immer schon unsterblich waren und trotzdem weder im christlichen Paradies und schon gar nicht in der Hölle gelandet, sondern eben im Elysium gut aufgehoben sind. Dort interessiert keinen die Wahrheit des eitlen und vorlauten Christus.

Der Zirkelschluss fällt natürlich auch Jupiter auf, der allmählich ungeduldig wird und mit einer fast sokratischen Diktion antwortet: »Das glaube ich auch; nur dünkt mich sey damit nicht mehr gesagt, als wenn du sagtest: sobald alle Menschen weise und gut sein werden, werden sie aufhören thöricht und verkehrt zu seyn [...].«[34] Christus reagiert gereizt und spätestens hier gibt es keinen Zweifel mehr: Er gehört zu den Schwärmern, den Ideologen, ja zu den Radikalen, die sich – ähnlich wie Peregrinus in seinen Erdentagen – an der Wahrheit und Gültigkeit ihrer eigenen Geschichten berauschen können.[35] Christus ist ein christlicher Fundamentalist: Er kennt nur *eine* Wahrheit, nur *einen* Glauben, nur *eine* wahre Geschichte und nur *einen* Anführer.

Anders als Christus und die Christianer hält Lucian – vor allem seit er tot bzw. im Elysium ist und von einer Schälkur profitiert – nichts von einem Denken in Kategorien der Identität und Differenz, von eigen und fremd, Inklusion und Exklusion, sondern er schlägt eine Reflexion im Modus der

32 Ebd.
33 Ebd., 127.
34 Ebd.
35 Andererseits darf man nicht vergessen, dass die Lokalisierung der *Gespräche im Elysium* den Schwärmern und Gläubigen in einem Punkte gegenüber den Materialisten recht geben: Es gibt eine Ewigkeit. Die *Creatio ex nihilo*, die zum Grundsatz materialistischer Philosophie gehört, muss eingeschränkt werden, und so haben auch die Schwärmer einen Punkt gemacht; zumindest was einen Teil ihrer wunderbaren Geschichten angeht.

Ähnlichkeiten, des möglichen Vergleichs, der strukturellen Analogien vor. Dieses Prinzip, so stellt sich bei näherem Hinsehen heraus, ist allen *Gesprächen im Elysium* und auch den *Göttergesprächen* von Wieland eingeschrieben. Ganz offenbar beruht das Geheimnis des heiteren Elysiums sogar auf dieser Idee: Daher wird den Neuankömmlingen auch zunächst einmal alles genommen, was sie für ihre individuelle und spezielle Identität, ihre differentielle Besonderheit halten. Diese so genannte »Abschälung« dient allerdings nicht einer klösterlichen Gleichmacherei: Vielmehr ist es eine Art identitäre Diät, die dazu führt, dass man, von seiner vermeintlichen Besonderheit absehend, die Ähnlichkeiten mit den anderen wahrnehmen und im Gespräch ausloten kann. Dabei geht es durchaus nicht um vollkommenes Verstehen und totalen Konsens, vielmehr ist das »wesentliche Ergebnis solcher wechselseitiger Annäherung [...] gerade, die Grenzen zu erkennen, die dem Verstehen gezogen sind.«[36] Die gelassene Haltung hermeneutischer Abstinenz stellt sich als das Geheimnis postmortaler Kommunikation heraus.

Während die Christianer nach dem Prinzip der Gleichheit organisiert sind, denkt Lucian, der atheistische Skeptiker, in den Kategorien von Ähnlichkeit und von heuristischen Vergleichen: Er ist kein Theologe, sondern ein Religionshistoriker. Für ihn sind daher die Geschichten von Christus, dem Gottessohn, verwandt mit der

> *Mythologie* all dieser Göttersöhne, vom Brama der Indier, dem Hermes der Ägypter, dem *Zoroaster* der Baktrier, dem *Zamolxis* der Geten, dem *Linus* und *Orfeus* der Griechen, u. s. w. bis auf unseren wunderbaren *Apollonius* herab, in der Hauptsache immer *eben dieselben Erscheinungen* und *eben dieselben Resultate* giebt.[37]

36 Reemtsma, »Peregrinus Proteus«, S. 79.
37 Wieland, »Peregrinus Proteus«, in: *Sämmtliche Werke*, Bd. VIII/27, S. 311–312 [i. Orig. gesperrt].

Die Vergleichbarkeit der Religionen nimmt ihnen den religiösen Fundamentalismus und macht eine radikale Anhängerschaft unmöglich.

Lucian ist also nicht nur ein Epikureer, der – offenbar zu Unrecht – nicht an das Leben nach dem Tode glaubt, sondern auch ein Historiker, der Offenbarungen, Heilige, Heroen und Gottessöhne aus religionsgeschichtlich vergleichender Perspektive betrachtet, bewertet und relativiert. Alle erzählen sie schließlich am Ende eine ähnliche Geschichte, wenn sie sich im Elysium treffen. Denn dies ist es, was offenbar die Religionsstifter eint: Sie sind alle große Fabulierer. »Und wie sehr kommt ihnen dabey der Umstand zu Statten, dass sie nie begieriger seyn können, unglaubliche Dinge zu *erzählen*, als die meisten Zuhörer es sind, dergleichen zu *hören* und zu glauben!«[38]

Überwindung des Todes, Jenseitserfahrungen, Höllenfahrten: Am Ende bleibt die Erzählung, die spannende Geschichte, der packende Roman. Lucian zählt auf, was sich alles so wunderbar erzählen lässt: unter anderem die Erfahrung übermenschlicher Kräfte, übergroße Tugend und Weisheit, begeisternde Gemeinschaft mit den Göttern, überraschende Gewalt über die Elemente, die Gabe, Wunderdinge zu tun, ja sogar Tote zu erwecken etc.[39] Dabei wird ihm deutlich, dass er selbst genau diese Begabung, die des Erzählens und Fabulierens, nicht hat. Es fehlen ihm die nötige Begeisterung, der Enthusiasmus und vor allem die Phantasie, die die Schwärmer, Religionsstifter, Abenteurer und Hadesfahrer offenbar alle mitbringen.

Die Macht der Göttersöhne ist eine Macht der Worte, ist die Macht der Imagination, des Erzählers, des Dichtens, allerdings auch die der Demagogen: Am Ende sind es die gut erfundenen Geschichten, die die Religionen stiften, und sie sind es durchaus zu Recht, denn sie mobilisieren bei den

---

38 Ebd., S. 313–314 [i. Orig. gesperrt].
39 Vgl. ebd.

Zuhörern eben auch Begeisterung, Hingabe, Hoffnung auf Zukunft, sie bannen die Angst vor dem Tod, machen Mut, geben Zuversicht und schweißen zusammen. Wie schnell dies jedoch in Verblendung und Fanatismus umschlagen kann, zeigen die Episoden mit dem unsympathischen Christus. Die Göttersöhne sind Sinnstifter und Verführer zugleich, ihre Erzählungen wirken gemeinschaftsbildend, können aber auch radikalisieren. So kritisch Lucian – und Wieland – die Schwärmer betrachten, haben sie dabei doch nie übersehen, dass sie eine spezifische Energie antreibt, die andere nicht haben. Gefährlich wird Schwärmerei erst dann, wenn sie zur dominanten Ideologie wird, wenn sie die diskursive Alleinherrschaft übernimmt. Solange es viele konkurrierende Schwärmereien gibt, ist noch nichts verloren.

Lucian erkennt als scharfer Beobachter der Religionen und Kulturen, gewissermaßen als Religions- und Kulturhistoriker und Intertextualitätstheoretiker *avant la lettre*, die strukturellen Ähnlichkeiten zwischen den verschiedenen religiösen Narrativen. Dies wiederum gelingt ihm erst wirklich an einem Ort wie dem Elysium, wo Gespräche zwischen – ehemals – notorischen Feinden und verbissenen Antipoden überhaupt möglich sind. Geschichten und deren Geschichte gehören hier unabdingbar zusammen. Sie sind aufeinander angewiesen, denn die Geschichte erfüllt nicht nur die Funktion einer Chronik, sondern gerade in der vergleichenden Praxis immer auch die der Kritik.[40] Das Vergleichen von Erzählungen, Quellen und Texten wird als eine zentrale Praxis aufgeklärten und vor allem auch aufklärerischen Denkens apostrophiert, im Sinne einer Haltung im Alltag, aber auch als eine Methode wissenschaftlichen Denkens.

40 Vgl. Rajagopala Radhakrishan, »Warum vergleichen?«, in: Angelika Epple, Walter Erhart (Hg.), *Die Welt beobachten – Praktiken des Vergleichens*, Frankfurt a. M.: Campus 2015, S. 35–62.

Damit nähert man sich aber nicht nur Lucians Funktion als Zuhörer, sondern offenbar dem strukturierenden Moment des Romans überhaupt oder besser: dem Ort des Textes. In keinem anderen literarischen Text findet sich die von Georg Simmel vorgebrachte Idee eines Niemandslandes der Begegnungen wohl so verblüffend ähnlich vorgedacht wie in Wielands Elysiumstexten. Bei der Simmel'schen Beschreibung der Grenzwüsten und Gebiete, »auf denen Verkehr, Entgegenkommen, schlichte Berührung zwischen gegensätzlichen Parteien« stattfinden kann und zwar so, dass »der Gegensatz nicht zu Worte kommt«, ist entscheidend, dass sich jeder aus seinem eigenen Gebiet »hinausbegibt«, und sich damit »jenseits der Scheidungen« aufhält. Dies gleicht dem Wieland'schen Elysium, wo man nach dem Abschälen von Lügen und Ideologien offenbar miteinander reden und die Neutralität des Raumes als eine »Sphäre von gegen andere geübten Reserven«[41] nutzen kann. Der Unterschied zu den Wohnräumen der radikalisierten Christianer und ihrer intoleranten Anführer könnte nicht deutlicher gemacht werden.

Was also auf den ersten Blick wie eine nach antikem Muster gebaute, etwas seichte Satire aussehen mag, verbirgt hinter dem Klamauk viel weitreichendere Reflexionen, unter anderem diejenige auf die im 18. Jahrhundert prominent werdenden Praktiken des Vergleichens. Angelika Epple und Walter Erhart machen darauf aufmerksam, wie besonders die großen Forschungsreisenden des 18. und 19. Jahrhunderts ihr zusammengetragenes Wissen sammeln, klassifizieren und dabei exzessiv Vergleiche anstellen:[42] Das vergleichende Ordnen wird zur zentralen Methode der neuen empirischen Wissenschaften. Die Vergleichspraktiken orientieren sich manchmal eher an Ähnlichkeiten, manchmal

---

41 Simmel, »Über räumliche Projectionen socialer Formen«, S. 218.
42 Vgl. Angelika Epple, Walter Erhart, »Die Welt beobachten – Praktiken des Vergleichens«, in: Dies. (Hg.), *Die Welt beobachten*, S. 7–34.

eher an Differenzen, brauchen aber grundsätzlich immer beides und vor allem auch einen Rahmen, an dem die Maßstäbe gemessen werden: Diesen liefert meist die europäische Herkunft – womit nicht nur die methodische, sondern auch die politische Problematik dieser Praxis und Methode identifiziert ist.

Nicht nur Naturforscher, sondern auch Historiker, die ebenfalls vergleichend ordnen und systematisieren, sind seit Beginn der Debatte um Geschichtsschreibung und ihre Methoden mit dieser Problematik befasst. In seinem letzten Buch, *Last Things Before the Last*,[43] greift Siegfried Kracauer fast zweihundert Jahre nach Wieland die Problematik des Vergleichens, der Voreingenommenheit und des dadurch verzerrten Blicks auf die Dinge auf. Kracauer betont dort ausdrücklich, dass es bestimmte Wissens- und Kunstformen gibt, die man nur als Exilant, als exterritorialer Bewohner eines Niemandslandes, angemessen erfassen und einschätzen könne. Genauer ausgeführt wird die These im Kapitel »Über die Reise des Historikers«. Dort wird über den Historiker gesagt, er lebe im »fast vollkommenen Vakuum der Exterritorialität«, dem »wahren Niemandsland«: »Nur in diesem Zustand der Selbstvertilgung (self-effacement) oder Heimatlosigkeit kann der Historiker mit dem betreffenden Material kommunizieren.«[44] In Kapitel III werde ich auf diese Idee der heuristischen Exterritorialität noch einmal zu sprechen kommen. Sie assoziiert den Exilanten mit dem Kosmopoliten und die Wissenschaft mit dem Fremden. Niemandsländer stehen dabei für einen Ort des prekären und fragilen Denkens, das sich allerdings als unentbehrlich erweist.

Wielands elysisches Niemandsland ist nicht nur ein irgendwo im Dazwischen der Religionen schwebender Raum,

---

43 Siegfried Kracauer, *Geschichte – vor den letzten Dingen*, in: Ders., *Schriften*, Bd. 4, Frankfurt a. M.: Suhrkamp 1971, S. 85.
44 Ebd.

sondern vor allem liefert es die Voraussetzungen für ein bestimmtes Denken, für eine bestimmte Haltung und für bestimmte Praktiken. Bedingung dafür ist eine Reduktion von Identität, besonders einer Identität, die sich auf Differenz und Alterität – sei es durch Reichtum, Religion oder Bildung – beruft. Dies ist die überraschende Voraussetzung nicht nur für Toleranz und Gelassenheit, sondern auch für Wissenschaftlichkeit. Wieland übergeht dabei nicht, dass die elysischen Konditionen dem Verfassen von Dramen, dem Entstehen religiöser Mythen und dem Schreiben von packenden Romanen nicht favorabel sind. Wielands Niemandsland ist kein poetischer Ort, sondern ein Raum des Wissens und der Debatte. Das Niemandsland der Untoten steht hier für einen Habitus, der soziales Verhalten, Selbstverständnis, Wissensformen und Alltagspraktiken zugleich prägt und – mit Einschränkungen – eine sehr positive Wirkung auf seine Bewohner hat. Sie alle besitzen nicht den Raum, in dem sie sich aufhalten, besitzen auch keine scharf umgrenzte Identität mehr, sogar die hedonistische Selbstsicherheit des Epikureers hat sich abgeschwächt. Die Entkoppelung von Identität und Alterität, Eigentum und Freiheit, ja vor allem von Wissen und Wahrheit mag in Form von Göttergesprächen etwas anachronistisch wirken, gewinnt aber vor dem Hintergrund moderner Debatten überraschend aktuelle Konturen.

Schon um 1800 lassen sich neben den Wieland'schen allerdings auch andere, den elysischen Konstellationen radikal entgegengesetzte Niemandsländer finden. Eines davon findet sich in Goethes *Faust II*. Goethes Niemandsland betont nicht die entlastenden und befreienden Aspekte, sondern im Gegenteil diejenigen von Besitzergreifung, Kolonialismus, Ausbeutung und Verbrechen. So wird zwischen Wieland und Goethe die ganze Breite dessen aufgespannt, was Niemandsländer zu bieten haben.

Goethes Faustfigur hat eine nicht überschaubare Menge an Interpretationen und Auslegungen provoziert und zwar nicht erst mit dem Entstehen der Literaturwissenschaften. Einflussreiche Deutungen stammen schon von Zeitgenossen und viele orientieren sich an einer sehr früh einsetzenden Praxis, die dem Drama einen dezidiert philosophischen Duktus zuschreibt. Besonders die Auslegungen von Schelling und Hegel lösten eine wahre Flut von weiteren philosophischen Deutungen aus, die bewusst und explizit ästhetische Aspekte ausklammern und *Faust* als philosophischen Text lesen. Ausführlich kommentiert vor allem Hegel die strukturellen Ähnlichkeiten, die sich zwischen dem Fauststoff und der idealistischen Philosophie finden lassen: Das Verhältnis von Tat, Individualität und Schuld, Natur und Geist, von Natur und Individualität sei im *Faust* exemplarisch dargestellt. Hegel hält Goethes *Faust* für »die absolute philosophische Tragödie«[45] und verleiht dem Text damit eine spezifisch philosophische Dignität, die weit über das hinausgehe, was Kunst im Normalfall zu leisten in der Lage sei.

Der mit dieser Interpretation einhergehende Verlust ästhetischer Dimensionen führte dazu, dass Ambivalenzen, Brüche und Ironie im Text oft übersehen wurden und es zu einer meist eher platten Identifikation von Fausts Lebens-

---

45 G. W. F. Hegel, *Vorlesungen über die Ästhetik III*, in: Ders., *Werke in 20 Bänden*, Bd. 15, S. 557; vgl. Rüdiger Bubner, *Hegel und Goethe*, Heidelberg: Winter 1978, S. 35 ff. Die Problematik einer solchen Lesart ist bereits den Zeitgenossen deutlich geworden: Der Literaturhistoriker Julian Schmidt kritisiert Mitte des Jahrhunderts in der Zeitschrift *Die Grenzboten*: »Es ist mit jener Anforderung, das Drama solle eine ›Weltanschauung‹ geben, nicht viel zu machen. Dieses leidige Wort [...] ist seit dem Faust durch unsere halbphilosophischen Kunstkritiker so im Katechismus festgesetzt, daß ein Drama, welches nicht eine Weltanschauung enthält [...] gar nicht mehr angesehen wird.« (Julian Schmidt, »Friedrich Hebbel«, in: *Die Grenzboten. Zeitschrift für Politik und Literatur* 9/4 (1850), S. 721–733, S. 732.)

weg mit einer geschichtsphilosophischen Fortschrittsideologie kam.[46] Dies ist umso erstaunlicher, als der Schluss des *Faust II* eine breit angelegte, zum Teil durchaus technisch informierte Auseinandersetzung mit den Ambivalenzen von Fortschrittsideologien anbietet, ökonomische und juristische Fragen von Besitz und Aneignung, von Landgewinnung, Kolonisierung, Besiedelung, Enteignung und Okkupation diskutiert und zudem diese Fragen an die nach Glück, erfülltem Leben, Identität und Verantwortlichkeit bindet.[47]

Drei verschiedene Typen von Niemandsländern spielen dabei eine Rolle: Das Meer, das seit Hugo Grotius' Formulierung 1609 als »*mare liberum*«[48] gilt, neu gewonnenes Land durch Trockenlegung von Küsten- oder Sumpfgebieten[49] und schließlich bewohntes, aber offenbar nicht ökonomisch genutztes Gebiet, das – eher dem antiken Mythos entsprungen als zur Gegenwart gehörig – keinen Platz in einem modernen Staat mehr hat. Ein weiteres Niemandsland tut sich möglicherweise dort auf, wo es um Fausts Erlösung in nebligen Bergschluchten geht.

46 Genau dies wiederum provozierte bei denjenigen Widerspruch, die schon früh idealistische Geschichtsmodelle bzw. deren rigorose Epigonen kritisch bewerteten. Dazu gehört etwa Heinrich Heine, der sich in seiner *Romantischen Schule* (1835/6) über die deutsche Mode einer philosophischen Interpretation von Faust lustig macht: »Ich wäre kein Deutscher, wenn ich bey Erwähnung des Faustes nicht einige erklärende Gedanken darüber aussräche. Denn vom größten Denker zum kleinsten Markör, vom Philosophen bis zum Doktor der Philosophie übt jeder seinen Scharfsinn an diesem Buche.« (Heinrich Heine, »Die romantische Schule«, in: Ders., *Sämtliche Werke*, hg. v. Manfred Windfuhr, Bd. 8/1, Düsseldorf: Hoffmann und Campe 1979, S. 121–249, S. 159.)
47 Vgl. dazu auch: Dorothee Kimmich, »Weltanschauung«, in: *Faust-Handbuch*, hg. von Carsten Rohde, Thorsten Valk und Mathias Mayer, Stuttgart: J. B. Metzler 2018, S. 348–356, S. 351 f.
48 Wolfgang Graf Vitzthum (Hg.), *Handbuch des Seerechts*, München: Beck 2006.
49 Vgl. dazu Johann Wolfgang von Goethe, »Faust. Kommentare«, in: Ders., *Sämtliche Werke,* hg. v. Friedmar Apel et al., 40 Bde, Bd. 7/2, hg. von Albrecht Schöne, Frankfurt a. M.: Deutscher Klassiker Verlag 1994, S. 717.

Es tauchen hier also verschiedene der bereits besprochenen Aspekte von Niemandsländern auf: Das radikale und bis heute gültige Niemandsland Meer, das in besonderer Weise nicht wirklich ›besessen‹ und schon gar nicht kultiviert, aber ganz offenbar eben eingedämmt und zurückgedrängt werden kann. Anders verhält es sich mit dem aus der Trockenlegung von Meer gewonnenen zukünftigen Agrar- und Siedlungsland. Hier sind es zwar nicht Zäune, sondern Kanäle und Dämme, die als Linien – *drawing a line* – den neu geschaffenen Erdboden markieren, sie dienen aber demselben Zweck der Kultivierung. Es ist ein Niemandsland im Sinne eines Landes, das tatsächlich neu entsteht und eine Art Urszene des göttlichen Schöpfungsaktes, der Trennung von Erde und Meeren und der anschließenden Zuteilung der Erde an die Menschen zu imitieren scheint.[50] Entsprechend fühlt sich auch derjenige, der dieses Land erschaffen hat, in einer fast gottgleichen Machtposition. Diese Hybris wird am Ende sehr nachsichtig bestraft: Das Erschaffen und Kultivieren von Land scheint im Zeitalter der Kolonien und ihrer Freiheitsversprechen einen so hohen Wert zu haben, dass solche Taten auch die göttlichen Mächte überzeugen und milde stimmen können.

Weiter findet sich ein imaginäres Land der Liebe und Gastfreundschaft, das unter ökonomischen Aspekten nicht nutzbar ist, sich aber als unentbehrlich erweist. Auch das Hüttchen der beiden Alten Philemon und Baucis, das sich störend mitten in den neuen Kolonien findet, ist ein Niemandsland: Aus der Zeit und der Welt gefallen, gehört es nicht in einen modernen, ökonomisch geordneten Kosmos. Die beiden haben sich das Land nicht wirklich angeeignet,

50 Vgl. 1. Mose 1,9: »Und Gott sprach: Es sammle sich das Wasser unter dem Himmel an einem Ort, daß man das Trockene sehe.« (*Die Bibel* nach Martin Luthers Übersetzung, revidiert 2017, hg. v. Deutsche Bibelgesellschaft, Stuttgart 2016, online unter https://www.bibleserver.com/LUT. ELB.HFA/1.Mose1, abgerufen am 2. 4. 2020.)

da sie dort ›nur‹ leben, aber nicht arbeiten und nichts produzieren.

In der Szene »Offene Gegend« werden sie mit einem Wanderer gezeigt, dem sie einst das Leben gerettet hatten. Arm, alt, gastfreundlich und hilfsbereit, zu zweit und treu, sind sie in jeder Hinsicht so etwas wie ein Gegenentwurf zu dem ehrgeizigen, gierigen, grotesk verjüngten und doch einsamen Faust. Die Alten sind im Weg: Eine Umsiedelung, wie sie andere Ureinwohner auch erfahren haben, steht an.

Das Drama um Tod, Sterblichkeit und die im glücklichen Augenblick stillgestellte Zeit wird also begleitet – oder besser – basiert auf dem Drama der eingefriedeten, kanalisierten, bebauten und in Besitz genommenen, geraubten *terra nullius*. Beginnend mit der Szene »Offene Gegend« im fünften und letzten Akt wird dies zur finalen Herausforderung für Faust: Der Augenblick, der es wert ist, angehalten zu werden, wartet noch auf einen passenden Platz für seine Inszenierung – und es muss die Anhöhe sein, auf der die Hütte von Philemon und Baucis steht. »Die Alten droben sollen weichen, / Die Linden wünsch ich mir zum Sitz, / Die wenig Bäume, nicht mein eigen, / Verderben mir den Weltbesitz.«[51]

Anders als in der Geschichte, die Ovid in seinen *Metamorphosen* von Philemon und Baucis erzählt,[52] in der die beiden Alten von den Göttern gerettet werden, als eine Flut ihr Haus zu zerstören droht, sollen sie hier weggeschafft werden, weil sie den Fortschritt stören. Unglücklicherweise – oder als kalkulierter ›Kollateralschaden‹ – wird Fausts Auftrag zur Vertreibung schlecht ausgeführt und die beiden sterben – durch Brandstiftung – zusammen mit dem zufällig anwesenden Gast. Sie sollten ›nur‹ umgesiedelt wer-

---

51 Johann Wolfgang von Goethe, »Faust. Texte«, in: Ders., *Sämtliche Werke*, Bd. 3/1, hg. v. Albrecht Schöne, Frankfurt a. M.: Deutscher Klassiker Verlag 1994 [1808], S. 434, V. 11239–11242.
52 Ovid, *Metamorphosen*, Buch 8, hg. und übers. v. Niklas Holzberg, Berlin, Boston: De Gruyter 2017, S. 423–431.

den, damit Faust von ihrem Haus aus sein Werk, »des Menschengeistes Meisterstück«[53] und damit der »Völker breiten Wohngewinn«[54] bestaunen kann. »Des Menschengeistes Meisterstück« dient allerdings hier nicht nur als Begründung der Deportation, sondern kann offenbar auch die vielen Opfer des Deichbaus rechtfertigen. Nur Baucis scheint die »Menschenopfer« und des »Jammers Qual«[55] auf den Baustellen überhaupt zu registrieren.

Kaum eine andere deutschsprachige Textstelle dürfte ähnlich oft interpretiert worden sein wie der – an diese Szenen dann anschließende – berühmte Schlussmonolog von Faust.[56] Zitiert wurde er noch häufiger. Der mittlerweile erblindete Faust glaubt sich von Arbeitern umgeben, die sein Projekt der Kolonisierung, Landgewinnung und globaler Herrschaft zu Ende bringen: »Wie das Geklirr der Spaten mich ergötzt! / Es ist die Menge, die mir frönet, / Die Erde mit sich selbst versöhnet, / Den Wellen ihre Grenze setzt / Das Meer mit strengem Band umzieht.«[57] Tatsächlich aber sind es die Lemuren, die dabei sind, sein Grab zu schaufeln. Kurz vor seinem Tod befindet Faust: »Das ist der Weisheit letzter Schluss: Nur der verdient sich Freiheit wie das Leben, / der täglich sie erobern muß.«[58] Als sei es als Kommentar zu Locke oder noch eher zu Hegels rechtsphi-

---

53 Goethe, *Faust*, S. 434, V. 11248.
54 Ebd., S. 434, V. 11250.
55 Ebd., S. 429, V. 11127 f.
56 Ebd., S. 445, V. 11538–11586. Vgl. auch: Jochen Schmidt, *Goethes Faust. Erster und Zweiter Teil. Grundlagen – Werk – Wirkung*, München: Beck ²2001; Wilhelm Voßkamp, »»Höchstes Exemplar des utopischen Menschen‹. Ernst Bloch und Goethes Faust«, in: Ders., *Emblematik der Zukunft. Poetik und Geschichte literarischer Utopien von Thomas Morus bis Robert Musil*, Berlin, Boston: De Gruyter 2016, S. 284–295; Inez Hedges, *Framing Faust. Twentieth-Century Cultural Struggles*, Carbondale: Southern Illinois University Press 2005. Vgl. Michael Jäger, *Fausts Kolonie. Goethes kritische Phänomenologie der Moderne*, Würzburg: Königshausen & Neumann 2004, S. 371–470.
57 Ebd., S. 445, V. 11539–11543.
58 Ebd., S. 446, V. 11574 f.

losophischen Thesen gemeint, beruht auch für Faust die
Freiheit des Individuums auf Freiheit, Arbeit und Aneignung von Besitz. Die unermüdliche Arbeit an der und für
die Freiheit charakterisiert den einsamen Helden, aber auch
die Gemeinschaft, in der er sich befindet: »Und so verbringt,
umrungen von Gefahr, / Hier Kindheit, Mann und Greis
sein tüchtig Jahr. / Solch ein Gewimmel möcht' ich sehn, /
Auf freiem Grund mit freiem Volke stehn.«[59]

Die Idee von Eigentum an Grund und Boden und vor allem Fausts Gedanke von der den Besitzanspruch begrün-
denden Arbeit entspricht im Zeitalter der Entdeckungen,
der Auswanderung aus Europa und der Kolonialisierung
ganzer Kontinente – vor allem Nordamerikas – nicht nur
dem Stand der politischen, juristischen und auch philosophischen Debatte, sondern auch den faktischen Gege-
benheiten. Die Zeilen lesen sich daher nicht nur wie eine
Glosse zu Hegels Rechtsphilosophie, sondern zudem auch
so, als seien sie einem Traktat amerikanischer Siedler ent-
nommen, die die Weiten der amerikanischen Prärien als leeres Land wahrnahmen, das nur darauf wartete, von ihnen
übernommen zu werden: »That which lies common and had
never been replenished or subdue is free to any that will
posess and improve it [...]«,[60] oder, um es noch einmal mit
den Worten John Lockes zu verdeutlichen:

Die Arbeit seines Körpers und das Werk seiner Hände,
so können wir sagen, sind im eigentlichen Sinne sein.
Was immer er also jenem Zustand entrückt, den die Natur vorgesehen und in dem sie es belassen hat, hat er

---

59 Ebd., S. 446, V. 11577–80.
60 Zit. nach Damler, *Wildes Recht*, S. 38; John Winthrop, »Reasons to be
Considered for Justifying the Undertakers of the Intended Plantation in
New England and for Encouraging Such Whose Hearts God Shall Move
to Join with Them in It (1629)«, in: *The Puritains in America, A Narrative
Anthology*, hg. von Alan Heimert und Andrew Delbanco, Cambridge
Mass.: Harvard UP 1985, S. 70–74, S. 71.

mit seiner Arbeit gemischt und hat ihm etwas hinzugefügt, was sein eigen ist – folglich zu seinem Eigentum
gemacht.[61]

Faust hat sich bei seinem Kolonisierungsprojekt zwar mit
den falschen Helfern eingelassen, problematische Intentio-
nen verfolgt, kein Talent zur Führung und zum politischen
Kompromiss gezeigt und ist dadurch mittelbar und unmit-
telbar schuldig geworden am Tode vieler Menschen, hatte
aber trotzdem die Freiheit im Blick.

Schließlich ist die Lage nicht eindeutig negativ: Land zu
schaffen für freie Bürger, sie von feudalen Lasten zu befreien
und ihnen ein Arbeitseinkommen zu schaffen, ist zweifellos
im Sinne derjenigen, die als Revolutionäre und Reformer in
der Nachfolge der Ideen der Französischen Revolution und
der Preußischen Reformen politisches und soziales Unrecht
abzuschaffen versuchten. Fausts mehrfache Wiederholung
der Begriffe »frei« und »Freiheit« in seinem Schlussmonolog
weist darauf hin, dass Landbesitz und Kolonisierung nicht
nur mit Eroberung, Raub und Knechtschaft verbunden,
sondern auch mit Befreiung, Eigenständigkeit und Gemein-
sinn assoziiert sind, also – so könnte man etwas plakativ
formulieren – liberale und kapitalistische ebenso wie utopische und kommunistische Aspekte verbinden. Wie dies
jeweils gesehen wird, hängt vom Standpunkt ab, davon, ob
man Siedler oder Ureinwohner ist, ob man Land als Besitz
versteht und Kultivierung *drawing a line* bedeutet.

Albrecht Schöne weist hier auf die Parallelen zur biblischen Moses-Legende hin, mit der sich Goethe im Kontext
des *West-Östlichen Divan* beschäftigte:

[S]o gestehen wir gerne, dass uns die Persönlichkeit des
Mosis, von dem ersten Meuchelmorde an, durch alle

---

61 John Locke, *Zwei Abhandlungen über die Regierung*, hg. von Walter
Euchner, Frankfurt a. M.: Suhrkamp 1967, 5. Kap., § 32, S. 221.

Grausamkeiten durch, bis zum Verschwinden, ein höchst bedeutendes und würdigen Bild giebt, von einem Manne, der durch seine Natur zum Größten getrieben ist.[62]

Goethe assoziiert mythische Gestalten wie Moses, um das Narrativ von Okkupation, Landnahme, Befreiung und freien Menschen auf freiem Boden – nicht unkritisch – zu reflektieren. Dies geschieht vor dem Hintergrund eines hochproblematischen Eigentumsbegriffs, der es auch hier nicht mit einer echten *terra nullius* zu tun hat, sondern mit einer Landschaft, die unter Inkaufnahme von vielen Opfern ›kultiviert‹ bzw. von einem alten – und daher nicht mehr arbeitenden – Ehepaar bewohnt wird.[63]

Diese ›Ureinwohner‹ bei Goethe sind zwar keine Nomaden, aber auch sie arbeiten nicht im Sinne einer Kultivierung von Grund und Boden. Sie sind müde und alt, aber immer noch gastfreundlich und immer noch klug. Sie sind keine radikalen Gegner des Kolonisierungsprojekts und erkennen doch die Gefahren und Opfer, vor allem die Menschenopfer, die der Bau von Großprojekten immer fordert. Sie sind allerdings in der Gemeinschaft arbeitender Menschen, die Faust visioniert, nicht vorgesehen und ihre Exklusion ist nicht harmlos: Es geht nicht um eine Verabschiedung aufs Altenteil, sondern um Totschlag.

Fausts letzte Worte, die auf die Wertetrias »Freiheit, Gleichheit, Brüderlichkeit« der französischen Revolution anzuspielen scheinen,[64] werden nicht nur von einem Blin-

---

62 Johann Wolfgang von Goethe, »West-oestlicher Divan«, in: Ders., *Sämtliche Werke,* hg. von Hendrik Birus, Bd. 3/1, Frankfurt a. M.: Deutscher Klassiker Verlag 1994 [1819], S. 8–299, S. 247. Goethe rechtfertigt hier zudem eine historische Auslegung der Bibel.
63 Vgl. John K. Noyes, »Goethe on Cosmopolitanism and Colonialism: *Bildung* and the Dialectic of Critical Mobility«, in: *Eighteenth-Century Studies* 39/4 (2006), S. 443–462. Noyes weist darauf hin, dass koloniale Projekte bei Goethe meist sehr viel positiver dargestellt und nicht mit Verbrechen und Grausamkeit assoziiert sind.
64 Die Worte konnten daher auch für die verschiedensten Anlässe adap-

den, sondern von einem Verblendeten gesprochen. Der alte Mann verwechselt Tod mit Utopie und so mischen sich in seine heroischen Phantasien Zynismus und Menschenverachtung. Freiheit, Gemeinschaft – der Männer – und Wohlstand verbinden sich mit Ausbeutung, die Verbrechen billigend in Kauf nimmt. Erinnert man zusätzlich noch den antiken – den Ovid'schen – Kontext der Geschichte von Philemon und Baucis, so darf man in dem Gast, den die beiden nach vielen Jahren wiedersehen, nachdem sie ihm lange zuvor das Leben gerettet hatten, den griechischen Gott Zeus wiedererkennen. Offenbar kann er sich allerdings gegen die Bande von Mephistos Schergen nicht mehr durchsetzen. Die alten Götter sind macht- und hilflos gegen die neuen Mächte des Geldes und des Besitzes: Er stirbt mit den Alten. Deren Bäume – anders als bei Ovid – bleiben nicht stehen als Erinnerung an göttliche Errettung, sondern gehen in Flammen auf.[65]

tiert werden: »Das freie Volk auf freiem Grund ist die Forderung unserer Epoche geworden, aus der Forderung der Epoche Goethes hervorgehend«, behauptete der spätere Kulturminister Johannes R. Becher zur Feier des 200. Geburtstags von Goethe im Jahr 1949 (Johannes R. Becher, »Der Befreier«, in: Ders., *Gesammelte Werke in 18 Bänden*, Bd. 17, *Publizistik III*, hg. von Johannes-R.-Becher-Archiv der Akademie der Künste, Berlin, Weimar: Aufbau 1979, S. 263–302, S. 257). Der Geburtstag wurde international begangen; die beiden deutschen Staaten feierten getrennt unter anderem in Weimar, Berlin und Frankfurt a. M.

65 Den Aspekt der Kolonisierung als Projekt der Errettung oder der Aufklärung nimmt auch Sigmund Freud auf. Freud rekurriert immer wieder auf Werke Goethes und bezieht sich an zentralen Stellen seines anthropologischen Konzeptes von Es und Ich auf den *Faust*: Das Ich zu stärken sei »Kulturarbeit etwa wie die Trockenlegung der Zuydersee« (Sigmund Freud, *Neue Folge der Vorlesungen zur Einführung in die Psychoanalyse*, Werke 15. Frankfurt a. M.: Fischer 1967, S. 86): Er illustrierte sein Projekt der Analyse also mit einem Bild, das als Anspielung auf Fausts Kolonialisierungsprojekt gelesen wurde. Thomas Mann wiederum verbindet 1936 seine Vorlieben für Freud und für Goethe und zitiert genau diesen Bezug: »Freud hat seine Traumlehre einmal ›ein Stück wissenschaftlichen Neulandes‹ genannt, ›dem Volksglauben und der Mystik abgewonnen‹. In diesem ›abgewonnen‹ liegt der kolonisatorische

Faust bereut nicht und wird – im orthodox christlichen Sinne – auch nicht erlöst. Ein Urteil des Jüngsten Gerichts wäre auch nicht gut mit dem »Prolog im Himmel« in Übereinstimmung zu bringen: Judikative und Exekutive sind zu eng verwandt. Was allerdings denn nun genau in der letzten Szene, in den »Bergschluchten, Wald, Fels«[66] geschieht, ist schwer zu entscheiden. Trotzdem lohnt ein Blick auf diese Örtlichkeit, denn auch sie ähnelt wiederum einem wichtigen Typus von Niemandsländern, der sich in zahlreichen, vor allem auch in romantischen Texten wiederfinden lässt: Undurchdringliche Wälder, tiefe Schluchten und dunkle Höhlen sind geheimnisvolle, der ökonomischen Nutzung – fast – entzogene Orte. In Goethes *Faust II* findet sich also nicht nur das dem Wieland'schen Niemandsland diametral entgegengesetzte, brutal ausgebeutete Niemandsland, sondern ganz zum Schluss des Dramas noch ein weiterer Ort, der in vieler Hinsicht – vor allem den romantischen – Niemandsländern in Grotten und Wäldern, tiefen Tälern und geheimnisvollen Schluchten überraschend ähnlich ist.

Solche Orte dienen Einsiedlern und Sonderlingen, Heiligen und Kranken, Verwirrten und Erleuchteten als Unterschlupf und Versteck. Durch Dunkelheit, Nacht und Nebel geschützt, entstehen hier Nischen für besondere Wesen und besondere Ereignisse. Nicht selten findet sich dort auch der Eingang zur Unterwelt, der Zugang zum Hades oder zum Venusberg. Sie sind oft »Chronotopoi«,[67] Orte, an denen man nicht nur in eine andere Welt, sondern auch in

Geist und Sinn seines Forschertums. ›Wo *Es* war, soll *Ich* werden‹, sagte er epigrammatisch, und selber nennt er die psychoanalytische Arbeit ein Kulturwerk, vergleichbar der Trockenlegung der Zuydersee. So fließen uns zum Schluß die Züge des ehrwürdigen Mannes, den wir feiern, hinüber in die des greisen Faust, den es drängt, ›das herrische Meer vom Ufer auszuschließen, der feuchten Breite Grenze zu verengen‹« (Thomas Mann, »Freud und die Zukunft«, in: Ders., *Gesammelte Werke,* hg. von Peter de Mendelssohn, Bd. 8, Frankfurt a. M.: Fischer 1982, S. 905–929, S. 929).
66 Goethe, *Faust II*, S. 456–464.
67 Michail M. Bachtin, *Chronotopos,* Frankfurt a. M.: Suhrkamp 2008.

eine andere Zeit wechseln, sich verwandeln kann: Sie sind Orte der Metamorphose.

Auch im *Faust* ist dies die zentrale Funktion der Waldschluchten: Sie wird durch die Aufwärtsbewegung und eine Art stoffliche Verwandlung und Veränderung der sterblichen Überreste angedeutet. »Er ist nicht reinlich«,[68] wird gleich festgehalten. Noch im »Puppenstand«, also als Larve, muss er von »Flocken«[69] befreit werden. Magna Peccatrix, Mulier Samaritana und Maria Egyptica sind zusammen mit dem ehemaligen Gretchen für die Reinigung von Faust verantwortlich und damit dafür, dass »aus ätherischem Gewande hervortritt erste Jugendkraft.«[70]

Auch wenn das Reinigungspersonal in dieser Szene fast durchweg aus der christlichen Mythologie stammt, entspricht das Geschehen nicht einer orthodoxen Purgation oder Taufe und entsprechenden Erlösungsvorstellungen, sondern gleicht eher – wie Albrecht Schöne ausführt[71] – dem Himmel des Origines und erinnert natürlich an Wielands »Abschälungen« im Bade des Elysiums, auch wenn sie in Goethes *Faust* weniger drastisch dargestellt sind als in Wielands *Göttergesprächen* und die Szenerie zwar geheimnisvoller, aber auch viel weniger witzig ist.

Origenes, der griechische Kirchenvater (184–254), propagiert eine Apokatastasis, also eine Wiederkehr alles und aller: Diese Wiederkehr ist kein momentanes Ereignis, sondern ein sich über endlose Zeiten hinweg erstreckender Prozess von Erfahrung, Lehre und Verwandlung. Apokatastasis als viel diskutiertes Phänomen in der Aufklärung[72] war

68 Goethe, *Faust II*, S. 460, V. 11996.
69 Ebd., S. 460, V. 11985.
70 Ebd., S. 464, V. 12090.
71 Vgl. dazu ausführlich den Kommentar und die darin angeführten Quellen bzw. die Hinweise auf Gottfried Arnolds *Unpartheyische Kirchen- und Ketzer-Historie* (1729), die ebenfalls die »Herwiederbringung aller Dinge« unterstellt (vgl. Schöne, Kommentar zu *Faust II*, S. 788).
72 Vgl. Karl Aner, *Die Theologie der Lessingzeit*, Hildesheim: Olms 1964, S. 267; Manfred Beetz, »Lessings vernünftige Palingenesie«, in: Monika

überall dort, wo das christliche Schuld- und Strafdenken kritisiert wurde, im Gespräch. Es handelt sich um eine Jenseitsvorstellung, einen Ort für *alle*, der zwar – wie das Paradies und die Hölle – auch erst nach dem Tode betreten werden kann, der aber eben keine Verdammung und auch keine Erlösung kennt. Wir befinden uns auch hier wieder einmal an einem Ort jenseits dieser Scheidung,[73] wie Georg Simmel sagen würde, und nicht an einem Ort *nach* einer Scheidung der Toten in Gute und Böse, in Himmel und Hölle.

So unterschiedlich Wielands *Peregrinus Proteus* und Goethes *Faust* also in vieler Hinsicht – formal, sprachlich und philosophisch – sind, so ist es doch nicht abwegig, auch auf die offensichtlichen Ähnlichkeiten der Anliegen hinzuweisen: Faust wäre für Wieland ein typischer Schwärmer mit seinen guten – den kreativen und mutigen – und den schlechten – den (auto-)aggressiven und zerstörerischen – Seiten. Über solche Gestalten – zu denen neben Peregrinus auch Agathon, vielleicht Werther und sicher Faust gehören – zu richten, scheint nicht leicht, ja ist vielleicht sogar unmöglich. Sie sind immer Verführte und Verführer zugleich, Liebende und Lügner, Begabte und Verschwender, sensibel und (selbst-)zerstörerisch. Sie sind gut aufgehoben an einem Ort, der Urteilen und Handeln erst einmal ausbremst und verschiebt.

In Goethes *Faust II* bleibt das Geschehen – konsequenterweise – daher auch in der Schwebe. Im Nebel und im Ungefähren, zwischen Himmel und Erde, Paradies und Hölle, Erlösung und Purgatorium, Heilsversprechen und Katastrophe bleibt die Situation überraschend diffus. Statt eines klaren Urteils, eines eindeutigen Ausgangs, finden sich eher vage Andeutungen auf einen unabgeschlossenen Übergang, eine unabschließbare Transformation.

Neugebauer-Wölk (Hg.), *Aufklärung und Esoterik, Rezeption – Integration – Konfrontation*, Tübingen: Niemeyer 2008, S. 131–149.
73 Vgl. Simmel, »Über räumliche Projektionen socialer Formen«, S. 219.

Der Blick auf die Niemandsländer verhilft zu einer Lesart, die die Schlusspassagen des *Faust* nicht nur als eine Reflexion auf Zeit, den Moment, die Ewigkeit und den Tod ausweisen, sondern vielmehr auch als einen Kommentar zu Raumkonstellationen und deren politischen und weltanschaulichen Implikationen. Die Eroberung und Kultivierung von Land durch die Trockenlegung von Meer und die Übernahme – angeblich – unbesiedelter Gebiete, also die koloniale Phantasie von Niemandsländern, kommentiert kapitalistische Besitzansprüche, ihre Versprechen und Verbrechen zugleich. Zugleich werden aber auch die anderen Funktionen von Territorien mit diffusem und übergänglichem Status am Ende noch einmal eindrucksvoll vorgeführt: Im Nebel, im Wald, in Schluchten und Höhlen kann sich allerhand ereignen, begegnen sich jenseits der Scheidung Gestalten aus aller Welt und allen Himmeln. Die Bergschluchten sind als eine Art »Vorraum«[74] zwischen Physischem und Metaphysischem zu sehen, als Übergang zu allem, was noch kommen mag – oder eben auch nicht.

In beiden Variationen von Niemandsländern zeigt sich die enge Verbindung von Besitz und Selbstbesitz bzw. Eigentum und Identität mit all den damit einhergehenden Täuschungen und Enttäuschungen. Weniger das Niemandsland selbst als die dort eingeschriebenen sozialen, politischen und ethischen Fragestellungen werden in den Werken von Wieland und Goethe reflektiert. Freiheit und Autonomie, soziale Verantwortung und politische Gestaltungsmöglichkeiten sind nur dort realisierbar, wo sich ein entsprechender Raum findet.

Dass er sich allerdings nirgends so findet, wie er idealerweise wäre, nämlich leer, ist nur denjenigen klar, die nicht zu den ideologisch verblendeten Schwärmern gehören: Es

---

74 Vgl. dazu Siegfried Kracauer, »Der Vorraum« (Kap. 8), in: Ders., *Schriften*, Bd. 4, hg. von Inka Mülder-Bach, Frankfurt a. M.: Suhrkamp 1971, S. 209–238.

ist immer schon jemand da. Niemand ist je der erste im Niemandsland.

Niemandsländer sind keine Räume von Gründung und
Begründung – eines Staates oder einer Biographie –, sondern solche einer unabschließbaren Transformation, einer
ständigen Metamorphose, die weder einen Anfang noch
ein Ende kennt. Irgendwo in diesem diffusen Raum liegt
auch das Geheimnis derjenigen, die sich in Niemandsländern wohlfühlen und von ihnen profitieren. Zu ihnen gehören letztlich nicht nur Lucian und Peregrinus, sondern
eben auch Faust, denn hätte über seine Taten tatsächlich
entschieden werden und ein Urteil gefällt werden müssen,
wäre nicht einmal ein Freispruch zweiter Klasse möglich
gewesen.

Mit dem Ende des *Faust II* in den Bergschluchten befindet man sich auf dem Weg zu den Niemandsländern der Romantik, die der zeitlichen und räumlichen Unbestimmtheit
eines Elysiums nun auch noch das diffuse Halbdunkel von
tief in Wäldern verborgenen Höhlen und Verstecken hinzufügen.

3 Niemande in der Höhle: Odysseus, Herakles und Tannhäuser

Es gibt eine bestimmte Reihe von Landschaften, Räumen
und Orten, die eine Affinität dazu haben, ein Niemandsland
zu werden. Dazu gehören Wüsten, schroffe Bergschluchten, abgelegene Täler, aber auch Höhlen und Inseln.[75] Viele

---

75 Inseln als Niemandsländer sind ein eigenes Feld und könnten ein
eigenes Kapitel beanspruchen. Robinsonaden, die Vorläufer von Daniel
Defoes *Robinson Crusoe*, ebenso wie die vielen Adaptionen, Variationen
und Umbesetzungen wären ein eigenes Forschungsgebiet. Nicht alle
können dabei als Utopien bezeichnet werden; viele Texte bleiben, wie
etwa auch Marlen Haushofers *Die Wand* oder Michel Tourniers *Vendredi
ou les Limbes du Pacifique*, ambivalent. Robinson als Kulturbringer oder als

reale, aber auch zahlreiche fiktive Inseln etwa ähneln Niemandsländern oder sind sogar *no man's land*:[76] Inseln sind allerdings – im Gegensatz zu vielen anderen Niemandsländern – nach außen scharf abgegrenzt und daher Orte, an denen gesellschaftliche Experimente gewissermaßen unter Laborbedingungen ablaufen können. Sie repräsentieren eher spezifische Miniaturgesellschaften als Orte, an denen Vergesellschaftung unterrepräsentiert ist.[77] Inseln können zwar durchaus Niemandsländer sein, sind ihnen jedenfalls oft so ähnlich, dass sie hier eigentlich ein eigenes Kapitel verdient hätten.[78] Da in der Literatur und auch im Film Inseln aber doch eher als Orte totaler Isolation eine Rolle spielen, wie etwa in allen Robinsonaden, fällt das Moment der Übergänglichkeit, der Transition und des oft eher zu-

einer, der sich dem Leben auf der Insel assimiliert, ist auch derjenige, der unverändert aus seinem Abenteuer in die Heimat zurückkehrt oder – wie bei Haushofer und Tournier – mit ungeklärtem Ausgang in seinem Inseldasein verbleibt. Je nach Ausgestaltung ist das Verhalten zur Natur, den Tieren oder auch zu anderen Inselbewohnern sehr unterschiedlich und eben auch mehr oder weniger kolonial. Vgl. dazu auch: Roland Borgards, Marc Klesse, Alexander Kling (Hg.), *Robinsons Tiere. Animal Studies*, Freiburg: Rombach 2016. Als Text neueren Datums könnte man Klaus Böldels *Der Atem der Vögel*, Frankfurt a. M.: Fischer 2017 nennen, der keine eigentliche Robinsonade ist, da der Protagonist freiwillig und auch nicht allein auf einer der Faröer Inseln ist, aber doch vom erträumten Verschwinden auf einer ereignislosen Insel berichtet. (Vgl. etwa das *Buch der Inseln*, ausgewählt von Lothar Meyer, Frankfurt a. M.: Insel 1990; Hans Richard Brittnacher, *Inseln*, München: Ed. Text und Kritik 2017.)

76 Vgl. Judith Schalansky, *Atlas der abgelegenen Inseln*, Hamburg: Mare 2009.

77 William Golding, *Herr der Fliegen*, neu übersetzt von Peter Torberg (= Fischer Klassik. 95028), Frankfurt a. M.: S. Fischer 2016. Zahlreiche Robinsonaden und ähnliche gesellschaftliche Versuchsanordnungen – wie etwa Johann Gottfried Schnabels *Insel Felsenburg* – zeigen, wie Inseln dazu einladen, dass sich unter zunächst oft unwirtlichen Umständen dann doch neue Ordnungen installieren und »Kultur« – wie auch immer im Einzelnen ausgelegt und verstanden – nachhaltig implementieren lassen, oder auch genau das Gegenteil geschieht und das Experiment in die totale Dystopie umschlägt.

78 Vgl. Mayer, *Das Buch der Inseln*.

fälligen und zeitweiligen Aufenthalts weg. Anders ist dies bei Höhlen, die zwar auch abgeschieden, dunkel, schwer zugänglich und manchmal auch schwer zu verlassen sind, aber doch meist nicht völlig abgeschnitten von der Umgebung zu sein scheinen. Niemandsländer haben oft einen Schwellencharakter, und bei Höhlen ist es gerade diese Schwelle zwischen Außen und Innen, die sich als besonders einschlägig für die hier verhandelte Fragestellung erwiesen hat. Von der Antike bis zu *Faust II*, über die Romantik bis hinein in die Moderne zu Kafkas »Der Bau« variieren sie ein mythisches Narrativ von Gefahr und Rettung, Unverfügbarkeit und Versprechen. Die spezifische Lage inmitten von Wald, Gebirge oder sogar kultiviertem Land qualifiziert sie hier – noch mehr als die Inseln – für eine kurze Betrachtung.

Höhlen und Grotten sind keine echten Niemandsländer, da sie im Normalfall demjenigen gehören, der das sie umgebende Land besitzt, allerdings teilen Höhlen mit Meeresflächen und Hochgebirgslandschaften die Eigenschaft, dass sie unkultivierbar, für Landwirtschaft und Ackerbau nicht brauchbar sind und sich meist nicht im Besitz von Einzelpersonen, sondern in dem von Staaten, Gemeinden oder Ländern befinden. Höhlen unterliegen bestimmten Regelungen, die den Naturschutz oder den besonderen Schutz etwa historisch, zoologisch, geologisch oder botanisch bedeutsamer Eigenschaften oder Funde in einer Höhle betreffen, ein eigenes Recht für Höhlen gibt es aber nicht.[79] Trotzdem haben Höhlen in vieler Hinsicht so etwas wie einen räumlichen Sonderstatus inne, der sich mit dem von Niemandsländern vergleichen lässt. So charakterisiert die geringere Regelungsdichte, die eine der wichtigsten Eigenschaften aller Niemandsländer ist, meist auch Höhlen:

79 Als Höhle gilt dabei ein Naturraum, der ganz oder teilweise mit festen Materialien umgeben ist und mit Luft, Wasser oder festen Materialien gefüllt sein kann. Höhlen haben unterschiedliche Bezeichnungen, je nach Entstehung und Lage kann es sich um Wind- oder Wasserhöhlen, Tropfstein-, Tuff-, Lava- oder Riffhöhlen handeln.

Anders als bebauter oder umzäunter Besitz sind Höhlen oft weniger deutlich als Eigentum markiert, oft auch weniger kontrolliert. Was in der Höhle geschieht, ist der unmittelbaren Sichtbarkeit entzogen: Sie können daher Schutz bieten, weil sie als Versteck geeignet sind. Sie können aber auch zur Falle werden.

Höhlen und Grotten sind Orte, an denen sich radikale Differenzen im diffusen Halbdunkel aufzulösen scheinen: Literarische Höhlentexte verwischen Differenzen und Gegensätze, etwa die von Vergangenheit und Gegenwart, heidnisch und christlich, ja sogar die von Mann und Frau, Mensch und Tier, von Religion und Mythos. Der Gegensatz von Sünde und Vergnügen, von Leben und Tod wird verschoben oder jenseits der Scheidungen suspendiert.

Die zahllosen literarischen und ästhetischen Imaginationen, die etwa um 1800 Höhlen und Bergwerke thematisieren,[80] zeigen, dass Höhlen- und Unterweltsgänge Reisen in andere Zeiten, in eigene oder fremde Vergangenheit(en) sein können und so Raum und Zeit verschränken oder aufeinander abbilden.[81] Dabei bleibt das Innere der Erde ein ambivalenter Raum: Als Schutz- und Rückzugsort ist er eine archetypische, ›mütterliche‹ Figuration, aber auch ein Ort, an dem sich Verdrängtes, Vergessenes und Tabuisiertes findet.[82] Es zeigt sich eine Faszination

---

80 Vgl. z. B. Novalis, *Heinrich von Ofterdingen*; Tieck, *Runenberg*; Johann F. Hebel, *Unverhofftes Wiedersehen*; E. T. A. Hoffmann, *Die Bergwerke zu Falun*; Heinrich Heine, *Die Götter im Exil, Der Tannhäuser*.

81 Schon Homers Odysseus begegnet im Hades den verstorbenen Gefährten und Verwandten, Vergil seiner Dido, Heinrich von Ofterdingen der Tiefengeschichte der Natur in Form von riesenhaften Fossilien. Zur Bergbaumetapher vgl. auch Hartmut Böhme, »Gemeine Macht im Schoß der Erde. Das Symbolfeld des Bergbaus zwischen Sozialgeschichte und Psychohistorie«, in: Ders., *Natur und Subjekt*, Frankfurt a. M.: Suhrkamp 1988, S. 67–144; oder Carsten Lange, *Architekturen der Psyche. Raumdarstellungen in der Literatur der Romantik*, Würzburg: Königshausen & Neumann 2007, S. 183–196.

82 Zugleich ist das Innere der Erde auch ein Ort, an dem sich Utopien

für Tiefe[83] und für das Innere der Erde, in dem der neuzeitliche Mensch seinem verdrängten Anderen begegnet – dem Archaischen, dem Gewalttätigen und dem Monströsen.[84]

Die Faszination von Höhlen stammt nicht zuletzt daher, dass sie einen Übergang zwischen Kultur- und Naturraum markieren bzw. beides zugleich sind und so immer auch Natur- und Kulturgeschichte verknüpfen. Sie verbinden die Erdoberfläche und ihr Inneres, wobei das Innere, die Tiefe, nicht nur räumlich verstanden wird, sondern oft auch zeitlich konnotiert ist: Die Tiefe der Höhle führt in die Tiefen der Geschichte, ja sogar in die der Naturgeschichte hinein.[85] Viele der mythischen und literarischen Höhlennarrative nutzen das Motiv, um einen Raum des spezifischen Wissens um die Urgeschichte der Erde, die Urgeschichte des Men-

ansiedeln: Gabriel Tardes *Fragments d'une histoire future* (1896) platzieren die Zukunft der Menschheit in unterirdischen Paradiesen und geben dem französischen Soziologen so die Möglichkeit, eine zivilgesellschaftliche Utopie zu entwickeln. Holistische Phantasmen eines belebten oder mütterlichen (vgl. die Gaia-Hypothese von Lynn Margulis und James Lovelock) Erdinneren beflügeln die Phantasien der Grenzwissenschaften, der Literatur und der Mythologien, belegen aber auch ein Unbehagen an den Kräften der Tiefe (vgl. Frank Schätzing, *Der Schwarm*, Köln: Kiepenheuer & Witsch 2004).

83 Vgl. Dorothee Kimmich, Sabine Müller (Hg.), *Tiefe. Kulturgeschichte ihrer Konzepte, Figuren und Praktiken*, Berlin: De Gruyter 2020.

84 Seit dem 20. Jahrhundert spielen nicht nur Literatur, Kunst und Wissenschaft, sondern auch der Film eine zentrale Rolle in der Historie der Höhlen. Neben zahlreichen Horrorfilmen und den entsprechenden Computerspielen (vgl. z. B. THE CAVE, 2005) spielen Höhlen vor allem in dem erfolgreichen Genre der Fantasy-Filme eine zentrale Rolle (vgl. z. B. DIE CHRONIKEN VON NARNIA). Aber auch Dokumentarfilme verbinden den Anspruch auf Dokumentation mit der Faszination durch Höhlen: In Werner Herzogs Dokumentarfilm DIE HÖHLE DER VERGESSENEN TRÄUME (2010; zur Höhle von Chauvet) ist nicht nur die Analogie von Bewusstsein und Höhle gegenwärtig, sondern auch die Urszene des Films selbst – das platonische Höhlengleichnis.

85 Vgl. Irmgard Männlein-Robert, »Supranaturale Tiefen: Religiöse und philosophische Höhlenwelten in der antiken Literatur«, in: Kimmich, Müller (Hg.), *Tiefe*, S. 19–40.

schen, die Verschränkung von Raum und Zeit oder deren Aussetzung zu inszenieren.

Eine spezifische Rolle im Höhlennarrativ kommt allerdings nicht nur der geheimnisvollen Tiefe und dem Innen zu, sondern gerade auch dem Übergang, also dem Höhleneingang oder -ausgang. Hans Blumenberg hat in seiner monumentalen Untersuchung zu Höhlenausgängen[86] diese Schwelle als den Ort identifiziert, an dem Kultur entsteht. Die Vermittlungsfunktion des Höhlenausgangs markiert weniger die Differenz als die Schwelle zwischen Natur und Kultur. Ausgehend von *der* großen Höhlenerzählung der abendländischen Kulturgeschichte, von Platons Höhlengleichnis, entwickelt Blumenberg eine Geschichte der Raummetapher »Höhle«, die als eine Geschichte der menschlichen Selbstermächtigung und modernen Neugier gelesen wird.[87] Platons Höhlengleichnis wird gedeutet als Allegorie auf Verblendung durch Unwissenheit auf der einen und Blendung durch zu viel Wissen auf der anderen Seite des Ausgangs.[88] Dies lässt die Höhle weniger als einen geheimnisvollen Ort von Geborgenheit und Schutz als den eines zynischen Spektakels erscheinen.[89]

---

86 Vgl. Hans Blumenberg, *Höhlenausgänge*, Frankfurt a. M.: Suhrkamp 1989.

87 Ebd., S. 734 ff.

88 Vgl. Stefan Büttner, *Die Literaturtheorie bei Platon und ihre anthropologische Begründung*, Tübingen, Basel: Francke 2000.

89 Vgl. dazu: »Die alltagssprachliche Polarisierung der Begriffe Tiefe und Oberfläche beruht im Kern auf einer normativen Grundentscheidung, die in der Regel mit einer Aufwertung menschlicher Tiefe und einer entsprechenden Geringschätzung von Oberflächlichkeiten einhergeht.« (Thomas Rolf, »Tiefe«, in: Ralf Konersmann (Hg.), *Wörterbuch der philosophischen Metaphern*, Darmstadt: WBG 2007, S. 458–470.) Vgl. dazu auch: Horst Bredekamp, Gabriele Werner (Hg.), *Oberflächen der Theorie* (= Bildwelten des Wissens, Bd. 1,2), Berlin: De Gruyter 2000; Christina Lechtermann, Stefan Rieger (Hg.), *Das Wissen der Oberfläche. Epistemologie des Horizontalen und Strategien der Benachbarung*, Zürich, Berlin: Diaphanes 2015, darin: Dorothee Kimmich, »'Die Sinnenweide der Oberfläche'. Hochstapler in der Literatur der Moderne«, S. 61–77.

Neben dem platonischen – und später kantianischen – »Ausgang« aus der Dunkelheit der Höhle und damit aus der selbstverschuldeten Unmündigkeit ist aber gerade auch das Erforschen des Erdinneren, der Tiefe, die Erkundung von geologischen Formationen und die Suche nach Spuren menschlicher Behausungen Teil einer Geschichte des Wissens, die zugleich zum Licht der Ideen *und* in die Tiefe der Erde vordringen möchte.[90] Höhlen repräsentieren einen spezifischen Komplex an Wissensformen und Diskursen, in denen sich mythische Erzählungen, metaphorologische Konzepte und geologische Forschung überlagern und so ein ganz besonderes Profil entstehen lassen.[91]

Auch Blumenberg geht es daher immer um »die Ambivalenz der Höhle: Sie lädt zum Bleiben und sie bemittelt zum Gehen.«[92] Der Höhleneingang- und -ausgang ist der Bereich, an dem sich die ambivalenten Besetzungen der Höhle am deutlichsten abbilden: Es ist die Schwelle zwischen hell und dunkel, feucht und trocken, oben und unten, Gefahr und Rettung, der Ort, wo sich Leben und Tod begegnen. Dabei ist nicht festgelegt, ob die Gefahr jeweils innen oder außen, das Leben oder der Tod drinnen oder draußen zu erwarten sind, also die Helligkeit oder das Dunkel, Tiefe oder Oberfläche positiv zu lesen sind. Auch nicht zu entscheiden ist es, ob Höhlen in erster Linie vollkom-

---

90 Blumenberg selbst hat diese (Gegen-)Bewegung wiederum in seinem Buch *Die Legitimität der Neuzeit* thematisiert und die Entdeckung des *mundus subterraneus*, der Höhlen- und Unterwelten bis hin zur Tiefsee, als einen historisch spezifischen Akt frühneuzeitlichen Weltverhaltens im Übergang zur Moderne beschrieben. Die Erschließung des innerweltlich Unsichtbaren ist Ausdruck jener *curiositas*, die insgesamt die moderne Wissens- und Wissenschaftsgeschichte möglich gemacht habe (vgl. Hans Blumenberg, *Die Legitimität der Neuzeit*, Berlin: Suhrkamp 1996, S. 422–440).
91 Vgl. z. B. Jules Verne, *Reise zum Mittelpunkt der Erde* (Originaltitel: *Voyage au centre de la terre*), übers. von Volker Dehs, Düsseldorf, Zürich: Artemis und Winkler 2005.
92 Blumenberg, *Höhlenausgänge*, S. 799.

mene Unberührtheit, einen Ort ohne menschliche Eingriffe und damit die großen Geheimnisse einer Zeit ohne Menschen assoziieren,[93] oder doch eher Orte kultureller Einschreibungen sind – also etwa Kultisches, menschliche Behausung und künstlerische Praktiken konnotieren. Höhlen als Lebensraum früher menschlicher Populationen sind schließlich auf der ganzen Welt bezeugt durch Funde von Werkzeugen, Ritzzeichnungen, Malereien, Kunstwerken und sakralen Gegenständen; sie dokumentieren über Jahrtausende die unterschiedlichen säkularen und sakralen Funktionen von Höhlen.[94]

Höhlen sind als Wohn- und Lagerstätten und auch als Kultstätten adaptiert worden: Die Zeusgrotte auf dem Berg Ida in Griechenland dürfte zu den bekanntesten Beispielen gehören, ebenso wie die über den ganzen Mittelmeerraum verbreiteten Nymphäen, die Höhle der Cumäischen Sybille in der Nähe von Neapel, die Höhle Chak Chak bei Yazd, die den Zoroastriern als Heiligtum dient, oder die Geburtshöhle von Jesus in Bethlehem. Neben den kultischen Praktiken findet sich zudem eine unüberschaubare Anzahl an Sagen und Bräuchen, die sich mit Höhlen verbinden: Man ahnt dort verborgene Schätze, Populationen von Ungeheuern, Drachen, Erdgeistern und vor allem Zwergen. Schon in

---

93 Vgl. Verne, *Reise zum Mittelpunkt der Erde*.

94 Ein kurzer Blick in die Geschichte der Höhlenforschung kann dies zu verdeutlichen helfen: Die Erforschung von Höhlen ist erst seit Beginn des 20. Jahrhunderts zu einer eigenen Disziplin geworden. Sie wird meist als Speläologie bezeichnet und umfasst sowohl die geologischen wie die biologischen – Flora und Fauna – als auch die kulturwissenschaftlichen Bereiche der Höhlenkunde, gehört also zugleich in den Bereich der Erforschung des Leblosen, des Lebendigen und des Kulturellen und ist damit Teil der Natur- und der Kulturwissenschaften: Höhlenforschung ist damit an einer Schnittstelle verschiedener Wissensgebiete angesiedelt und reflektiert den besonderen Status von Höhlen zwischen Natur- und Kulturräumlichkeit. Höhlen sind UNESCO-Welterbe – wie etwa die Höhlen des »Hohle Fels« in Süddeutschland. Vgl. Nicholas J. Conard et al., *Eiszeitarchäologie auf der Schwäbischen Alb*, Tübingen: Kerns Verlag 2015, S. 127 ff.

der Edda taucht das Motiv des Zwerges als Hüter unterirdischer bzw. verborgener Schätze auf.[95]

Höhlen bieten zudem – weil sie auf spezifische Weise abgelegen und sonderbar in einem Dazwischen angesiedelt sind, oft im diffusen Halbdunkel – auch Möglichkeiten, mit geltenden sozialen Konventionen zu brechen, gesellschaftliche Normen zu suspendieren, sich zu verwandeln, zu verkleiden und Identitäten zu wechseln. Sie bilden einen Gegenort zur gesellschaftlichen Öffentlichkeit. Das gilt für mythische Texte, wie für die Erzählung von Odysseus und Polyphem oder die von Herkules und Omphale, aber auch für mittelalterliche Varianten wie Gottfried von Straßburgs berühmte »Minnegrotte« ebenso wie für moderne Varianten, also etwa Heinrich Heines »Tannhäuser« oder Robert Musils Novelle »Grigia«.

Odysseus gerät auf seiner Rückfahrt von Troja in die Höhle des Polyphem. Er betritt sie aus Neugier und kann sie nicht mehr verlassen, weil der einäugige Zyklop sie mit einem Stein verschließt und die Gruppe der Seefahrer gefangen nimmt. Odysseus macht Polyphem betrunken, blendet ihn, klammert sich an den Bauch eines Schafes, kann so den hilflosen Riesen täuschen und mit der Herde aus der Höhle

95 Dem entspricht in der germanischen Mythologie der Zwergenkönig Alberich, Hüter des Nibelungenhorts. Oft werden Zwerge nicht nur als kleinwüchsige Wesen dargestellt, sondern auch mit Attributen von Bergleuten versehen. Sie kennen sich im Erdinneren aus und verwalten dort – je nach Charakter – freundlich oder feindlich verborgene Schätze. Vgl. Felix Genzmer (Übers.), *Die Edda: Götterdichtung, Spruchweisheit und Heldengesänge der Germanen*, Sonderausgabe der einbändigen Gesamtausgabe, München: Diederichs ³1992; Werner Schäfke, »Was ist eigentlich ein Zwerg? Eine prototypensemantische Figurenanalyse der *dvergar* in der Sagaliteratur«, in: *Mediaevistik* 23 (2010), S. 197–299; Evgen Tarantul, *Elfen, Zwerge und Riesen. Untersuchung zur Vorstellungswelt germanischer Völker im Mittelalter* (1. Teil, Kap. 1: »Das hilfreiche graue Männchen mit langem weißen Bart«, S. 38–47, Kap. 4: »Zwerge: gute Nachbarn«, S. 154–185, 2. Teil, Kap. 1: »Riesen, Zwerge und Helden«, S. 29–302, 3. Teil, Kap. 1: »Die Licht-, Schwarz- und Dunkelelfen«, S. 348–376, Kap. 2: »Die Zwerge in der Nibelungensage«, S. 377–405), Frankfurt a. M.: Peter Lang 2001.

fliehen. Etwas skurril mutet die bekannte Szene an, in der der blinde Polyphem Odysseus fragt, wie er heiße und der dann mit einem nicht ins Deutsche übersetzbaren Sprachspiel antwortet: »Outis«, was so viel hießt wie »kleiner Odysseus« oder eben »Niemand«. Das ist nicht besonders listenreich, sondern eher leichtsinnig und frech. Keiner außer dem dummen Zyklopen würde darauf hereinfallen, aber immerhin ist nun klar, dass die Idee, auch einmal niemand – statt ein Held und Abenteurer – sein zu wollen, nicht immer die schlechteste ist. Odysseus hat sich auf raffinierte Weise in der Höhle unsichtbar gemacht und überquert als Niemand im Schafspelz den Höhlenausgang: Auch dies ist eine Art Höhlengleichnis.

Herakles geht ebenfalls – allerdings auf etwas angenehmere Weise – in einer Höhle seiner Identität verlustig: Ausgerechnet in einer Liebesgrotte vergisst sich ironischerweise genau derjenige, der eigentlich für die harte Arbeit des Kolonisators steht. Herakles hat schließlich Flüsse umzuleiten, Gegenden von Ungeheuern zu befreien und sie dadurch urbar und bewohnbar zu machen. In einer dieser einschlägigen Episoden gerät der unermüdliche Arbeiter dann in die Gefangenschaft einer orientalischen Fürstin.[96] Der Gipfel der Komik bzw. – je nach Genre – der Tiefpunkt der Demütigung ist erreicht, wenn Herakles in der Liebesgrotte einwilligt, mit der Fürstin Omphale die Kleider zu tauschen. Er trägt ihren Schmuck und ihr Gewand, sie seine Keule und sein Löwenfell. Der Tausch der Kleider ist eine typische Cross-dressing-Szene: Eine mehr oder weniger spielerische, erotische – oder auch rituelle – Form des Geschlechtertauschs.[97] Es handelt sich gerade *nicht* um eine

---

96 Während sich in der attischen Tragödie mit dieser Prüfung des Herakles noch keine erotische Hörigkeit verbindet, wird in der Komödie und insbesondere dann in Literatur und bildender Kunst des Hellenismus und der römischen Kaiserzeit die Gefangenschaft zu einem lustvollen Aufenthalt in einer Welt dekadent-orientalischer Üppigkeit stilisiert.
97 Man kennt das aus Initiations-, aber auch aus Hochzeitsriten in

wirkliche Änderung der Geschlechter, sie werden dadurch keineswegs aufgehoben, sondern eher jenseits der Scheidungen und unter besonderen Umständen, in besonderen Momenten, an bestimmten Orten in der Schwebe gehalten.

Die lydische Höhle der Königin Omphale mag auf den ersten Blick – wie viele Höhlen – abgelegen wirken, sie ist aber von der Literaturgeschichte keineswegs übersehen worden.[98] Die antiken Autoren Sophokles und Euripides liefern die Vorlagen für Bearbeitungen von Seneca und Ovid bis Heiner Müller und Peter Weiß.[99] Die Moderne – bei Frank

Griechenland. Vgl. z. B. auch die Verkleidung des Achill; auch die Römer waren große Liebhaber von Cross-dressing-Szenen, hierzu liefert Ovid mit seinen *Metamorphosen* viele Beispiele. Robert v. Ranke-Graves betont in seiner *Griechischen Mythologie* (*The Greek Myths*) von 1955, dass Herakles und Omphale sich (sexuell enthaltsam!) in der Höhle auf ein Dionysos-Opfer vorbereitet hätten (vgl. Robert von Ranke-Graves, *Griechische Mythologie: Quellen u. Deutung*, übers. von Hugo Seinfeld, Reinbek bei Hamburg: Rowohlt-Taschenbuch-Verlag 1993, S. 488 ff.). Dieser gelehrte Hinweis auf rituelle Verkleidung im Rahmen religiöser Praktiken taucht immer wieder auf. Peter Hacks, der belesene Dichter, lässt seinen geschminkten Herakles sagen, dass er nur als quasi politischer Stellvertreter der Königin handle und: »mit ihrem herrscherlichen Rang / Borgt ich nur ihr Geschlecht, von dem untrennbar / Das würdigweibliche« (vgl. Peter Hacks, *Omphale. Oper in drei Akten*, Berlin: Aufbau 1975, S. 129). Warum allerdings dieser Kleidertausch auch im privaten Schlafgemach beibehalten wird, ist so nicht zu erklären. Vielmehr wird am Schluss klar, dass bei Hacks doch eine – etwas platte – Ganzheitsphantasie, eine männliche Identitätskrise diesen Versuch des Cross-dressing motiviert hatte.

98 Seine Geschichte hat zahlreiche Opern und Singspiele inspiriert. Und natürlich finden sich auch in der Literatur viele Bearbeitungen des Mythos (vgl. Herbert Hunger, *Lexikon der griechischen und römischen Mythologie. Mit Hinweisen auf das Fortwirken antiker Stoffe und Motive in der bildenden Kunst, Literatur und Musik des Abendlandes bis zur Gegenwart*, Wien: Verlag Brüder Hollinek ⁵1959 oder Karl Riha, »Herakles/ Herkules«, in: *Antike Mythen und ihre Rezeption. Ein Lexikon*, hg. von Lutz Walther, Leipzig: Reclam 2003, S. 101–107).

99 Zudem kehrt er in Gottfried Kellers Novelle »Pankraz der Schmoller« als gescheiterter Soldat aus den indischen und afrikanischen Kolonien zurück.

Wedekind, Peter Weiß, Friedrich Dürrenmatt und Heiner Müller – entdeckt Herakles als Opfer: Er ist der Arbeiter, der die schmutzigen Angelegenheiten zu erledigen hat und sich dabei schuldig macht. Als Eroberer und Kolonisator und schließlich damit auch als Mörder wird er in den modernen Texten schließlich – in der Tradition von Goethes *Faust* – zu einer typisch männlichen Gestalt, deren Versuche, Arbeit, Freiheit und Selbstsetzung zu verbinden, tragisch – und gar nicht selten auch komisch – scheitern.[100]

Die Zerrissenheit zwischen Leistungsdruck und Lebenslust, zwischen Befreier und Kolonisator prädestiniert Herakles geradezu zum Doppelgänger von Faust. Und tatsächlich ist er in der Version von Christoph Martin Wieland genau dies. Wielands Herakles klagt bereits 1775: »Zwei Seelen – ach, ich fühl' es zu gewiß! – / Bekämpfen sich in meiner Brust / Mit gleicher Kraft«.[101] Diese Worte gleichen verblüffend dem berühmten Seufzer von Goethes Faust. Herakles ist wie Faust ein Kulturbringer und Kolonisator, er ist ein Herrscher und Arbeiter – und er macht sich dabei schuldig. Der Aufenthalt im Niemandsland der lydischen Grotte scheint ein Urlaub von sich selbst zu sein, eine Art Pause vom schwierigen Ich. In der Höhle darf er seine Attribute – Löwenfell und Keule – ablegen und seine Identität suspendieren, es ist zugleich eine Art »Abschälung« der Kleider und seiner Eigenschaften. Herakles ist in der lydischen Höhle nicht mehr ganz er selbst und dies scheint nicht das Schlechteste. Die Idee, man könne Urlaub nehmen

---

100 Vgl. dazu F. Brommer, *Herakles II. Die unkanonischen Taten des Helden*, Darmstadt: Wissenschaftliche Buchgesellschaft 1984, S. 117 ff., zu Omphale bes. S. 126.

101 Vgl. Christoph Martin Wieland, »Die Wahl des Herkules«, in: Ders., *Sämmtliche Werke*, Bd. VIII/26, S. 155–186, S. 174. Die Ähnlichkeit mit dem berühmten Faust-Monolog betont auch W. Sokel in seinem Vorwort zu Schondorff (Walter H. Sokel, »Vorwort«, in: Joachim Schondorff (Hg.), *Herakles. Vollständige Dramentexte von Sophokles, Seneca, Wieland, Klinger, Wedekind, Pound u. Dürrenmatt*, München, Wien: Langen/Müller 1964, S. 9–41, hier: 29 f.)

vom eigenen Ich, an einem Niemandsort ein Niemand werden, scheint faszinierend.

Höhlen als Orte, an denen man Urlaub – »urloup« ist in etymologischer Hinsicht die Erlaubnis, sich zu entfernen – nehmen könnte, finden sich viele. Nicht nur antike, sondern auch mittelalterliche Helden nehmen Urlaub bzw. urloup. Einer davon ist Tannhäuser. Die Geschichte vom reuigen Sünder Tannhäuser wurde als Volksballade bis ins 20. Jahrhundert hinein mündlich und schriftlich tradiert, bekannt sind neben der Oper von Richard Wagner vor allem die Versionen aus *Des Knaben Wunderhorn* und aus den Volksmärchen der Brüder Grimm. Die Erzählung lässt sich verschieden lesen, meist gilt sie als Kritik am Papsttum, das die Mittlerfunktion zwischen Gott und den Menschen unzureichend ausfüllt.

Die Adaption der Geschichte durch Heinrich Heine hat dagegen noch andere Aspekte zu bieten, sie ist weniger Religionskritik als geschichtsphilosophischer Kommentar zu der Frage, wo das Vergangene im Gegenwärtigen zu finden ist. Seine Ballade variiert die Erzählung vom guten Ritter, der im Venusberg landet, dort sieben Jahre verbringt, dann einen reuigen Gang nach Rom unternimmt und um Vergebung seiner Verfehlungen bittet.[102] Die Schilderung seiner Sünden gerät Tannhäuser in Heines Ballade allerdings unwillkürlich und vor den Ohren des Papstes zu einer so hinreißenden, lustvollen Liebeserklärung an Venus, dass der Papst nicht umhinkann, ihm die Vergebung zu versagen. Die Rückreise durch ein ärmliches Deutschland wird zur Satire biedermeierlicher Unkultur. Mit seinem Reisebericht amüsiert Tannhäuser nach der Heimkehr seine Frau Venus –

---

102 Vgl. auch die Analogien zur »Minnegrotte« in Gottfried von Straßburgs Tristan und Isolde: Cezara Humă, »Die Topoi der Minnegrotte in Gottfried von Straßburgs *Tristan* und ihre Rezeption am Beispiel des Mythos von Euthanasius' Insel in Mihai Eminescus *Cezara*«, in: *Germanistische Beiträge* 40 (2017), S. 115–133 (online unter http://uniblaga.eu/wp-content/uploads/2017/06/40.1.7.pdf, abgerufen am 9. 6. 2020).

allerdings erst, nachdem ihm diese eine Suppe gekocht hat, um die Kälte der deutschen Landschaften aus den Gliedern zu vertreiben. Im Venusberg steht die Zeit still, es ist warm und das Essen schmeckt, aber man möchte doch nicht unbedingt tauschen mit Tannhäuser, denn offenbar wird es langweilig werden mit der vielen Suppe – und am Ende auch mit der Liebe.

Heines Ballade macht unmissverständlich klar, dass es in der Kunst – und im Leben – nicht um die Rückkehr in alte Zeiten – genauer in die Antike – gehen kann, sondern vielmehr eine spezifische Präsenz des Vergangenen in der Gegenwart gemeint ist. Diese Form von Gleichzeitigkeit findet sich allerdings nicht in der Höhle, sondern in den Geschichten und Gedichten *über* Höhlen und ihre Bewohner, daher wird der sentimentale Traum von ewiger Liebe auch mit einer ordentlichen Portion Ironie versehen und nicht als rückwärtsgewandte Utopie präsentiert, was Heine immer schon als schlechte Romantik diskreditiert. Gegenwart und Vergangenheit koexistieren vielmehr auf eine instabile und geheimnisvolle Weise, die nur wenigen zugänglich ist und im Grunde nur in der Dichtung einen Platz findet.

Heine liefert mit seinen Essays über »Elementargeister« und »Götter im Exil« oder seinem Tanzpoem »Die Göttin Diana« eine ganze Serie von Texten, die jeweils einem ähnlichen Muster folgen: Immer finden sich die alten Götter der Griechen an verborgenen Wohnstätten, in Grotten, in Höhlen und auf entlegenen Inseln der modernen Welt, oft sind sie verkleidet oder unkenntlich gemacht.[103] Sie wurden

---

103 Heinrich Heine, »Elementargeister«, in: Ders., *Historisch-kritische Gesamtausgabe der Werke*, hg. von Manfred Windfuhr (DHA), Bd. 9: Elementargeister. Die Göttin Diane. Der Doktor Faust. Die Götter im Exil, bearb. von Ariane Neuhaus-Koch, Hamburg: Hoffmann und Campe 1987, S. 9–64, S. 36–46. Vgl. Heinrich Heine, »Die romantische Schule«, in: KGA, Bd. 8/1: *Zur Geschichte der Religion und Philosophie in Deutschland/Die romantische Schule*, bearb. von Manfred Windfuhr, Hamburg 1979, S. 121–249: »[D]ie Goetheaner ließen sich dadurch verleiten die Kunst selbst als das Höchste zu proklamieren, und von den Ansprüchen

alle vertrieben, verfolgt und bedroht von christlichen Lehren und Institutionen, verantwortlich für ihre erzwungene Emigration ist der »trübsinnige, magere, sinnenfeindliche übergeistige Judäismus der Nazarener«.[104] Heine identifiziert und lokalisiert in den Höhlen und Verstecken ein verdrängtes Imaginäres im Sinne eines ästhetisch Unbewussten, das sich aus den Wissensbeständen, aus den Motiven, Mythen und der Lebenslust vorchristlicher Kultur speist. Das Verdrängte kehrt wieder in den Märchen und Liedern der Menschen, wenn sie Geschichten erzählen, malen, singen, tanzen oder träumen.[105] Aus den Niemandsländern des Völkergedächtnisses, den Höhlen des Verdrängten und den Katakomben des kulturellen Unbewussten[106] entstehen programmatisch moderne Geschichten und Gedichte.[107]

jener ersten wirklichen Welt, welcher doch der Vorrang gebührt, sich abzuwenden.« Vgl. dazu Jürgen Fohrmann, »Heines Marmor«, in: Lothar Ehrlich, Hartmut Steinecke, Michael Vogt (Hg.), *Vormärz und Klassik*, Bielefeld: Aisthesis 1999, S. 63–80, S. 67: Fohrmann spricht von einer rhetorischen Dekonstruktion bei Heine. Vielleicht wäre es noch genauer, von einer dekonstruktivistischen Rhetorik zu sprechen.

104 Heine, »Elementargeister«, S. 47; vgl. dazu Dorothee Kimmich, *Wirklichkeit als Konstruktion. Studien zu Geschichte und Geschichtlichkeit in Werken von Heine, Büchner, Immermann, Stendhal, Keller und Flaubert*, München: Fink 2001.

105 Vgl. Heinrich Heine, »Die Göttin Diana«, in: Ders., *DHA*, Bd. 9, S. 65–76; Heine, »Elementargeister«, S. 51 ff. Vgl. Markus Winkler, *Mythisches Denken zwischen Romantik und Realismus. Zur Erfahrung kultureller Fremdheit im Werk Heinrich Heines*, Tübingen: Max Niemeyer 1995; vgl. zum Tannhäuser-Motiv: Anton Huber, »Heines ›Venus-Mythologie‹«, in: Walter Gössmann, Manfred Windfuhr (Hg.), *Heinrich Heine im Spannungsfeld von Literatur und Wissenschaft*, Hagen: Reimar Hobbing Verlag 1990, S. 143–157; zu Heines Mythologie allgemein vgl. Robert C. Holub, »Heine als Mythologe«, in: Gerhardt Höhn (Hg.), *Heinrich Heine. Ästhetisch-politische Profile*, Frankfurt a. M.: Suhrkamp 1991, S. 314–326; Markus Küppers, *Heinrich Heines Arbeit am Mythos*, Münster, New York: Waxmann 1994.

106 Vgl. dazu Slavoj Žižek, *Grimassen des Realen. Jacques Lacan oder die Monstrosität des Aktes*, Köln: Kiepenheuer und Witsch 1993, bes. S. 58 f.

107 Vgl. z. B. Heinrich Heine, »Romantische Schule«, in: Ders., *DHA*, Bd. 8, S. 9–120, S. 155: »[D]ie goetheschen schönen Worte sind kinderlos.«

Während sich Odysseus, der Abenteurer, als Niemand aus der Höhle befreien kann, in die er aus purer Neugierde geriet, ist der erotische Selbstverlust für Herakles, den Arbeiter, gefährlicher und gleicht einem kleinen Tod. Der Ritter Tannhäuser entscheidet sich, für immer Urlaub zu nehmen, in die Höhle der Venus umzusiedeln und alles christliche Heldentum auszuschlagen. Heines Ballade lässt offen, ob es sich dabei wirklich um eine schlaue Entscheidung handelt. Sicher ist für Heine allerdings, dass die in den Niemandsländern der Geschichte verborgenen Schätze, die alten und uralten Geschichten, unentbehrlich sind für eine moderne Poesie.

Der – partielle, zeitweilige oder auch endgültige – Rollentausch, die Verkleidung oder der radikale Selbstverlust sind in allen Texten verbunden mit dem Aufenthalt im Niemandsland. Dabei sind diese gefährlichen Ausflüge nie vollkommen negativ konnotiert, im Gegenteil, immer ist ein Anteil an Beglückung, Rettung, Erotik, Entlastung von Aufgaben und Arbeit, Moral und Heldentum damit verbunden. Ein Niemand sein zu können, entwickelt eine ungeheure, nicht selten unheimliche und oft erotisch konnotierte Anziehungskraft.

Dies gilt auch für die Novelle »Grigia« von Robert Musil: Musil lässt seinen Protagonisten, der nicht zufällig »Homo« genannt wird, in einer Liebeshöhle enden, die zu seiner Grabhöhle wird und aus der er – da er kein Christus ist – auch nicht auferstehen wird. Unklar bleibt dabei, ob er sich nicht befreien kann oder dies gar nicht mehr will. *La petite*

Das ist der Fluch alles dessen, was bloß durch die Kunst entstanden ist.«
Ebenso ders., »Zur Geschichte der Religion und Philosophie in Deutschland«, in: Ders., *DHA*, Bd. 8, S. 67. Die unterschiedliche Akzentuierung der Bewertung Goethes ist ein Beispiel – ebenso wie die des Pantheismus – wie kontextabhängig die Aussagen Heines immer sind. Zudem sind seine Äußerungen immer polemisch und oft neidisch, wie er selbst zugibt. Oft ist ein solcher Angriff aber auch dazu gedacht, »den Feind zum Reden zu bringen« (Heine, »Romantische Schule«, S. 130 f., 242; vgl. ders., »Zur Geschichte der Religion und Philosophie in Deutschland«, S. 14 f., 31, 43 ff.).

mort und der wirkliche Tod gehen ineinander über. Die Lust am Selbstverlust endet hier tatsächlich tödlich.

Ausschließlich beklemmend und vollkommen ohne jede erotische Komponente dagegen ist das Leben und Sterben in der Höhle des unbekannten Tiers bei Kafka: Hier lauert die Gefahr nicht innen oder außen, sondern überall und treibt den Bewohner des Baus in den Wahnsinn. Ich werde in Kapitel III noch einmal genauer auf diese Texte zurückkommen.

Das Elysium, Polderlandschaften, Bergschluchten und Höhlen: Sie verbindet ein prekärer Status im diffusen Dazwischen, zwischen Himmel und Erde, zwischen Kultur und Natur, zwischen Leben und Tod, zwischen den Zeiten und jenseits der Grenzen. An diesen Orten lockert sich die Verbindung von Arbeit, Freiheit und Subjektivität und nicht nur die Grenzen der Räume, auch die Konturen der Personen verschwimmen. Dabei entstehen Irritationen, die sich nicht in die eine oder die andere Richtung auflösen lassen. Die Entkoppelung von Selbst und Eigen, Freiheit und Eigentum scheint faszinierend und schmerzlich zugleich.

1 Gottfried Kellers Äcker

Die nicht selten etwas betulich wirkende Literatur des deutschen Realismus ist bisher nicht in den Verdacht geraten, besonders avancierte Thesen zu Kolonialismus und Kolonialgeschichte geliefert zu haben.[108] Allerdings finden sich in den vergangenen Jahren einige Studien, die darauf hinweisen, dass die Thematik präsent ist und einen durch-

---

[108] Erst in den letzten Jahren ist deutschsprachige Literatur im Rahmen von Kolonialismus und postkolonialen Debatten überhaupt erörtert worden, dies dafür dann umso intensiver und ausführlicher. Rolf Parr, *Die Fremde als Heimat. Heimatkunst, Kolonialismus, Expeditionen*, Konstanz: Konstanz University Press 2014, vgl. hier das Quellenverzeichnis S. 202–219; Dirk Göttsche, Axel Dunker, Gabriele Dürbeck (Hg.), *Handbuch Postkolonialismus*, Stuttgart: Metzler 2017; Hans Jörg Bay, »Postkoloniales Begehren«, in: Axel Dunker, Gabriele Dürbeck (Hg.), *Postkoloniale Germanistik. Bestandsaufnahme, theoretische Perspektiven, Lektüren*, Bielefeld: Aisthesis 2014, S. 457–578; ders., »Vom Waterberg nach Auschwitz? Kolonialkrieg und Shoah in der Gegenwartsliteratur«, in: Ortrud Gutjahr, Stefan Hermes (Hg.), *Maskeraden des (Post-)Kolonialismus. Verschattete Repräsentationen ›der Anderen‹ in der deutschsprachigen Literatur und im Film*, Würzburg: Königshausen & Neumann 2011, S. 271–296; Herbert Uerlings, »Die Haitianische Revolution in der deutschen Literatur: H. v. Kleist – A. G. F. Rebmann – A. Seghers – H. Müller«, in: *Jahrbuch für Geschichte von Staat, Wirtschaft und Gesellschaft Lateinamerikas* 28, Köln u. a.: Böhlau Verlag 1991, S. 343–389; Axel Dunker, Thomas Scholz, Ingo H. Warnke (Hg.), *Benennungspraktiken in Prozessen kolonialer Raumaneignung*, Berlin, Boston: De Gruyter 2017; Dirk Göttsche, »›In Afrika ist alles verloren‹: Zu einem globalisierungskritischen Topos im Afrika-Diskurs der deutschsprachigen Gegenwartsliteratur«, in: Catherine Repussard, Christine de Gemeaux (Hg.), *›Civiliser‹ le monde, ›ensauvager‹ l'Europe? Circulations des savoirs, transfers et Mimicry dans l'espace germanophone et sa sphère coloniale*, Paris: Carrefours d'Empires Éditions Le Manuscrit 2017, S. 365–406; ders., »Cosmopolitanism, Emplacement and Identity in Recent Postcolonial Literature in German«, in: Sandra Ponzanesi, Gianmaria Colpani (Hg.), *Postcolonial Transitions in Europe: Contexts, Practices, and Politics*, London: Rowman & Littlefield 2016, S. 351–370.

aus relevanten Stellenwert besitzt. Hier geht es nun nicht um Realismus und Kolonialismus im Allgemeinen, sondern vielmehr darum, herauszufinden, welche Funktion Niemandsländer, leere Räume, unbewohnte Gegenden, unkultivierte Territorien und *terrains vagues* in Texten des deutschsprachigen Realismus haben bzw. wo die Thematik von Kolonialismus und Inbesitznahme von angeblich unkultivierten Gebieten eine sozialhistorisch signifikante Rolle spielt.

Zugleich sollten sich Niemandsländer aber auch im Sinne von Möglichkeitsräumen, von Zwischenorten, von Räumen zwischen Kultur und Natur, Stadt und Land, Heimat und Fremde finden lassen, solche Räume also, die ihren Bewohnern besondere Konditionen bieten, ja vielleicht sogar Versprechen einlösen oder Freiheiten anbieten. Die Frage wäre also, ob sich die auf widersprüchliche Weise verknüpften Aspekte von individueller Freiheit und Selbstbewusstsein, von Besitz und Eigentum, Kultivierung und Kolonialisierung in Niemandsländern bei realistischen Texten wie denen von Gottfried Keller, Adalbert Stifter und Theodor Storm identifizieren lassen. Insbesondere den Fragen nach der Kultivierung von Natur, der Aneignung von Grund und Boden, der Behausung und der Zugehörigkeit, dem Ziehen einer Grenze, der Inklusion und Exklusion von Menschen und Territorien soll dabei nachgegangen werden.[109]

Die Herrschaft und Inbesitznahme weiter Teile der Erde durch europäische Mächte, die Einteilung und Aufteilung ganzer Kontinente, die politische und juristische Aushandlung von Besitz und Eigentum wird in realistischen Texten oft gerade nicht dort verhandelt, wo man es erwarten würde, also in Geschichten von fremden Ländern, Reiseberichten oder Abenteuererzählungen. Im Gegenteil, es geht oft um einen ›Rücktransport‹ von Problemkonstellationen

---

109 Vgl. z. B. David Blackbourn, *Die Eroberung der Natur. Eine Geschichte der deutschen Landschaft*, München: Dt. Verlagsanstalt 2007.

aus den kolonialen Zusammenhängen in die alte Welt und in ihre – oft provinziellen – Verhältnisse. Die Frage, was mit Niemandsländern geschehen kann und soll, ob es solche gibt und wenn ja, wo, ist eine, die realistische Texte gerade nicht an fremden, sondern an den eigenen, nahe liegenden Räumen festmachen. Es geht also um österreichische Täler, Schweizer Dörfer und norddeutsche Deiche. Im Miniaturformat werden globale Thematiken verhandelt, die Themen dabei aber nicht verharmlost, sondern eher zugespitzt.

Die provinziellen Niemandsländer sind bemerkenswert, weil sie als Spuren der kolonialen Erfahrung im Herkömmlichen gedeutet werden können und weil sie somit zeigen, dass der Kolonialismus die Wahrnehmung von ›eigen‹ und ›Eigentum‹ nicht nur im globalen Maßstab, sondern im Bereich des Vertrauten verändert. Daher geht es im Folgenden auch nicht um Kolonialtexte im Sinne einer Erfahrung von fremden, entlegenen und exotischen Gebieten, sondern um die Reflexe der kolonialen Globalisierung in den herkömmlichen Strukturen und den – vermeintlich – bekannten Räumen.

Als Beispiele dienen eher kanonische realistische Autoren und Texte: Gottfried Kellers »Romeo und Julia auf dem Dorfe« (1856),[110] »Pankraz, der Schmoller« (1856)[111] und Adalbert Stifters »Katzensilber« (1853),[112] seine Novellen

---

110 Gottfried Keller, »Romeo und Julia auf dem Dorfe«, in: Ders., *Sämtliche Werke*. Historisch-kritische Ausgabe, Bd. 4: Die Leute von Seldwyla, Bd. 1, hg. von Walter Morgenthaler, Basel, Zürich: Stroemfeld 2000, S. 74–159.

111 Gottfried Keller, »Pankraz, der Schmoller«, in: *Die Leute von Seldwyla*, hg. von Thomas Böning (= Gottfried Keller, *Sämtliche Werke in sieben Bänden*, hg. von Thomas Böning, Gerhard Kaiser und Dominik Müller, Bd. 4), Bd. 1, Frankfurt a. M.: Deutscher Klassiker Verlag 1989, S. 15–68.

112 Adalbert Stifter, »Katzensilber«, in: *Bunte Steine*, hg. von Helmut Bergner (= Adalbert Stifter, *Werke und Briefe*. Historisch-Kritische Gesamtausgabe, hg. von Alfred Doppler und Wolfgang Frühwald, Bd. 2,2), Stuttgart, Berlin, Köln: Kohlhammer 1982, S. 241–316.

»Granit« (1853),[113] »Abdias« (1842)[114], »Brigitta« (1843)[115] und Theodor Storms »Der Schimmelreiter« (1888)[116]. In diesen Texten geht es um meist mehr oder weniger alltägliche Katastrophen. Einmal, bei Keller, um den Niedergang zweier Familien, ausgelöst durch den Streit um ein Niemandsland, oder um eine *coming-of-age*-Geschichte eines schlecht ausgebildeten jungen Mannes, der sein Glück in den Kolonialgebieten Indiens und Afrikas sucht und nicht findet. Stifters Texte erzählen von schwierigen Jugendfreundschaften zwischen Stadt und Land, von einer jüdischen Biographie in den Niemandsländern Nordafrikas und Österreichs, einer gescheiterten Ehe, die erst in der Öde der ungarischen Puszta wiederauflebt, von einem banalen Familienstreit oder einem misslungenen Weihnachtsausflug ins Niemandsland des Gletschereises. Theodor Storms Niemandsland ist der Deich, der, halb Natur und halb kulturelle Errungenschaft, sowohl der Beschwörung der Götter als auch der Berechnung von Statik bedarf und – wie alle kolonialen Projekte – Todesopfer fordert.

In allen Texten wird der Umgang mit dem Fremden oder genauer sogar mit den Fremden zu einem zentralen Thema. Bei Keller handelt es sich dabei um den so genannten »schwarzen Geiger«, einen wohnsitzlosen Musiker, der seinen Anspruch auf ein Stück Land nicht geltend machen kann, weil ihm die Bürger der Stadt das Bürgerrecht nicht zuerkennen wollen. Bei Stifter ist es das fremde, familienlose und offenbar ebenfalls wohnsitzlose »braune Mädchen«,[117]

---

113 Adalbert Stifter, »Granit«, in: *Bunte Steine*, S. 21–60.
114 Adalbert Stifter, »Abdias«, in: *Studien* II, hg. von Konrad Steffen (= Adalbert Stifter, *Gesammelte Werke in vierzehn Bänden*, hg. von Konrad Steffen, Bd. 2), Basel, Stuttgart: Birkhäuser Verlag 1963, S. 239–348.
115 Adalbert Stifter, »Brigitta«, in: *Studien* II, S. 415–481.
116 Theodor Storm, »Der Schimmelreiter«, in: Ders., *Novellen 1881–1888*, hg. von Karl Ernst Laage (= Theodor Storm, *Sämtliche Werke in vier Bänden*, hg. von dems. und Dieter Lohmeier), Bd. 3, Frankfurt a. M.: Deutscher Klassiker Verlag 1988, S. 634–756.
117 Stifter, »Katzensilber«, S. 280.

das als Retterin, aber auch als Herausforderung des familialen Friedens auftritt, in Stifters »Abdias« ein wandernder Jude aus der nordafrikanischen Wüste, in »Bergkristall« (1853)[118] ganz einfach eine Frau aus dem Nachbardorf. Bei Storm befindet sich der Fremde als Gespenst im Zwischenreich zwischen Lebenden und Toten.

Die ersten Sätze von Kellers paradigmatischer Niemandslands-Novelle entwerfen ein Tableau von sozialer Ordnung und linientreuen Arbeitern: Die beiden Bauern Manz und Marti pflügen zusammen, gleichzeitig und parallel auf ihren Feldern, ihre Kinder, Vrenchen und Sali, bringen zusammen das Vesper für beide. Das soziale Leben scheint eine naturanaloge Ordnung zu haben. Das Ziehen von Linien repräsentiert die Struktur des rechten Lebens. Die entscheidende Störung der Ordnung geschieht, als der erste den Pflug an dem Grundstück ansetzt, das als eine Art Simmel'scher Grenzwüste, als Brache zwischen beiden Feldern liegt: Es ist der genuine Akt der Kultivierung von brachliegendem Land. Mit dem Ansetzen des Pfluges geht es um den Moment, den Cornelia Vismann als den des Nomos bezeichnet: »The primordial scene of the *nomos* opens with a drawing of a line in the soil.«[119] Der Akt der Kultivierung, des *nomos*, ist hier allerdings – wie so oft – zugleich ein Verbrechen, ein Diebstahl, denn das Brachland ist nicht wirklich herrenlos, es ist nur ungenutzt.

Der schwarze Geiger, dem das Grundstück gehört – was die Bauern durchaus wissen – ist wohnsitz- und besitzlos und demzufolge in der kleinen Schweizer Gemeinde eben auch rechtlos. Beschrieben wird er als ein »Zigeuner«, Jenischer oder Jude,[120] schwarz ist offenbar nicht seine Haut-

118 Adalbert Stifter, »Bergkristall«, in: *Bunte Steine* (Journalfassungen), hg. von Helmut Bergner (= Adalbert Stifter, *Werke und Briefe*. Historisch-Kritische Gesamtausgabe, hg. von Alfred Doppler und Wolfgang Frühwald, Bd. 2,2), Stuttgart, Berlin, Köln: Kohlhammer 1982, S. 181–240.
119 Vismann, »Starting from Scratch«, S. 46.
120 Herbert Uerlings, »»Diesen sind wir entflohen, aber wie entfliehen

farbe – sie scheint einfach etwas dunkler –, sondern die Kleidung. Zudem ist es der Blick und vor allem die Nase, die auffallen. Er lebt im Wald, in einer Gemeinschaft von Menschen, die bürgerliche Ordnungen und ihre Besitzverhältnisse fröhlich ignorieren.

Wie alltägliche Diskriminierung zum Verbrechen wird, ist im Text genau beschrieben und wird in wörtlicher Rede wiedergegeben:

> Sie schwiegen eine Weile, dann fing Manz wiederum an: »Schad' ist es aber doch, daß der gute Boden so daliegen muß, es ist nicht zum Ansehen, das geht nun schon in die zwanzig Jahre so und keine Seele fragt darnach; denn hier im Dorf ist Niemand, der irgend einen Anspruch auf den Acker hat, und Niemand weiß auch, wo die Kinder des verdorbenen Trompeters hingekommen sind.«[121]

Dass es sich dabei um eine Lüge handelt, wird sofort deutlich:

> »Hm!« sagte Marti, das wäre so eine Sache! Wenn ich den schwarzen Geiger ansehe, der sich bald bei den Heimatlosen aufhält, bald in den Dörfern zum Tanz aufspielt, so möchte ich darauf schwören, daß er ein Enkel des Trompeters ist, der freilich nicht weiß, daß er noch einen Acker hat. Was täte er aber damit? Einen Monat

---

wir uns selbst?‹: ›Zigeuner‹, Heimat und Heimatlosigkeit in Kellers ›Romeo und Julia auf dem Dorfe‹«, in: Ulrich Kittstein (Hg.), *Poetische Ordnungen. Zur Erzählprosa des deutschen Realismus*, Würzburg: Königshausen & Neumann 2007, S. 157–185; ders., »Fremde Blicke. Zur Repräsentation von ›Zigeunern‹ in der Schweiz seit dem 19. Jahrhundert (Gottfried Keller, Carl Durheim, Mariella Mehr)«, in: Iulia-Katrin Patrut (Hg.), *Fremde Arme – arme Fremde. »Zigeuner« in Literaturen Mittel- und Osteuropas*, Frankfurt a. M.: Lang 2007 (= Inklusion/Exklusion: Studien zu Fremdheit und Armut von der Antike bis zur Gegenwart 3), S. 143–202.
121 Keller, »Romeo und Julia auf dem Dorfe«, S. 72.

lang sich besaufen und dann nach wie vor! Zudem, wer dürfte da einen Wink geben, da man es doch nicht sicher wissen kann!«.[122]

Sie kennen die Eigentumsverhältnisse genau, wollen sie aber nicht anerkennen:

»Da könnte man eine schöne Geschichte anrichten!« antwortete Manz, »wir haben so genug zu tun, diesem Geiger das Heimatsrecht in unserer Gemeinde abzustreiten, da man uns den Fetzel fortwährend aufhalsen will. Haben sich seine Eltern einmal unter die Heimatlosen begeben, so mag er auch dableiben und dem Kesselvolk das Geigelein streichen. Wie in aller Welt können wir wissen, daß er des Trompeters Sonnessohn ist? Was mich betrifft, wenn ich den Alten auch in dem dunklen Gesicht vollkommen zu erkennen glaube, so sage ich: irren ist menschlich, und das geringste Fetzchen Papier, ein Stücklein von einem Taufschein würde meinem Gewissen besser tun als zehn sündhafte Menschengesichter!«[123]

Fehlende Papiere, ein nicht vorhandener Taufschein, werden zur zynischen Behauptung missbraucht, man könne seine Rechte nicht anerkennen:

»[...] sollen wir unsern Taufstein tragbar machen und in den Wäldern herumtragen? Nein, er steht fest in der Kirche und dafür ist die Totenbahre tragbar, die draußen an der Mauer hängt. Wir sind schon übervölkert im Dorf und brauchen bald zwei Schulmeister!«[124]

122 Ebd.
123 Ebd., S. 72–73.
124 Ebd., S. 73.

Selten ist klarer vorgeführt worden, wie Diskriminierung und Enteignung – und zwar im Namen von Recht und Ordnung – funktionieren können. Es besteht kein Zweifel, wem das Land gehört, die Vorfahren sind nicht nur bekannt, sondern seit mehreren Generationen Teil der Gemeinde. Die Familienähnlichkeit ist nicht zu leugnen und doch verlangt man einen Beweis, einen Ausweis. Das Fehlen eines Taufscheins verbannt die unerwünschten Personen ins Niemandsland der Wälder. Der schwarze Geiger, so lässt sich festhalten, ist *kein* Fremder.

Mit wenigen einfachen Sätzen führen die Bauern vor, wie soziale Exklusion funktioniert. Im kleinen Dorf des 19. Jahrhunderts war schon kein Platz mehr für die Ungewollten: Seldwyla darf man sich als ›übervölkert‹ vorstellen! Die Ordnung, die auf diese Weise hergestellt oder erhalten werden soll, ist allerdings nicht von Dauer. Der fragliche Acker scheint seine eigene Agenda zu entwickeln: Als würde sich der Grund und Boden selbst rächen, erodiert die ungerechtfertigt aufgestellte Ordnung und die Familien gehen in einer Serie von Katastrophen zugrunde.

Manz und Marti sind späte, radikale Verfechter der Locke'schen Eigentumsphilosophie. Sie fühlen sich als rechtmäßige Begründer der bürgerlichen, europäischen, männlichen, ordentlichen, weißen Gesellschaft. Dass beide anschließend verwildern, wahnsinnig werden oder dem Alkohol verfallen, ist die Art ironischer Gesellschaftsdiagnose, wie sie sich bei Keller nicht selten findet.

Rechtsvorstellungen, wie sie John Locke vertrat, wirken im 19. Jahrhundert und gegenüber Kellers Text naiv.[125] Dabei ist es weniger die tatsächliche Raum- oder Güterknappheit, die ein Zusammenleben nach Locke'schen Vorstellungen schwierig macht, sondern vielmehr die irrational anmutende Vorstellung einer Übervölkerung. Ganz offen-

---

125 Locke, *Zwei Abhandlungen über die Regierung*, 5. Kap., § 32, S. 221; vgl. Corcoran, »John Locke on the Possession of Land«, S. 24–26.

sichtlich geht es bei diesen Argumenten nicht um eine Frage der Quantität von Menschen im Dorf, sondern um eine der vermeintlichen Qualität: Heimatlose arbeiten nicht richtig und sind ›anders‹. Sie sind ›schwarz‹ und arm. Manz und Marti sind Nationalisten und Rassisten.

Sie sind allerdings zusätzlich auch schlimme Väter: Denn noch weniger als dem schwarzen Geiger würden sie ihren Kindern ein Recht auf ein Niemandsland als Spielplatz zugestehen. Die beiden Kinder, Sali und Vrenchen, erproben im Unkraut des unbeackerten Feldes ihre kindliche Sexualität. Sie veranstalten dazu passend animistische Praktiken mit einer Puppe mitten im Gestrüpp des wilden Ackers und verweisen damit auf ihre Verwandtschaft mit den antibürgerlichen Freunden des schwarzen Geigers und den ›Wilden‹ der kolonialen Eroberungen.[126] Diese proto-freudianische[127] Verschränkung von totemistischen oder animisti-

---

126 Vgl. dazu: Brunotte, »Brüderclan und Männerbund«, S. 209–242; Iris Därmann, *Fremde Monde der Vernunft. Die ethnologische Provokation der Philosophie*, München: Fink 2005; Norbert Elias, *Über den Prozess der Zivilisation. Soziogenetische und psychogenetische Untersuchungen*, 2 Bde., Frankfurt a. M.: Suhrkamp 1997 [1939]; René Girard, »Totem und Tabu und die Inzestverbote«, in: Eberhard T. Haas (Hg.), *100 Jahre »Totem und Tabu«*, S. 77–98; Günter Gödde, »Freud and the Nineteenth-Century Philosophical Sources of the Unconscious«, in: Ansgar Nicholls, Martin Liebscher (Hg.), *Thinking the Unconscious. 19th Century German Thought*, Cambridge: Cambridge University Press 2010, S. 261–286.

127 Wobei es weniger darum geht, Kinder und vormoderne Gesellschaften zu vergleichen, sondern vielmehr darum, das in Frage zu stellen, was sich für modern und aufgeklärt, diszipliniert und rechtmäßig hält. Die Parallelisierung von Ontogenese und Phylogenese, von Geschichte und Biographie ist zu Recht kritisiert worden. Kellers Text erlaubt allerdings, die Präsenz des ›Wilden‹ im Kultivierten als eine Form der Gleichzeitigkeit und der Pluralisierung von Moderne zu lesen. »Immer klarer erkannte ich, daß die Geschehnisse der Menschheitsgeschichte, die Wechselwirkungen zwischen Menschennatur, Kulturentwicklung und jenen Niederschlägen urzeitlicher Erlebnisse, als deren Vertretung sich die Religion vordrängt, nur die Spiegelung der dynamischen Konflikte zwischen Ich, Es und Über-Ich sind, welche die Psychoanalyse beim Einzelmenschen studiert, die gleichen Vorgänge, auf einer weiteren

schen Praktiken und sexuellen Spielen ist bei Keller nicht zu übersehen: Zunächst wird eine Puppe traktiert, und

> als die Puppe eben wieder nackt und bloß war und nur noch der roten Haube sich erfreute, entriß der wilde Junge seiner Gefährtin das Spielzeug und warf es hoch in die Luft. Das Mädchen sprang klagend darnach, allein der Knabe fing die Puppe zuerst wieder auf, warf sie auf's Neue empor [...].[128]

Die Puppe wird schließlich in einem gemeinsamen Ritual »geopfert«: »Sie bohrten Loch auf Loch in den Marterleib und ließen aller Enden die Kleie entströmen [...].«[129] In den Kopf der Puppe

> wurde die Fliege hineingesperrt und das Loch mit Gras verstopft. Die Kinder hielten den Kopf an die Ohren und setzten ihn dann feierlich auf einen Stein, da er noch mit der roten Mohnblume bedeckt war, so glich der Tönende jetzt einem weissagenden Haupte und die Kinder lauschten in tiefer Stille seinen Kunden und Märchen, indessen sie sich umschlungen hielten.[130]

Wie die von Sigmund Freud beschriebene Urhorde der Brüder erfasst die Kinder nach dem Mord an der Puppe das Entsetzen: »Dann empfanden sie einiges Grauen, da sie etwas Geformtes und Belebtes begraben hatten, und entfernten sich ein gutes Stück von der unheimlichen Stätte.«[131] Das belebte Unbelebte ist unheimlich geworden: Sie setzen

Bühne wiederholt.« (Sigmund Freud, »Nachschrift 1935 zur ›Selbstdarstellung‹«, in: Ders., *Gesammelte Werke*, Bd. 16: Werke aus den Jahren 1932–1939, Frankfurt a. M.: Fischer ⁵1978, S. 29–34, S. 32 f.)
128 Keller, »Romeo und Julia auf dem Dorfe«, S. 74.
129 Ebd., S. 74–75.
130 Ebd., S. 75.
131 Ebd.

einen Grabstein, erfinden ein Totem und widmen sich anderen Dingen, nämlich ihrem Begehren:

> Die Sonne schien dem singenden Mädchen in den geöffneten Mund, beleuchtete dessen blendendweiße Zähnchen und durchschimmerte die roten Purpurlippen. Der Knabe sah die Zähne, und dem Mädchen den Kopf haltend und dessen Zähnchen neugierig untersuchend, rief er: Rate, wie viele Zähne hat man?[132]

Der verkrautete Acker ist für die Kinder keine harmlose Spielstätte, sondern ein Ort, an dem sie das ausspielen, was die bürgerliche Gesellschaft verbietet: Grausamkeit und Sexualität bzw. deren Kombination. Dieser Raum wird ihnen von den Vätern genommen und der beschnittene Freiraum markiert bald ihr schlechtes Gewissen, wird zum Ort von Angst und Furcht vor dem Fremden – dem Geiger und ihren eigenen Wünschen. Ihre Versuche, all dies wieder in Ordnung zu bringen, scheitern kläglich. Am Ende ziehen sich die beiden verzweifelt auf ein letztes, kaltes, dunkles Niemandsland zurück: Auf ein herrenlos am Flussufer liegendes Boot, von dem sie sich ins Wasser gleiten lassen und sterben.

Kolonisierung von Grund und Boden, Kultivierung und Disziplinierung des Ich werden bei Keller – in anachronistischer Weise psychoanalytisch lesbar – übereinandergeblendet, so dass das Niemandsland, das wüste und leere Land, sich als der Hauptakteur des Textes herausstellt. Subjekte der Handlung scheinen nicht die Figuren selbst zu sein, vielmehr ist es der Acker, der die eigentliche *agency* innehat.

Ähnliches findet sich auch in anderen Texten von Keller in etwas anderen Varianten. In »Pankraz, der Schmoller« liegt das Niemandsland nicht mitten in Seldwyla, sondern tatsächlich in der nordafrikanischen Wüste. Pankraz, der hier wenig beeindruckende Pankrator, wird von einem

---

132 Ebd., S. 76.

Löwen überrascht und steht ihm über Stunden wehrlos gegenüber. Gefangen im leeren Raum der Wüste harrt er aus, bis ein glücklicher Zufall ihm den Sieg über den Löwen beschert. Mit dem Fell über der Schulter kehrt er nach vielen Jahren dann endlich nach Seldwyla heim: Unverkennbar ist Pankraz der kleine Schweizer Bruder von Herakles, dem griechischen Helden, der als Halbgott zwischen Menschen und Göttern zu vermitteln versucht, als Held der Arbeit im 19. Jahrhundert den europäischen Mann verkörpert und als Kolonisator nicht nur Sümpfe trocken legt und Flüsse umleitet, sondern eben auch zum Mörder und Verbrecher wird.[133] Anders als in den bereits erwähnten Texten zu Herakles' Kleidertausch mit Omphale taucht er bei Keller zwar mit seinen üblichen Attributen auf, ist allerdings auch hier kein wahrer Held, sondern nur der kleine Pankraz in einer wenig überzeugenden Verkleidung.

Der Herakles-Mythos kennt unzählige Variationen und Adaptionen, nicht nur in der Literatur, sondern auch im Bereich kulturtheoretischer Reflexionen. Bei Johann Jakob Bachofen etwa wird Herakles zur Symbolgestalt spezifisch westlicher und damit männlicher Kultur, der den dekadenten und von Frauen repräsentierten Osten zu besiegen hat. »Herakles, des Weibes Besieger, fällt von Weiberhand, um alsdann, auf Oetas Höhen durch die Feuerflamme von des Stoffes Schlacken gereinigt, zur Verewigung zu gelangen.«[134]

---

133 Vgl. zu diesem Aspekt auch Friedrich Dürrenmatt, »Herkules und der Stall des Augias«, in: *Gesammelte Werke*. Stücke, hg. von Franz J. Görtz, Bd. 2, Zürich: Diogenes 1988, S. 211–319, und Heiner Müller, »Zement«, in: Ders., *Werke* 4, hg. von Frank Hörnigk, Frankfurt a. M.: Suhrkamp 2001, S. 379–467. Einmal versagt der faul und impotent gewordene Herakles angesichts des Mistberges als Arbeiter und einmal wird er als der einfache Proletarier und Dreckarbeiter um den Ruhm seiner Leistung gebracht. Vom Pathos der Arbeit ist nur noch Satire und Sarkasmus übriggeblieben.
134 Johann J. Bachofen, »Das Mutterrecht. Eine Untersuchung über die Gynaikokratie der alten Welt nach ihrer religiösen und rechtlichen Natur«, in: *Gesammelte Werke*, hg. von Karl Meuli, Bd. 3, Basel: Schwabe 1948, S. 547.

Er verlässt die Welt seiner Mutter Alkmene und geht ins Reich des Vaters ein: »Die Herstellung des Vaterrechts ist gleichbedeutend mit dem Siege des geistigen Lichtprinzips [...]«[135] – damit ist natürlich die europäische Aufklärung gemeint. Das Weibliche, der Orient, das Paradies und die Lust sind das, was es in diesem Prozess der Vervollkommnung zu besiegen, zu verdrängen und zu verarbeiten gilt. Der männliche Held, der »unversöhnliche Gegner der Weiberherrschaft«,[136] bekämpft in der dekadenten Sinnlichkeit allerdings auch einen Teil der Kultur selbst, denn, so Bachofens Formulierung: Die Herrschaft des Weiblichen vermag »[...] die Menschheit zur Hervorbringung der vergeistigten Naturidee in Poesie und Plastik zu befähigen und sie selbst der Verwirklichung des höchsten Schönheitsideals zu nähern [...]«.[137] Das Weibliche und das Sinnliche, die Kunst und die Ästhetik sind die Opfer, die der Mann dem Fortschritt zu bringen hat, so werden wir von Bachofen belehrt.

Von all dem ist in Seldwyla nicht mehr viel übrig. Dort sind die Frauen keine Opfer und die Männer keine Helden: Mutter und Schwester sind nicht mit Poesie, sondern mit Stricken beschäftigt, der Sieg über das Weibliche fällt dürftig aus und der Held kommt mit einer Zirkustruppe zusammen nach Hause, sein Löwenfell wirkt wie eine Verkleidung. Keller schreibt im »Pankraz« eine seiner vielen gescheiterten männlichen Sozialisationsgeschichten: Der Seldwyler Junge reist aus Trotz in die Welt, kommt als Soldat nach Indien und wird dort von der schönen und verwöhnten

---

135 Ebd., S. 548. Damit enthält die Heraklesgeschichte *in nuce* das Prinzip der Weltgeschichte: »Sie ist also das stoffliche weibliche, dieser das unkörperliche himmlische Lichtprinzip. Herrschte erst jenes, so obsiegt jetzt dieses und das kosmische Gesetz [...] ist in der Unterwerfung des Weibes unter den Mann auf Erden zur Verwirklichung gelangt.« Bachofen, »Das Mutterrecht«, S. 289. Die Weltgeschichte, die europäische Kultur und der Mann als solcher sind nach dem gleichen Modell verfasst.
136 Bachofen, »Das Mutterrecht«, S. 591.
137 Ebd.

Tochter seines Vorgesetzten zum Narren gehalten. Sie bringt ihm das Lesen von Dramen und Gedichten bei; er verwechselt prompt die literarischen Liebesgeschichten mit der Realität und wird selbstverständlich von Lydia – nach dem Land der antiken Omphale –, so heißt die Schönheit, verraten.[138]

Die gängige Opposition von Okzident und Orient, Mann und Frau, von Arbeit und Muse, karger Schweiz und opulentem orientalischem Leben ist bei Keller insofern leicht abgewandelt, als Lydia ja keine orientalische Prinzessin, sondern ›nur‹ die Tochter eines Offiziers der englischen Kolonialarmee ist, und auch Pankraz ist eben nicht Herakles, der sich bekanntlich aus der Sklaverei befreien kann und zu neuen Taten aufbricht. Pankraz erliegt der Verführung durch die Literatur und schleicht sich gedemütigt davon. Im kolonialen Indien an der ihm überlegenen Frau gescheitert, gelingt ihm erst angesichts eines Löwen in der Wüste von Nordafrika, mitten in kolonialen Kriegen, eine Überwindung seiner Verstocktheit. Verändert und erwachsen heimgekehrt, steht ihm dort aber keineswegs die Heldenverehrung bevor: Mutter und Schwester schlafen bei seinen Abenteuergeschichten ein. Die Novelle bietet eine Heraklesversion, die dem gar nicht unsympathischen Protagonisten nicht einmal die Rolle des erfolgreichen Erzählers der eigenen Abenteuergeschichten zugesteht und schon gar nicht den Empfang eines verlorenen Sohns.

Mutige Selbstüberwindung im Angesicht des Löwen scheint kein passendes Konzept für ein gelungenes Leben. Im Gegenteil: Im Niemandsland der Wüste, stundenlang einem riesigen Löwen gegenüberstehend, erfährt Pankraz, der Pankrator, dass er *nichts* beherrscht, dass Natur- und Selbstbeherrschung offenbar vollkommen überschätzt werden.

---

138 Im Namen »Lydia« findet sich eine Anspielung auf die lydische Königin Omphale, die im Mythos Herakles versklavt, sich in ihn verliebt, ihn zum Kleidertausch verführt und ihn letztlich so dem Spott aussetzt.

Davongerannt war er schließlich als Junge, weil er seine Herrschaftsansprüche nicht durchsetzen konnte. Dabei ging es um einen nicht unwichtigen Gebietsanspruch: Kartoffelbrei.

Die Mutter kochte nämlich jeden Mittag einen dicken Kartoffelbrei, über welchen sie eine fette Milch oder eine Brühe von schöner brauner Butter goß. Diesen Kartoffelbrei aßen sie Alle zusammen aus der Schüssel mit ihren Blechlöffeln, indem Jeder vor sich eine Vertiefung in das feste Kartoffelgebirge hinein grub. Das Söhnlein, welches bei aller Seltsamkeit in Eßangelegenheiten einen strengen Sinn für militärische Regelmäßigkeit beurkundete und streng darauf hielt, daß Jeder nicht mehr noch weniger nahm, als was ihm zukomme, sah stets darauf, daß die Milch oder die gelbe Butter, welche am Rande der Schüssel umherfloß, gleichmäßig in die abgeteilten Gruben laufe; das Schwesterchen hingegen, welches viel harmloser war, suchte, sobald ihre Quellen versiegt waren, durch allerhand künstliche Stollen und Abzugsgräben die wohlschmeckenden Bächlein auf ihre Seite zu leiten, und wie sehr sich auch der Bruder dem widersetzte und ebenso künstliche Dämme aufbaute und überall verstopfte, wo sich ein verdächtiges Loch zeigen wollte, so wußte sie doch immer wieder eine geheime Ader des Breies zu eröffnen oder langte kurzweg in offenem Friedensbruch mit ihrem Löffel und mit lachenden Augen in des Bruders gefüllte Grube. Alsdann warf er den Löffel weg, lamentierte und schmollte, bis die gute Mutter die Schüssel zur Seite neigte und ihre eigene Brühe voll in das Labyrinth der Kanäle und Dämme ihrer Kinder strömen ließ.[139]

In Indien und Afrika hat er von einer Frau und einem Löwen gelernt, auf Gebietsansprüche zu verzichten. Es ist ge-

139 Keller, »Pankraz, der Schmoller«, S. 17–18.

rade nicht Herrschaft über andere oder sich selbst, die er auf seinen Reisen erlernt hat, sondern vielmehr die Tatsache, dass man sich letztlich in die Unverfügbarkeit der Welt zu schicken hat. Die Liebe ist enttäuscht und der Löwe getötet worden. Der Kartoffelbreikolonisator hat beides überlebt. Die Wüste hat ihn nicht glücklich, aber klüger, weniger militärisch streng und dafür zum gelassenen Erzähler seines Lebens gemacht. Herrschafts- und Gebietsansprüche, so kann man festhalten, sind in Gottfried Kellers Novellen nicht nur problematisch, sondern desaströs. In der Bindung des (klein-)bürgerlichen Subjekts an Besitz und der Verbindung von Eigentum und Glück besteht der eigentliche Selbstbetrug der Seldwyler.

2 Adalbert Stifters öde Landschaften

Es ist wenig überraschend und auch entsprechend oft erwähnt, dass Adalbert Stifter in vielen seiner Texte mit narrativen Raummodellen experimentiert hat. Dazu zählen Wälder und Steppen, Hofanlagen, Straßen und Wege, auch etwa das verschneite Hochgebirge in der Novelle »Bergkristall«, in dem sich ein Geschwisterpaar an Heiligabend verirrt. Auf dem Weg von einem Dorf zum anderen übersehen sie den unter Schneemassen begrabenen Wegweiser und verlieren sich zwischen den Dörfern, aus denen jeweils Mutter und Vater stammen, so wie sie sich zwischen der Mutter- und der Vaterwelt verloren fühlen: Die Integration der Mutter in die neue Heimat ist nach der Hochzeit nicht gelungen. Die Rettung der beiden Kinder aus dem weißen Nichts stellt überraschend die Kommunikation zwischen den beiden Dörfern wieder her, als müsste erst deutlich werden, was ein gefährlich wegloser und zugleich zauberhaft verschneiter Zwischenraum alles zu leisten vermag, dass er Trennung und Verständigung zugleich bedeuten kann.

Im lebensbedrohlichen Niemandsland der Gletscherwelt überleben die Kinder durch Zufall oder durch ein Wunder: Ob es sich um ein göttliches Zeichen oder um ein Nordlicht handelt, kann und soll im Text nicht entschieden werden. »Mutter, ich habe heute nachts, als wir auf dem Berge sassen, den heiligen Christ gesehen«,[140] so lautet die Erklärung des kleinen Mädchens. Einer der Männer allerdings verlässt sich lieber auf Spuren und Indizien: »[...] [D]aß dort, wo man eben von der Säule weg geht, hin und wieder mehrere Reiserchen und Rütchen geknickt sind, wie Kinder gerne thun, wo sie eines Weges gehen – da wußte ich es [...].«[141] Die Spannung zwischen der numinosen Deutung und der rationalen Semiose von Indizien ist nicht aufzulösen, letztlich bleibt die Rettung unerklärlich. Die Gletscherwelt ist dabei nicht nur eine weiße Folie für menschliches Handeln, sondern wirkt vielmehr wie ein Mitspieler, der sich in das oft irrationale Verhalten der Menschen einmischt. Der Eindruck, der dabei entsteht, ist allerdings nicht mystisch, sondern eher ökologisch. Natur wird unmerklich vom Objekt der Kultivierung zu einer – wenn auch fremden – Art von Subjekt. Mensch und Raum beeinflussen sich nicht nur gegenseitig, sondern bedingen sich jeweils in ihrer Subjekthaftigkeit.

Die Gletscherwelt gleicht in ihrer Gefährlichkeit und Weglosigkeit der Wüste, die in Stifters Novellen auch immer wieder eine zentrale Rolle spielt. Dabei ist sie ebenfalls weniger ein leerer Containerraum, sondern viel eher selbst ein Akteur, ein Ort mit unkalkulierbarem Eigensinn, einer eigenen Sprache und einer eigenen Logik: Der Stoffhändler Abdias aus der gleichnamigen Novelle ist einer der Bewohner eines besonders unwirtlichen Niemandslandes. Die nordafrikanische Wüste ist schrecklich öde und oft gefährlich, bietet aber auch einen Schutz- und Handlungsspielraum, den er, der keine Heimat hat, dringend braucht.

140 Stifter, »Bergkristall«, S. 239.
141 Ebd., S. 237.

Mit seiner Frau lebt er in einer Höhle unter einer Ruinenstadt mitten in der Wüste:

> Tief in den Wüsten innerhalb des Atlasses steht eine alte, aus der Geschichte verlorene Römerstadt. Sie ist nach und nach zusammengefallen, hat seit Jahrhunderten keinen Namen mehr; wie lange sie schon keine Bewohner hat, weiß man nicht mehr, der Europäer zeichnete sie bis auf die neueste Zeit nicht auf seine Karten [...].[142]

Abdias hat sich nicht in einer wilden, sondern in einer *verwilderten* Gegend niedergelassen:

> Durch einen römischen Triumphbogen hindurch an zwei Stämmen verdorrter Palmen vorbei gelangte man zu einem Mauerklumpen, dessen Zweck nicht mehr zu erkennen war – jetzt war es die Wohnung Arons, des Vaters des Abdias. [...] Innerhalb des ausgebrochenen Loches führten Stufen hinab, die Simse einer dorischen Ordnung waren und in unbekannter Zeit aus unbekanntem zerstörenden Zufalle hierher gefunden hatten. Sie führten zu einer weitläufigen Wohnung hinunter, wie man sie unter dem Mauerklumpen und dem Schutte von außen nicht vermuthet hätte [...] und überall waren die vielen Päcke und Ballen und Krämereien verbreitet, daß man sah, mit welchen schlechten und mannigfaltigen Dingen der Jude Aron Handel trieb.[143]

Abdias lebt mitten in einem Durcheinander von wertlos gewordenen, zerbrochenen und nutzlosen Dingen. Seine Behausung stellt in jeder Hinsicht das Gegenteil dar zu den vielen von Stifter beschriebenen, sorgfältig gepflegten und

---

142 Stifter, »Abdias«, S. 241.
143 Ebd., S. 243.

umsichtig betriebenen Höfen, Gärten und Gütern – so z. B. im »Nachsommer«, in »Brigitta« oder auch in »Katzensilber«. Nichts ist gepflegt, nichts wird angebaut, es gibt weder Äcker noch Beete, keine Gewächshäuser, keine Pflanzen, keine Nutztiere, keine brauchbaren Geräte oder gar Kunstwerke. Im Grunde ist es keine Wohnung, sondern ein Unterschlupf, keine Natur mehr und noch keine Kultur. Es bestehen nicht einmal soziale Kontakte, denn die bergen immer Gefahren, z. B. überfallen zu werden oder sich mit schlimmen Krankheiten anzustecken: »Da er aber einmal in Odessa krank geworden war und die böse Seuche der Pocken geerbt hatte, die ihn ungestaltet und häßlich machten, verabscheute ihn Deborah, als er heimkam, und wandte sich auf immer von ihm ab [...].«[144] Von familiärem Glück in der Abgeschiedenheit kann also nicht die Rede sein und folgerichtig ist seine Emigration kein Abschied von einer Heimat, so wenig wie der Ort der Neuansiedelung je eine Heimat werden wird.

Die Ansiedelung in Österreich – dem »Vaterlande«[145] des Erzählers – ist nur möglich, weil sich ein abgelegenes Stück Land findet, das sonst niemand erwerben will:

Es liegt ein sehr vereinsamtes Tal in einem fernen und abgelegenen Teile unsers schönen Vaterlandes. Sehr viele werden das Tal nicht kennen, da es eigentlich nicht einmal einen Namen hat und, wie wir sagten, so sehr vereinsamt ist. Es führt keine Straße durch, auf der Wägen und Wanderer kämen, es hat keinen Strom, auf dem Schiffe erschienen, es hat keine Reichtümer und Schönheiten, um die Reiselust zu locken, und so mag es oft Jahrzehnte daliegen, ohne daß irgendein irrender Wanderer über seinen Rasen ginge. Aber ein sanfter Reiz der Öde und Stille liegt darüber ausgegossen [...].[146]

144 Ebd., S. 252.
145 Ebd., S. 304.
146 Ebd.

Der »Reiz der Öde« ändert sich auch nicht, nachdem Abdias dort ein Haus gebaut hat: [...] [J]etzt steht ein nettes weißes Haus auf seinem Weidegrunde und einige Hütten ringsherum, sonst ist es noch fast öde wie vorher.«[147] Abdias wandert aus von einer Öde in die andere, von einem Niemandsland ins nächste. Die Ödnis ist allerdings nicht nur trist, sie schützt ihn auch vor Ansprüchen und Vertreibung. Abdias trägt sein Niemandsland wie einen Schutzpanzer mit sich:

> Was die meisten abgeschreckt hatte, das Tal zur Wohnung zu nehmen, die Öde und Unfruchtbarkeit: das zog ihn vielmehr an, weil es eine Ähnlichkeit mit der Lieblichkeit der Wüste hatte. Vorzüglich erinnerte ihn unsere beschriebene Wiege an einen Talbogen, der im Grase Mossuls seitwärts jener Stelle herum ging, an der der Sage nach die uralte Stadt Ninive gestanden haben soll.[148]

Der Fremde bleibt zwar, aber er bleibt als ein Fremder; er ist gelitten, aber nicht integriert. Er ist nicht arm, nicht ungebildet und alles andere als ein ›Wilder‹, ganz im Gegenteil bringt er in seinem Landschaftsgedächtnis die Erinnerung an die Orte der uralten Kulturen des Zweistromlandes mit, die ihn mit den mythischen Geschichten des Alten Testaments – Ninive ist dort die dem Untergang und der Zerstörung, ja der Schändung ausgesetzte Großmacht[149] – verbinden. Dieses weitläufige, Kontinente und Generationen umspannende Gedächtnis des Abdias verhilft ihm aber zu

147 Ebd.
148 Ebd., S. 306.
149 »Siehe, ich will an dich, spricht der Herr Zebaoth; ich hebe den Saum deines Gewandes über dein Angesicht und zeige den Völkern deine Blöße und den Königreichen deine Schande. Ich werfe Unrat auf dich, schände dich und mache ein Schauspiel aus dir, dass alle, die dich sehen, vor dir fliehen und sagen: Ninive ist verwüstet; wer will Mitleid mit ihr haben? Und wo soll ich dir Tröster suchen?« (Nahum 3,5–7, in: *Die Bibel* nach Martin Luthers Übersetzung, revidiert 2017, Stuttgart: Deutsche Bibelgesellschaft 2016).

keiner Zugehörigkeit, er ist nirgends zu Hause, nicht einmal in dem Haus, das er selbst baut.

Für Abdias, den ewigen Juden, gibt es kein dauerndes Glück. Seine nach langer Krankheit von ihrer Blindheit genesene Tochter stirbt dann vollkommen unvorhersehbar an den Folgen eines Blitzschlags. Die Kontingenz des Schicksals, wie sie in den einleitenden Sätzen der Erzählung aufgerufen wird,[150] könnte nicht krasser vorgeführt werden:

Dieses war den Alten Fatum, furchtbar letzter, starrer Grund des Geschehenden, über den man nicht hinaussieht und jenseits dessen auch nichts mehr ist, so daß ihm selber die Götter unterworfen sind: uns ist es Schicksal, also ein von einer höhern Macht Gesendetes, das wir empfangen sollen.[151]

Offenbar sind beide Konzepte, Fatum und Schicksal, unbefriedigend: Die Novelle ist weder tragisch noch tröstlich, sie ist lakonisch und verweigert sich einer Entscheidung zwischen Schicksal und Fatum. Vielmehr ist es die »gelassene Unschuld« der Naturgesetze, die sich hier ausbreitet:

Aber es liegt auch wirklich etwas Schauderndes in der gelassenen Unschuld, womit die Naturgesetze wirken [...]. Denn heute kömmt mit derselben holden Miene Segen, und morgen geschieht das Entsetzliche. Und ist beides aus, dann ist in der Natur die Unbefangenheit, wie früher.[152]

150 Vgl. Stifter, »Abdias«, S. 241: »Wir wollen nicht weiter grübeln, wie es sei in diesen Dingen, sondern schlechthin von einem Manne erzählen, an dem sich manches davon darstellte und von dem es ungewiß ist, ob sein Schicksal ein seltsameres Ding sei oder sein Herz. Auf jeden Fall wird man durch Lebenswege wie der seine zur Frage angeregt: ›Warum nun dieses?‹ und man wird in ein düsteres Grübeln hineingelockt über Vorsicht, Schicksal und letzten Grund aller Dinge.«
151 Ebd., S. 240.
152 Ebd., S. 239.

Die Öde der Ruinenstädte ist der Ort, der diese gelassene Unschuld verkörpert. Die Ruinen sind gerade keine tragischen Zeichen einstiger Größe, keine Signaturen eines traurigen Schicksals, sondern nur Versteck für Aussteiger und Ausgestoßene. Ninive, Algerien und Böhmen verbindet dieselbe Ödnis, die unbebautes, ehemals bebautes, nicht mehr bebaubares, wüstes und leeres Land charakterisiert. Dieses Land lässt sich nicht in die Dichotomie von Natur und Kultur vereinnahmen. Mit einer seltsamen, nachhaltig wirkungsvollen Widerständigkeit entziehen sich diese Gegenden der eindeutigen Zuordnung und verlangen daher auch, die dort lebenden Menschen aus einer solchen Zuordnung zu entlassen. Auch sie sind nicht eindeutig fremd und doch nicht wirklich zugehörig. Das Narrativ des öden Niemandslandes hält alles in der Schwebe, öffnet aber auf diese Weise auch manchmal neue Wege. Dies wird in einigen der anderen Novellen von Stifter angedeutet: Dazu gehören »Brigitta« und die Erzählung »Granit« aus dem Zyklus *Bunte Steine*.

»Granit« beschreibt auf verschiedenen miteinander verschränkten Erzählebenen Familientragödien oder -ärgernisse, die immer im Zentrum von Haus und Hof entstehen und die man nur überleben bzw. durchstehen kann, wenn man sich zurückzieht – z. B. in den Wald –, um dort Zwistigkeiten oder auch eine große Pestepidemie zu überleben. In »Brigitta« wird eine gescheiterte Ehe wiederaufgenommen, allerdings erst, nachdem die beiden Partner geraume Zeit unweit voneinander, durch ein wüstes Gebiet getrennt, gelebt und dabei gelernt haben, sich jenseits konventioneller Rollenmodelle – fast jenseits ihrer Geschlechteridentitäten, jenseits von »Scheidung[en]«[153] – wieder zu begegnen. Die Rede ist von der ungarischen »Steppe«,[154] die nicht nur öde, sondern oft auch unheimlich – man passiert einen Galgen –

153 Simmel, »Über räumliche Projectionen socialer Formen«, S. 219.
154 Stifter, »Brigitta«, S. 417.

und gefährlich – nämlich voller Wölfe – ist. Sie bietet allerdings beiden einen Freiraum, der letztlich zu einem Neuanfang führt. Brigitta in Männerkleidern, als Chefin auf einem eigenen Hof, hat nur mitten in der Steppe genug Raum, um sich am Ende erst mit sich und dann mit ihrem Mann zu versöhnen.

Auch in Stifters Novelle »Katzensilber« geht es – wie in fast allen seinen Texten – um die Kultivierung von Raum und dessen Rückgewinnung durch die Natur bzw. um die Frage, wie kultiviert Natur überhaupt sein kann.[155] Auf den ersten Seiten von »Katzensilber«[156] lesen wir langwierige und ausführliche Beschreibungen einer gesamten Hofanlage im

---

155 Vgl. Gerhard Plumpe, »Zyklik als Anschauungsform historischer Zeit«, in: Jürgen Link (Hg.), *Bewegung und Stillstand in Metaphern und Mythen: Fallstudien zum Verhältnis von elementarem Wissen und Literatur im 19. Jahrhundert*, Stuttgart: Klett-Cotta 1984, S. 201–222; Wolfgang Preisendanz, »Die Erzählfunktion der Naturdarstellung bei Stifter«, in: *Wirkendes Wort* 16 (1966), S. 407–418; Helena Ragg-Kirkby, »›Eine immerwährende Umwandlung der Ansichten‹: Narrators and their Perspectives in the Works of Adalbert Stifter«, in: *Modern Language Review* 95 (2000), S. 127–143; dies., »›So ward die Wüste immer größer‹: Zones of Otherness in the Stories of Adalbert Stifter«, in: *Forum for Modern Language Studies* 35 (1999), S. 207–222; Isolde Schiffermüller, »Die Provokation des Unzeitgemäßen: Adalbert Stifter in der sprachphilosophischen Diskussion der Moderne«, in: Maria L. Roli (Hg.), *Adalbert Stifter. Tra filologia e studi culturali*, Mailand: CUEM 2001, S. 195–207; Winfried G. Sebald, *Die Beschreibung des Unglücks. Zur österreichischen Literatur von Stifter bis Handke*, Frankfurt a. M.: Fischer 1994.
156 Vgl. dazu Milan Uhde, »Adalbert Stifter. Nachbarschaft, Zusammenhänge, Verfehlungen«, in: Lachinger (Hg.), *Adalbert Stifter 2000: »Grenzüberschreitungen«*, Linz: Adalbert-Stifter-Institut des Landes Oberösterreich 2004, S. 9–15; Sven Halse, »Begegnungen mit ›dem großen Anderen‹. Fremderfahrung und kulturelle Identität in Stifters ›Bunten Steinen‹«, in: *Stifter-Jahrbuch* 15 (2008), S. 9–22; Stefani Kugler, »Katastrophale Ordnung. Natur und Kultur in Adalbert Stifters Erzählung ›Katzensilber‹«, in: Ulrich Kittstein (Hg.), *Poetische Ordnungen. Zur Erzählprosa des deutschen Realismus*, Würzburg: Königshausen & Neumann 2007, S. 121–141; Regina Pintar, »Die ›Domestizierung‹ der Wildheit in Adalbert Stifters Erzählungen ›Katzensilber‹ und ›Der Waldbrunnen‹«, in: Herwig Gottwald (Hg.), *Adalbert Stifter*, Innsbruck: Studien-Verlag 2005, S. 63–72;

Gebirge, vom Bau der verschiedenen Gewächshäuser, vom Pfropfen der Obstbäume, von Terrassenanlagen und Windschutz etc. Kontrastiert wird dies durch die Erzählungen von der wilden Berglandschaft rund um den Hof. Einmal treffen die Kinder der Familie bei einem Ausflug in die Berge dann ein ›braunes‹ Mädchen in Jungenkleider, das nicht spricht und sich kaum nähert. Ähnlich wie Brigitta trägt auch diese Bewohnerin wilder Gegenden Männer- und keine Frauenkleider. Sie bewegt sich in einem Niemandsland zwischen den Geschlechtern und auf der Schwelle zwischen wilder Natur und disziplinierter Kultivierung. In dem Moment, in dem sie sich auf ein Leben in der Zivilisation festlegen soll, zerreißt das lose Geflecht an Bindungen. Eine magische Zugehörigkeit zur Natur setzt sich durch und suggeriert eine »Dialektik der Aufklärung«: Die österreichische Pocahontas entzieht sich der Heirat und verschwindet in den Wäldern.[157]

Die Kolonisierung von Naturräumen wird hier parallelisiert mit der von Menschen – vor allem von Frauen.[158] Der Assimilierungsprozess vom Essen über die angemessene Kleidung, Sprache, Lektüre und Einbindung ins soziale Leben bleibt ambivalent, da er zwar eine tiefe, ja lebensrettende Freundschaft zwischen den Kindern stiftet und doch Zwang, Missverständnisse, Entfremdung und am Ende eine

Juliane Vogel, »Stifters Gitter. Poetologische Dimensionen einer Grenzfigur«, in: Sabine Schneider (Hg.), *Die Dinge und die Zeichen*, S. 43–58.
157 Vgl. z. B.: Brent Berlin, Paul Kay, *Basic color terms: Their universality and evolution*, Berkeley: University of California Press 1969; Hans-Peter Duerr, *Traumzeit. Über die Grenze zwischen Wildnis und Zivilisation*, Frankfurt a. M.: Syndikat 1977; Tim Ingold (Hg.), *Key debates in anthropology*, New York: Routledge 1996, besonders S. 99–146; James Smith (Hg.), *After modernity? Secularity, globalization and the re-enchantment of the world*, Waco, Texas: Baylor University Press 2008; Tania S. Lima, »Towards an ethnographic theory of the nature/culture distinction in Juruna cosmology«, in: *Brazilian Review of social Science*, Special issue 1 (2000), S. 43–52.
158 Vgl. Klaus Theweleit, *Der Pocahontas Komplex*, Bd. 1, *PO: Pocahontas in Wonderland. Shakespeare on Tour*, Frankfurt a. M., Basel: Stroemfeld 1999.

Katastrophe hervorbringt. Das braune Mädchen hatte sich in ihrem Niemandsland zwischen Mann und Frau, Kind und Erwachsener, Bergen und Hof gut eingerichtet. Eine Festlegung auf den Raum der Ehe und den Ort der Familie hat dieses sensible Gleichgewicht zerstört.

Die von Katastrophen – Schneestürmen, Pest, Pocken, Wölfen und Vertreibung – heimgesuchten Menschen in Stifters Geschichten suchen nach Wegen und Auswegen aus einem Schicksal, das sie unerwartet trifft und dem sie nichts entgegenzusetzen haben. Umsichtige Planung und kluge Vorbereitung sind Makulatur angesichts dessen, was als Fatum gilt, aber offenbar nichts ist als eben Natur. Überraschenderweise bieten nicht die eingefriedeten Höfe und wohlbestallten Häuser Schutz vor dieser unerbittlichen Natur, vielmehr sind es die schwer zu definierenden, nicht recht eingrenzbaren und unkultivierbaren Übergangszonen, die Wüsten und öden Gegenden, in denen es sich – wenigsten zeitweise – gut leben oder wenigstens überleben lässt. Häuser und Höfe, gut eingefriedete Gärten und wohl bestellte Plantagen stehen in Stifters Texten für eine trügerische Sicherheit, sie sind Orte der – oft emotionalen – Enttäuschung, nicht selten werden sie zur Falle. Die Räume zwischen Wildnis und Zuhause dagegen versprechen nicht nur Abwechslung und neue Begegnungen, sondern auch gerade so viel Spielraum, dass man dort den vielen, überall drohenden Gefahren ausweichen kann.

3 Theodor Storms Niemandsland auf dem Deich

Als typisches Niemandsland kann auch – wie der verunkrautete Acker bei Gottfried Keller – der Deich gelten, von dessen Bau und Erhaltung man in Theodor Storms Novelle »Der Schimmelreiter« erfährt. Wieder handelt es sich um eine Kolonisierungsgeschichte, in der es nun aber nicht um die *line in the soil*, die Furche im Boden, die durch das Land gezogene Grenze geht, sondern vielmehr um eine Grenze, die einen eigenen Ort hat, ein Ort *ist*: Der Deich ist Ergebnis eines technischen Eingriffs in die Natur, trennt landwirtschaftlich genutzte Flächen und den Ozean und doch ist er – anders als es eine Staumauer wäre – selbst noch Teil der Natur: Der Deich ist zugleich ein Weg, eine Straße, Grün- und Weideland.

Die scheinbar allgemeine, umfassende und quasi natürliche Trennung in kultiviertes Land und wüste Gebiete, Kultur und Natur, erweist sich selbst als das Ergebnis kultureller Operationen, als eine spezifisch europäische Trennung, die aus der universalen Erfahrung technischer, wirtschaftlicher und militärischer Vorherrschaft hervorgegangen ist. Während Wilhelm Dilthey in den 80er Jahren des 19. Jahrhunderts an einer Systematik des Wissens feilt,[159] schreibt Storm zeitgleich an einer Novelle, die das Unbehagen an diesen Versuchen artikuliert. In Storms Novelle werden die großen Trennungen von Natur und Kultur, Moderne und Vormoderne, Technik und Religion buchstäblich unterhöhlt, durchlöchert und weggespült.

Der Protagonist der Novelle, Hauke Haien, hat sich mit Hilfe seiner Ausbildung, seines Wissens und seiner Arbeit aus einer inferioren gesellschaftlichen Position herausgearbeitet. Er lernt erst lesen, dann Euklid verstehen, dann selbst mathematische Berechnungen anstellen. Sein Aufstieg, sein Ausgang aus der unaufgeklärten Unmündigkeit ist ein sozialer, nicht nur ein materieller. Er verbindet – wie jeder nachhaltig erfolgreiche Aufstieg – kulturelles, soziales und ökonomisches Kapital. Die eigentlichen Hindernisse für ein geglücktes Leben ergeben sich dann allerdings aus anderen Zusammenhängen: Sein nach langer Ehe spät geborenes und einziges Kind ist krank und ein Sorgenfall.

---

159 Vgl. Wilhelm Dilthey, »Einleitung in die Geisteswissenschaften. Versuch einer Grundlegung für das Studium der Gesellschaft und Geschichte«, in: *Gesammelte Schriften*, Bd. 1, Leipzig: Duncker & Humblot 1983.

Sein technisches Wissen sieht sich zudem überraschend in Konflikt mit einem anderen Typus von Wissen, mit einem Wissen, das man üblicherweise als Aberglauben bezeichnet. Der Konflikt spaltet die dörfliche Gemeinschaft.

Es handelt sich beim Aberglauben – wie bei der Magie – letztlich weniger um ein Glaubens- als um ein Wissenssystem, das nicht mit naturwissenschaftlichen Methoden beschreibbar und nicht mit den Naturgesetzen kompatibel ist. Neben dem üblichen Alltagsaberglauben fällt unter dieses andere Wissen vor allem die Annahme von Sphären und Kräften, die man nicht sehen oder physikalisch nachweisen kann. Auch die Kommunikation mit unsichtbaren oder verstorbenen Wesen gehört in den Bereich des Aberglaubens oder des Magischen, wobei die Grenzen zu religiösem Glauben, Spiritualität oder Superstition nicht genau festzulegen sind. Aberglaube, magisches Wissen, Kommunikation mit überirdischen Wesen etc. gelten daher meist als Formen vormodernen Wissens, das mit der Aufklärung obsolet geworden ist und nur noch als historisches Relikt der Kulturgeschichte zu behandeln wäre.[160] »Aufklärung«, so formuliert Immanuel Kant programmatisch in seiner *Kritik der Urteilskraft*, ist die »Befreiung vom Aberglauben.«[161] Das »Bedürfnis von andern geleitet zu werden«[162] widerspräche diametral dem aufklärerischen Anspruch an eine autonome Urteilsfindung durch ein souveränes Subjekt. Magisches Denken dagegen sei ebenso heteronom wie obsolet.[163]

---

160 Vgl. Karl-Heinz Göttert, *Magie. Zur Geschichte des Streits um die magischen Künste unter Philosophen, Theologen, Medizinern, Juristen und Naturwissenschaftlern von der Antike bis zur Aufklärung*, München: Fink 2001.

161 Immanuel Kant, »Kritik der Urteilskraft« [1790], in: Ders., *Schriften zur Ästhetik und Naturphilosophie*, hg. von Manfred Frank und Véronique Zanetti, Bd. 3, Frankfurt a. M.: Deutscher Klassiker Verlag 1996, § 40, S. 640 (Hervorhebung i. Orig.).

162 Ebd.

163 Vgl. ebd.: »Der Hang zur letztern, mithin zur Heteronomie der Vernunft, heißt das *Vorurteil*; und das größte unter allen ist, sich die

Allerdings hat das magische Denken auch seine Verteidiger. Gotthilf Heinrich von Schubert etwa besteht auf einer Kontinuität des Wissens, die von den Völkern der »alten Welt«[164] bis in eine ferne Zukunft reichen soll, wobei man – vor allem mit Hilfe eines Magnetiseurs – »ein[en] Blick in das verborgene Innere der Gedanken der Natur und des Menschen«[165] werfen könne. Hier, so scheint es, wird gerade das Heteronome des Wissens, das eher den alten Völkern als einem Individuum zugehörig ist, zum Vorteil. Entscheidend für die Rolle und Funktion von Aberglaube, Magie und Zauberei ist also, ob sie als falsches Wissen oder als anderes Wissen qualifiziert werden. Diese Diskussion setzt sich bis in die Moderne fort: Im Zuge einer kritischen Debatte über die Funktion und Leistung der Magie, die Anfang des 20. Jahrhunderts von Ethnologen, Philosophen und auch Psychologen bzw. Psychoanalytikern geführt wird, wird die Funktion und Bedeutung von magischen Ritualen und übersinnlichen Erfahrungen diskutiert: Magisches Denken wird insbesondere im Zuge der Reflexion auf fremde Kulturen neu bewertet. Die Reflexionen über Magie, Fetischismus, Spiritualismus und Aberglaube bekommen dann eine kulturkritische Funktion, da sie abendländisches, aufklärerisches, naturwissenschaftliches Wissen kontextualisieren und nicht selten sogar relativieren.[166] Entsprechend werden hier schon Kritiker des modernen Fortschrittsdenkens laut. Paradigmatisch formuliert etwa Ludwig Wittgenstein: »So einfach es klingt: der Unterschied zwischen Magie und Wissenschaft kann darin ausgedrückt werden, daß es in der Wissenschaft

Naturregeln, welche der Verstand ihr durch ihr eigenes wesentliches Gesetz zum Grunde legt, als nicht unterworfen vorzustellen: d. i. der Aberglaube.«
164 Gotthilf H. Schubert, *Ansichten von der Nachtseite der Naturwissenschaft* [1808], Dresden: Arnold ³1827, S. 10.
165 Ebd., S. 5.
166 Vgl. auch Robert Stockhammer, *Zaubertexte. Die Wiederkehr der Magie und die Literatur 1880–1945*, Berlin: Akademie-Verlag 2000.

einen Fortschritt gibt, aber nicht in der Magie. Die Magie hat keine Richtung der Entwicklung, die in ihr selbst liegt.«[167]

Diese Beobachtung ist entscheidend für die Einschätzung des Konflikts zwischen Hauke Haien und den anderen Dorfbewohnern: Es geht um die Bewertung des Fortschritts bzw. seiner notwendigen Koppelung mit der Moderne und dem westlichen Denken. Die Spannung entlädt sich, als der junge Deichgraf die Arbeiter dabei ertappt, als sie in seinem gut berechneten Damm einen Hund opfern wollen. Er versucht, sie daran zu hindern und den Hund zu retten:

> Eine Hand schlug sanft auf seine Schulter, als wäre es die Hand des alten Jewe Manners; doch als er umsah, war es nur ein Freund des Alten. »Nehmt Euch in Acht, Deichgraf!« raunte der ihm zu, »Ihr habt nicht Freunde unter diesen Leuten; laßt es mit dem Hunde gehen!«[168]

Denn die Männer sind sich einig darin, dass der Deich nur hält, wenn »was Lebiges«[169] eingemauert wird. Auf die entsetzte Gegenfrage von Hauke: »Was Lebiges? Aus welchem Katechismus hast du das gelernt?«,[170] reagiert der Arbeiter unwirsch:

> »Aus keinem, Herr!« entgegnete der Kerl, und aus seiner Kehle stieß ein freches Lachen; »das haben unsere Großväter schon gewußt, die sich mit Euch im Christentum wohl messen durften! Ein Kind ist besser noch; wenn das nicht da ist, tut's auch ein Hund!«[171]

167 Ludwig Wittgenstein, »Bemerkungen über Frazers Golden Bough«, in: Ders., *Vortrag über Ethik und andere kleine Schriften*, hg. von Joachim Schulte, Frankfurt a. M.: Suhrkamp 1989, S. 37.
168 Storm, *Der Schimmelreiter*, S. 721.
169 Ebd, S. 722.
170 Ebd.
171 Ebd.

Die Begegnung mit dem Magischen – das hier in seiner unerhörtesten Form als Menschenopfer auftritt –, gilt in der anbrechenden Moderne als Begegnung mit dem genuin Fremden, mit all dem, was in der Moderne keinen Platz mehr hat.[172] Eine Generation später formuliert Aby Warburg die tiefe Irritation, die den modernen Menschen angesichts von magischem Denken erfasst:

> Indem der Jäger oder Ackerbauer sich maskiert, d.h. nachahmend in die Jagdbeute – sie sei nun Tier oder Korn – hineinschlüpft, glaubt er, durch geheimnisvolle mimische Verwandlung vorgreifend zu erzwingen, was er gleichzeitig durch nüchterne, tagwache Arbeit als Jäger und Bauer ebenfalls zu erreichen trachtet. Die soziale Nahrungsmittelfürsorge ist also schizoid: Magie und Technik stoßen hier zusammen.[173]

Ähnlich könnte man die Situation am Deich beschreiben: Die Männer bauen nach physikalischen Regeln einen Damm und opfern einen Hund, ja, sie wären bereit, ein Kind zu opfern. Sie sind den Warburg'schen Pueblo-Indianern eindeutig näher verwandt als Hauke Haien, dem Nachfahren von Kant. Es ist die Gleichzeitigkeit, die Warburg fasziniert und die auch er als einen Widerspruch gegen simplifizierende Formen der Kulturgeschichtsschreibung anführt.

> Uns erscheint das Nebeneinander von fantastischer Magie und nüchternem Zwecktun als Symptom der Zerspaltung; für den Indianer ist es nicht schizoid, im Gegenteil, ein befreiendes Erlebnis der »schrankenlosen Beziehungsmöglichkeit« zwischen Mensch und Umwelt.[174]

---

172 Vgl. Bruno Latour, *Wir sind nie modern gewesen. Versuch einer symmetrischen Anthropologie*, Frankfurt a. M.: Suhrkamp 1998.

173 Aby Warburg, *Schlangenritual. Ein Reisebericht*, mit einem Nachwort von Ulrich Raulff, Berlin: Wagenbach 1992, S. 24–25.

174 Ebd., S. 10 bzw. S. 54; vgl. dazu Erhard Schüttpelz, *Die Moderne im*

Schizoid sind die Indianer und die Friesen also nur aus einem spezifischen Blickwinkel, der Wissen kategorisch in modern und nicht modern, Menschen in gesund und krank einteilt.

Hauke Haien stirbt bei dem Versuch, seine Familie zu retten, und wird zum Gespenst. Als Totengeist gehört er nun ausgerechnet einem magischen Zwischenreich an, unerlöst und untot. Er erscheint manchen Reisenden in stürmischen Nächten auf seinem Pferd, an dem Ort zwischen Meer und Land, dem Deich. Unklar bleibt dabei, ob es sich um die Erzählungen böser Zungen, die Gesichte abergläubischer Bauern, poetische Erfindungen oder Halluzinationen kranker Hirne handelt. Die Rache des magischen Denkens am aufklärerischen Willen zur Einteilung der Welt und zur Kolonisierung der Natur, zur mathematischen Grenzziehung, scheint jedenfalls die Verbannung ins Niemandsland zwischen Sein und Schein, Wasser und Land, Licht und Dunkelheit, Geist und Materie, Realität und Erzählung zu sein.

Der Deichbau und seine fatalen Folgen erinnert an Goethes Faust und seine Landgewinnungsmaßnahmen, aber durchaus auch an Kellers Bauern und an Stifters Gutsherren. Alle diese fleißigen, meist gut ausgebildeten, sogar oft klugen Männer haben sich der Ordnung verschrieben: »The primordial scene of the *nomos* opens with a drawing of a line in the soil.«[175] Was ihnen allen als Ordnung, Fortschritt und Gesetz erscheint, erweist sich im Laufe der Geschichten als unzuverlässig, unbrauchbar, ja sogar falsch, gewalttätig und grausam.

Die Linien werden oft wieder verwischt, Grenzen wuchern zu und statt der Eindeutigkeit des Nomos, der Teilung von mein und dein, finden sich die Figuren in öden

Spiegel des Primitiven. Weltliteratur und Ethnologie 1870–1960, München: Fink 2005.
175 Vismann, »Starting from Scratch«, S. 46; vgl. Eric J. Leed, *No Man's Land. Combat and Identity in World War I*, Cambridge, New York: Cambridge University Press 1979.

oder verunkrauteten Niemandsländern wieder, in denen sie – je nach Charakter und Anlagen – gut überleben oder als Gespenster stranden.

Warum sich in literarischen Texten diese Skepsis gegen das Funktionieren des Nomos – oder einer bestimmten Geste des Nomos – so deutlich artikuliert, ist allerdings mit dieser Diagnose noch nicht geklärt. Schließlich handelt es sich nicht um naive Texte, die einer Art kreativen, fröhlichen Unordnung das Wort reden. Im Gegenteil handelt es sich um politisch nicht nur gut informierte, sondern auch engagierte Texte.

So ist es wahrscheinlicher, dass es sich um eine literarische Auseinandersetzung mit dem Nomos und zugleich mit der Sprache des Nomos handelt. Schließlich ist das Ziehen einer Linie nicht nur eine Geste, die Grund und Boden aneignet, sondern auch eine, die für die Differenzen zwischen Begriffen, Wörtern, Zeichen und damit Bedeutungen verantwortlich ist. Je schärfer die Abgrenzung, desto klarer die Bedeutung und desto besser das Funktionieren von Sprache und Kommunikation, so ist man gehalten zu denken. Unscharfes, Diffuses wäre in erster Linie defizitär und im Grunde immer dazu angetan, ersetzt zu werden.

Aber »[...] kann man ein unscharfes Bild immer mit Vorteil durch ein scharfes ersetzen? Ist das unscharfe nicht oft gerade das, was wir brauchen?«,[176] so argumentiert Ludwig Wittgenstein in seinen *Philosophischen Untersuchungen*. Die berühmt gewordenen Paragraphen führen an der hier zitierten Stelle den Begriff der »Familienähnlichkeit« ein und plädieren für ein Kategorisierungsverfahren, das mit unscharfen Grenzen operiert. »Wie ist denn der Begriff des Spiels abgeschlossen? Was ist noch ein Spiel und was keines mehr? Kannst Du die Grenzen angeben? Nein. Du kannst welche *ziehen*: denn es sind noch keine gezogen.«[177]

---

176 Wittgenstein, *Philosophische Untersuchungen*, § 71, S. 60.
177 Ebd., § 68, S. 58.

Wittgenstein argumentiert in diesem Sinne auch gegen Logiker wie Gottlob Frege, der behauptet, ein unklar abgegrenzter Bezirk sei gar kein Bezirk. »Wenn Einer eine scharfe Grenze zöge, so könnte ich sie nicht als die anerkennen, die ich schon immer ziehen wollte, oder im Geiste gezogen habe. Denn ich wollte gar keine ziehen.«[178]

Es ist bei Wittgenstein die Grenzziehung selbst, die nicht selten diejenigen philosophischen, methodischen und sogar praktischen Probleme erst generiert, die sie vorgibt zu lösen. »Die Ergebnisse der Philosophie sind die Entdeckung irgendeines schlichten Unsinns und Beulen, die sich der Verstand beim Anrennen an die Grenzen der Sprache geholt hat.«[179]

In den literarischen Texten, die hier untersucht werden, haben die Verfechter des Nomos, die Kolonisatoren und Usurpatoren, aber auch diejenigen, die im guten Sinne Ordnung schaffen, Schutzwälle bauen und Gemeinschaften schützen, am Ende alle mehr oder weniger große Beulen am Kopf. Es ist der irrationale Glauben an die Rationalität des Nomos, dem sie alle – auf eine oft unheimliche Weise – anhängen und der sich als gefährlich erweist.

Die Anerkennung von Niemandsländern, ihre Bewohnbarkeit und ihre Möglichkeiten zu prüfen, ist also ein Anliegen, das sich nicht nur auf sozialer und auch politischer Ebene abtragen lässt, sondern es ist direkt auf die Leistung von Sprache und vor allem auch literarischer Sprache bezogen. Wer klare Begriffe und eindeutige Definitionen grundsätzlich für die überlegene Art des Denkens und Sprechens hält, macht kapitale Fehler mit schwerwiegenden Folgen.

---

178 Ebd., § 76, S. 62. Die hier kurz angerissene Debatte prägt die philosophischen Diskussionen des 20. Jahrhunderts nachhaltig und kann hier nicht ausführlich vorgestellt werden. Bis hin zur Frage, ob es so etwas Paradoxes wie eine *fuzzy logic*, eine unklare Logik, geben kann (was heute niemand mehr leugnen würde), zieht sich die Auseinandersetzung damit bis in die Gegenwart.

179 Ebd., § 119, S. 81.

Dabei übersehen die hier verhandelten Texte nie die Gefahren und Fallen, die sich ergeben können, die Schwierigkeiten, die aus allem Diffusen entstehen können, die sich allerdings niemals lösen lassen durch das willkürliche Ziehen von Grenzen. Denn was im ersten Moment beruhigen mag und Sicherheit bzw. Nomos und Klarheit verspricht, stellt sich auf den zweiten Blick als Anlass zu Streit, Krieg und Feindschaft heraus. Kaum ein Text kann genau dies so irritierend und erhellend zugleich zeigen wie Franz Kafkas »Beim Bau der chinesischen Mauer«.

1 Franz Kafkas Grenzwüsten

Kafkas Bauten, seine Zimmer, Schlösser, Höhlen, Dachböden und Kathedralen ebenso wie entsprechend dazu
Türen, Tore, Mauern, Fenster und Schwellen sind in den
verschiedensten Kontexten und unter unterschiedlichsten
Blickwinkeln Teil einer langen Interpretationsgeschichte
geworden.[180] Man kann einen Großteil seiner Texte einem
topologischen Narrativ zuordnen, das die Instabilität, Opa-
zität und Willkürlichkeit von Abgrenzungen, Zugängen
und Ausgängen auslotet. Dabei vermessen viele Texte einen

---

180 Vgl. The Kafka Society of America, »Tropology of Space: Exploring
the Geopolitical Map in Kafka's Parables«, in: *Journal of the Kafka Society
of America: New International Series* 25/1–2 (2001), S. 17–25; David R.
Ellison, »Proust and Kafka: On the Opening of Narrative Space«, in: *MLN*
101/5 (1986), S. 1135–1167; Jakob Lothe, »Space, Time, Narrative: From
Thomas Hardy to Franz Kafka and J. M. Coetzee«, in: Attie De Lange et al.
(Hg.), *Literary Landscapes: From Modernism to Postcolonialism*, New York:
Palgrave Macmillan 2008, S. 1–18; Roman Karst, »Franz Kafka: Word –
Space – Time«, in: *Mosaic: An Interdisciplinary Critical Journal* 3/4 (1970),
S. 1–13; Rosemarie Zeller, »Bemerkungen zur Semantik des Raums im
Werk von Proust, Musil, Kafka«, in: Roger Bauer, Douwe Fokkema (Hg.),
*Proceedings of the XIIth Congress of the International Comparative Literature
Association (Munich 1988) / Actes du XIIe Congrès de l'Association Internati-
onale de Littérature Comparée (Munich 1988) / Akten des XII. Weltkongresses
der Association Internationale de Littérature Comparée (München 1988)*, Band
3: *Space and Boundaries. Espace et frontières*, Iudicium Verlag 1990, S. 38–42;
Hans G. Ruprecht, »L'Espace-temps de la parabole: Borges et Kafka«, in:
Roger Bauer, Fokkema *Space and Boundaries. Espace et frontières*, S. 191–199;
Leopold Federmaier, »Das leere Zentrum der Macht: Kubins ›Andere Seite‹
und Kafkas ›Schloss‹«, in: *Weimarer Beiträge: Zeitschrift für Literaturwissenschaft, Ästhetik und Kulturwissenschaften* 58/2 (2012), S. 181–194; Katrin
Dennerlein, »Die Zerstörung des idealen Habitats als unerhörte Begeben-
heit. Eine Auslegung von Franz Kafkas Erzählung ›Der Bau‹ ausgehend
von einer narratologischen Analyse des Raumes«, in: Dorit Müller, Julia
Weber (Hg.), *Die Räume der Literatur.* Exemplarische Zugänge zu Kafkas
Erzählung ›Der Bau‹, Berlin: De Gruyter 2013, S. 153–177.

familialen oder individuellen Raum, in dem eine – oft die väterliche – Autorität als unheimliche Instanz die Legitimität der Gemeinschaft stiftet bzw. stiften sollte. Das gilt für die großen Romane, aber auch für kleinere Texte, wie etwa »Die Sorge des Hausvaters« (1919). Wenige Texte dagegen befassen sich mit großen Gemeinschaften, mit »Völkern« oder Gruppen. »Beim Bau der chinesischen Mauer« (1917/31) ist darunter wohl der Text, der am deutlichsten die Spuren einer politischen und kulturtheoretischen Reflexion erkennen lässt, die direkt auf die Entstehungszeit, den Ersten Weltkrieg, die russische Februarrevolution, die Konflikte im österreichischen Kaiserreich und die zionistische Bewegung verweist.[181]

In »Die Sorge des Hausvaters« (1919) treibt ein lebendiges Ding, eine Art Spule, sein Unwesen. Das Etwas hält sich abwechselnd auf dem Dachboden, im Treppenhaus, auf den Gängen, im Flur auf, also an typischen Zwischenorten, die nicht wirklich bewohnt und eingerichtet werden, sondern eher als Passagen und Übergänge dienen: »Manchmal ist er monatelang nicht zu sehen; da ist er wohl in andere Häuser übersiedelt; doch kehrt er dann unweigerlich wieder in unser Haus zurück.« Auf die Frage: »Und wo wohnst du?‹ antwortet das lebendige Ding: ›Unbestimmter Wohnsitz‹.«[182] Der »unbestimmte Wohnsitz« kennzeichnet Odradek, das spulenartige Ding, als Fremden, als Wohnsitzlosen, als nicht Sesshaften, als Nomaden. Allerdings als einen solchen, der immer wiederkommt, also ein Fremder ist, der »heute kommt und morgen bleibt.«[183] Diese Art

181 Michael Niehaus, »Das Imperium im Herzen«, in: Martin Doll, Oliver Kohns (Hg.), *Figurationen des Politischen*, Paderborn: Fink 2016, S. 51–73.
182 Franz Kafka, »Die Sorge des Hausvaters«, in: Ders., *Schriften, Tagebücher, Briefe. Kritische Ausgabe* [Drucke zu Lebzeiten], hg. von Wolf Kittler, Hans-Gerd Koch und Gerhard Neumann, Frankfurt a. M.: Fischer 1994, S. 282–284, S. 282 f.
183 Simmel, »Exkurs über den Fremden«, S. 764.

von Mitbewohner löst bei Kafkas Hausvater eine ähnliche »Sorge« aus wie der schwarze Geiger bei Gottfried Kellers Bauern. Die Sorge bezieht sich auf den Status des Dings als Ding, das nicht nur fremd im Haus, sondern auch fremd in allen Kategorien ist: Es ist lebendig, aber kein Lebewesen, aus Holz und doch zu sprechen in der Lage, lebendig, aber nicht sterblich. In Kafkas Text wird deutlich, dass die Fragen nach Besitz und Eigentum, Haus und Hof, fremd und eigen auch diejenigen nach Leben und Überleben implizieren.

> Vergeblich frage ich mich, was mit ihm geschehen wird. Kann er denn sterben? Alles, was stirbt, hat vorher eine Art Ziel, eine Art Tätigkeit gehabt und daran hat es sich zerrieben; das trifft bei Odradek nicht zu. Sollte er also einstmals etwa noch vor den Füßen meiner Kinder und Kindeskinder mit nachschleifendem Zwirnsfaden die Treppe hinunterkollern? Er schadet ja offenbar niemandem; aber die Vorstellung, daß er mich auch noch überleben sollte, ist mir eine fast schmerzliche.[184]

Während bei Keller die Eigentumsstreitigkeiten Tod und Untergang nur mittelbar zur Folge haben, ist bei Kafka von Anfang an klar, dass es ums Überleben geht. Wer sein Eigentum nicht schützen kann, ist gefährdet.

Das lebendige Ding, Odradek, gehört im wahrsten Sinne des Wortes zu den »Mobilia«, den beweglichen Dingen im Leben der Menschen, die ihnen als Werkzeuge dienen, als Gegenstände zur Verfügung stehen sollten. Dieses »Mobilium« macht sich seine Fähigkeit zunutze und verschafft sich Zugang zur Immobilie der Familie, zum Haus des Vaters, das dadurch seine unheimliche Durchlässigkeit, seine mangelnde Sicherheit offenbart. Der Herr im eigenen Haus beherrscht sein Territorium nur eingeschränkt und in jeder

---

184 Kafka, »Die Sorge des Hausvaters«, S. 284.

Hinsicht ist das Eindringen des Dings ins Haus des Vaters eine Verletzung aller nur möglichen Grenzen: Der Grenze zwischen mein und dein, rechtmäßig und unrechtmäßig, fremd und eigen, tot und lebendig. Schließlich scheint es so, dass Odradek nicht in den Niemandsländern der Häuser lebt, sondern dass dort, wo er auftaucht, alles zum unbeherrschbaren Niemandsland wird.

Die Sorge des Hausvaters findet ein Echo in der Geschichte »Der Bau«, wo die Sorge vor Eindringlingen zur absurden Motivation des Bauens wird. Ähnlich wie in »Beim Bau der chinesischen Mauer« wird der Versuch, das eigene Territorium gegen Feinde zu schützen, zum Anlass und Grund des eigenen Untergangs. »Beim Bau der chinesischen Mauer« (1917) erzählt die Geschichte eines mehr oder weniger gescheiterten Bauprojekts emphatisch und durchaus affirmativ aus der Perspektive des leitenden Ingenieurs. Die Mauer wird angeblich gebaut, um das chinesische Volk vor den Angriffen der nomadisierenden »Nordvölker«[185] zu schützen. Das Projekt stellt sich allerdings im Laufe der Geschichte als irrational heraus: Wie alle Mauern zieht auch diese die Probleme an, statt sie auszuschließen, die nomadisierenden Nordvölker werden erst in der Bauphase zu Feinden, die Mauer selbst wird nie fertig, das Konzept immer unklarer, der Auftraggeber ist verschwunden. Das Reich ist so groß, dass keiner weiß, wie der Kaiser heißt, ob er lebt, welche Dynastie regiert und wer das Sagen hat.

Die Mauer wird in einer Öde gebaut, die ein typisches Niemandsland ist und genau die Funktion erfüllt, die Georg Simmel sich von einer Grenzwüste erwartet, es geschieht nichts und die Feinde sind weit. Zerstört man die Balance, entstehen die Konflikte:

---

185 Franz Kafka, »Beim Bau der chinesischen Mauer«, in: *Nachgelassene Schriften und Fragmente* I, hg. von Malcolm Pasley, Frankfurt a. M.: Fischer 1993, S. 337–361, hier S. 338.

Diese in öder Gegend verlassen stehenden Mauerteile können immer wieder leicht von den Nomaden zerstört werden, zumal diese damals, geängstigt durch den Mauerbau, mit unbegreiflicher Schnelligkeit wie Heuschrecken ihre Wohnsitze wechselten und deshalb vielleicht einen besseren Überblick über die Baufortschritte hatten als selbst wir, die Erbauer.[186]

»Öde« wie die Gegenden offenbar immer waren, sind sie unbelebt, unbebaut, im eigentlichen Sinne unkultiviert.[187] Die Nordvölker sind aufgeschreckt und werden erst gefährlich, seit es den Mauerbau überhaupt gibt und ein homogenes, sich chinesisch fühlendes, chinesisches Volk gibt es auch erst, seit es die Grenze zu den Nicht-Chinesen gibt. Die Volksgemeinschaft, die sich wie eine große Familie verwandt wähnt, ist eine imaginäre Gemeinschaft, eine *imagined community*:

[J]eder Landmann war ein Bruder, für den man eine Schutzmauer baute, und der mit allem, was er hatte und war, ein Leben lang dafür dankte. Einheit! Einheit! Brust an Brust, ein Reigen des Volkes, Blut nicht mehr eingesperrt im kärglichen Kreislauf des Körpers, sondern süß rollend und doch wiederkehrend durch das unendliche China.[188]

So entsteht Gemeinschaft, die ihre Entstehung im Entstehen selbst leugnet und sich durch das ›schon immer‹ selbst als Ursprung setzt. Es geht dabei um einen weitgehend irrationalen Sicherheitsdiskurs, einen problematischen Volksgemeinschaftsbegriff, um die Ästhetik der Masse, um

186 Kafka, »Beim Bau der chinesischen Mauer«, S. 338 f.
187 Vgl. Michel Foucher, *Fronts et Frontières, un tour du monde géopolitique*, Paris: Fayard 1988.
188 Kafka, »Beim Bau der chinesischen Mauer«, S. 342.

Opferbereitschaft, aber auch um Aggression, Unterwerfung, Macht und Gehorsam.[189]

Es ist, als wäre viel vernachlässigt worden in der Verteidigung unseres Vaterlandes. Wir haben uns bisher nicht darum gekümmert und sind unserer Arbeit nachgegangen; die Ereignisse der letzten Zeit machen uns aber Sorgen [...]. Kaum öffne ich in der Morgendämmerung meinen Laden, sehe ich schon die Eingänge aller hier einlaufenden Gassen von Bewaffneten besetzt. Es sind aber nicht unsere Soldaten, sondern offenbar Nomaden aus dem Norden. Auf eine mir unbegreifliche Weise sind sie bis in die Hauptstadt gedrungen, die doch sehr weit von der Grenze entfernt ist.[190]

So lauten die ersten Sätze des Fragments »Ein altes Blatt«, das zum selben Konvolut gehört wie »Beim Bau der chinesischen Mauer«.[191] Auch hier versagen die Autoritäten:

Der kaiserliche Palast hat die Nomaden angelockt, versteht es aber nicht, sie wieder zu vertreiben. Das Tor bleibt verschlossen; die Wache, früher immer festlich ein- und ausmarschierend, hält sich hinter vergitterten Fenstern. Uns Handwerkern und Geschäftsleuten ist die Rettung des Vaterlandes anvertraut; wir sind aber

189 Vgl. Joseph Vogl, *Ort der Gewalt. Kafkas literarische Ethik*, München: Fink 1990.

190 Franz Kafka, »Ein altes Blatt«, in: *Gesammelte Werke*, hg. von Max Brod, Frankfurt a. M.: Fischer 1946, S. 155–158, S. 155.

191 Vgl. Marek Nekula, »Kafkas ›organische‹ Sprache: Sprachdiskurs als Kampfdiskurs«, in: Manfred Engel, Ritchie Robertson (Hg.), *Kafka, Prag und der Erste Weltkrieg / Prague and the First World War*, Würzburg: Königshausen & Neumann 2012, S. 237–255; Achim Küpper, »Franz Kafka, die Schrift und das Nomadische«, in: *Nahe Ferne – ferne Nähe. Zentrum und Peripherie in deutschsprachiger Literatur, Kunst und Philosophie*, Tübingen: Franke/Narr/Attempto 2017, S. 85–102.

einer solchen Aufgabe nicht gewachsen; haben uns doch auch nie gerühmt, dessen fähig zu sein.[192]

Die Gesellschaft ist offenbar dysfunktional, die Nomaden wurden durch den Palast angelockt und nicht von der Mauer abgehalten. Sowohl Zentrum als auch Peripherie bzw. Grenze verfehlen jeweils ihre Funktion. »Die Grenzziehung, an der die Frage nach Gemeinschaft zwischen Nicht-Existenz und Niedergang akut wird, ist daher doppelter Natur. Sie betrifft den Bruch zwischen dem unvermessenen Land und dem in sich gegliederten und angeeigneten Territorium ebenso wie denjenigen, der den unartikulierten Schrei der Natur von der artikulierten Sprache trennt. An der Grenze des Ursprungs, der reinen Präsenz, bedeutet diese Verräumlichung (des Landes, der Artikulation) den Beginn der Gesellschaft«, so formuliert Joseph Vogl in seiner Arbeit über Kafkas topologische Dichtung. »Die erste Grenze, die das Land durchschneidet und den Laut aus sich heraus und die Differenz in sich treten lässt, ist der Anfang einer symbolischen – und das heißt auch – politischen Ordnung [...].«[193]

Abgrenzen ist nicht nur eine territoriale, sondern auch eine symbolische Geste. Mit ihr wird Kultur von Natur und das eine Wort vom anderen getrennt. Die Differenz schafft Bedeutung und doch wird deutlich, dass sie genau dies nicht wirklich leistet: Die Grenzen sind durchlässig und die Bedeutungen offenbar unzuverlässig. »Diese systematische Verknüpfung von Territorialität und Code, die den Grenzraum zwischen Kultur und Natur zugleich setzt und schwinden lässt und Rousseau zu einem ersten Zeugen strukturalistischer Ethnologie und politischer Anthropologie werden ließ«, erzeugt auch die Problematik zwischen einer »sich selbst gegenwärtigen Gemeinschaft« und einem

192 Kafka, »Ein altes Blatt«, S. 157.
193 Vogl, *Ort der Gewalt*, S. 203.

»entfremdeten Gesellschaftszustand[]«.[194] Grenzen und Mauern halten nicht, was sie versprechen – aber ohne Grenzen, so scheint es, geht es auch nicht: Ein Zusammenleben mit Nomaden ist unmöglich: »[S]prechen kann man mit den Nomaden nicht. Unsere Sprache kennen sie nicht, ja sie haben kaum eine eigene. Untereinander verständigen sie sich ähnlich wie Dohlen.«[195]

Die unzivilisierten Banden aus der Wüste sprechen eine Vogelsprache, sind also den Tieren verwandt und irgendwie auch dem Autor bzw. seinem Namen verbunden – »Kavka«, der Name des Autors, bedeutet im Tschechischen »Dohle«. Für den Schuster, der die Geschichte erzählt, bleiben sie kulturlose und gefährliche Rohfleischesser und Bewohner öder Gegenden, wilde Tiere. Das Versagen von Grenzen, Mauern und Differenzen wird dem Schuster und seinen Genossen zum Verhängnis: »Ein Mißverständnis ist es; und wir gehen daran zugrunde.«[196]

Die Erzählung vom »Bau der chinesischen Mauer« findet sich allerdings mit den Aporien des Schusters bzw. der Architektur nicht ab. Sie umgeht einfach alle unbeantwortbaren Fragen, verliert sie aus den Augen, mäandert und schweift ab, von der Mauer ist bald nicht mehr die Rede. Der Duktus des Erzählens ändert sich, es geht nicht mehr um Fundamente, Steine und Mörtel, sondern um Flussläufe und Überflutungen: »Die Grenzen, die meine Denkfähigkeit mir setzt, sind ja eng genug, das Gebiet aber, das hier zu durchlaufen wäre, ist das Endlose.«[197] Die Gedanken des Ingenieurs wandern vom Technischen ins Politische, ins Historische, ins Geographische und dann ins Narrative. Allmählich wird erkennbar, dass Zentrum und Peripherie, die sich gegenseitig bedingen, schützen und unterstützen sollten, Chimären sind, aus der Zeit gefallen, in

---

194 Ebd., S. 204.
195 Kafka, »Ein altes Blatt«, S. 156.
196 Ebd., S. 158.
197 Kafka, »Beim Bau der chinesischen Mauer«, S. 346.

Vergessenheit geraten, im kollektiven Imaginären des Volkes nur noch als Erzählungen lebendig. Die ganze Situation scheint plötzlich eher eine ironische zu sein: »Nun gehört zu unseren allerundeutlichsten Einrichtungen jedenfalls das Kaisertum. In Peking natürlich, gar in der Hofgesellschaft, besteht darüber einige Klarheit, wiewohl auch diese eher scheinbar als wirklich ist.«[198] Alles wird immer diffuser, angebliche Klarheiten stellen sich als Selbsttäuschungen oder als kulturelle Mythen heraus. Dem Ingenieur wird im Laufe seiner Erzählung wider Willen immer deutlicher, »dass kollektive Identität eine unaufhebbar uneindeutige und vage Angelegenheit ist«.[199] Die Erzählung illustriert, wie sich Kulturen selbst opak sind und dass im Zentrum der Gesellschaft und der kollektiven Identität ein »leerer Signifikant« – der Kaiser –, ein *empty signifier* steht – etwas, das auf nichts Konkretes verweist und dem »gerade wegen seiner Unbestimmtheit jeder mögliche Sinn zugewiesen werden kann.«[200] Man könnte die These von Bernhard Giesen zuspitzen und sagen: Sinn *kann* nicht nur zugewiesen werden, sondern er *muss* es auch und dies bedeutet, dass der Rückgriff auf das Imaginäre und seine Narrative eine Notwendigkeit und ein Bedürfnis darstellt, das zu erfüllen der Kafka'sche Ingenieur bemüht ist. »Alle sozialen Beschreibungen beruhen auf imaginären Erfindungen, was jedoch nicht heißt, dass sie nur Einbildungen und damit nicht real wären. Gerade weil uns die kollektive Identität grundsätzlich verschlossen ist, ist sie uns permanent zur Aufgabe gemacht.«[201] Das ständige Erzählen und Wieder-

---

198 Ebd., S. 349.

199 Bernhard Giesen, Robert Seyfert, »Kollektive Identität«, in: bpb.de, aus: Politik und Zeitgeschichte 13–14 (2013) (online unter https://www.bpb.de/apuz/156774/kollektive-identitaet?p=all, abgerufen am 1.10.2019); vgl. auch Bernhard Giesen, *Kollektive Identität. Die Intellektuellen und die Nation 2*, Frankfurt a. M.: Suhrkamp, 1999.

200 Giesen, Seyfert, *Kollektive Identität*, o. S.

201 Ebd.

erzählen alter und neuer Mythen lässt uns zu »fabulieren-
den Wesen« werden.[202]

So fabuliert der Erzähler auch weiter und gerät vom Narrativ der Grenzen und Zentren, der Sicherheit und Gemeinschaft fast unmerklich in ein anderes hinein. Es entsteht
eine andere topologische Formation, die Grenzen gar nicht
kennt, deren Konturen ebenso diffus sind wie ihre innere
Organisation. Der Ich-Erzähler verliert seinen technokrati-
schen Ernst, beginnt aus seinem eigenen Leben zu berichten: Notizen aus der Provinz und vom Leben der kleinen
Leute, das funktioniert, ohne dass man weiß, warum. Sie
leben ohne Bedrohung und auch offenbar fast ohne Regierung, »ein gewissermaßen freies, unbeherrschtes Leben.«[203]
Es ist kein ungeregeltes Leben und auch kein primitives:

> Keineswegs sittenlos, ich habe solche Sittenreinheit, wie
> in meiner Heimat, kaum jemals angetroffen auf mei-
> nen Reisen. – Aber doch ein Leben, das unter keinem
> gegenwärtigen Gesetze steht und nur der Weisung und
> Warnung gehorcht, die aus alten Zeiten zu uns herüber-
> reicht.[204]

Kohäsion und Zusammenhang entstehen nicht durch Blutsverwandtschaft, auch nicht durch bedrohte Sicherheit. Sie
sind ebenso locker wie ungefährdet. »Um so auffälliger ist
es, daß gerade diese Schwäche eines der wichtigsten Eini-
gungsmittel unseres Volkes zu sein scheint; ja, wenn man
sich im Ausdruck soweit vorwagen darf, geradezu der Boden, auf dem wir leben.«[205] Wem dieser Boden gehört und
wie er aufgeteilt ist, diese Frage stellt sich hier nicht. Das
Leben in Kafkas Provinz scheint bodenständig, unspekta-
kulär und zufrieden. Es verläuft unter dem Radar der Mäch-

202 Ebd.
203 Kafka, »Beim Bau der chinesischen Mauer«, S. 302.
204 Ebd.
205 Ebd., S. 303.

tigen und verlässt sich auf Prinzipien, die sich narrativ stabilisieren. Das Leben steht unter keinem Gesetz, sondern folgt Regeln. Die Unterscheidung von Gesetzen und Regeln ist charakteristisch für das gesamte Werk von Kafka, wobei das Gesetz immer ein Ungetüm ist, fern, fremd, bedrohlich und vor allem menschenfeindlich. Regeln dagegen sind als Lebensregeln auf den Alltag der Menschen bezogen, haben eine gewisse Dehnbarkeit, lassen sich anpassen und werden vor allem nicht mit drakonischen Strafen sanktioniert. Das Gesetz ist abstrakt, allgemein, unwandelbar und numinos. Es ist göttlich, natürlich oder schlimmer noch: väterlich. Regeln dagegen sind plural, konkret, sozial, flexibel und kommunikativ. Die Provinz lebt von Geschichten und nicht in Parzellen. Herrschaft und Machtstrukturen bleiben hier diffus und bedeutungslos. Die Bewohner sind daher auch kaum in der Lage, zwischen fremd und zugehörig zu unterscheiden. Das Unabgegrenzte, Undefinierte, das Undifferenzierte und das Vage lassen etwas wie eine elastische Stabilität entstehen. Man vermutet eine Art von Freiheit mittlerer Reichweite, eine, die – wie die Legitimation der Regeln – unterhalb des theoretisierbaren Niveaus bleibt.

Es handelt sich bei diesem Topos einer Provinz, die zugleich innerhalb und doch jenseits von Herrschaft liegt, nicht nur um einen Kommentar zu politischen Themen der Nachkriegszeit, zu Nationalismus, Zionismus und modernen Staatengebilden, zu Vertreibung und Diskriminierung, sondern auch um einen Kommentar zu der Frage von Differenzen und Differenzierung ganz allgemein: Es gibt Räume, die zugleich innerhalb und außerhalb der Grenze liegen und sich der Dynamik von Zentrum und Peripherie entziehen können, wo sich private und politische Streitigkeiten umgehen lassen und man auf jede Art von Fundamentalismus verzichtet. Kafkas Provinz im südöstlichen China ist ein überraschend glückliches Niemandsland.

Kracauers Text »Abschied von der Lindenpassage«[206] ist über zehn Jahre nach Kafkas »Beim Bau der chinesischen Mauer« entstanden und lässt die politische Signatur der Reflexion auf Räume, Grenzen und Besitzverhältnisse und auf städtische Niemandsländer deutlicher hervortreten. Auch einige von Kracauers anderen »Straßenbildern« würden sich eignen, über Niemandsländer nachzudenken. So ist etwa »Erinnerung an eine Pariser Straße« eine Reminiszenz an eine Straße, die auf unheimliche Weise einen eigenen Willen zu haben scheint, denn Kracauer empfand: »Die Straße, in der ich mich befand, gab mich nicht frei«.[207] Ausdrücklich von einem »Niemandsland« ist bei Kracauer bei der Beschreibung des Berliner Alexanderplatzes die Rede; dort befindet sich inmitten des brausenden Verkehrs ein Rondell: »Autos, Autobusse, Lastwagen, Passanten: Alle umkreisen diese grüne Rasenfläche, die wie ein Niemandsland daliegt [...]«. Das Rondell ist zugleich das Zentrum des Verkehrs und doch herrscht dort eine zauberhafte Leere. »Den unaussprechlichen Frieden, den sie ausströmt, können auch die gelben Straßenbahnen nicht stören. Im Gegenteil, indem sie ohne Aufenthalt über das Rondell hinwegrauschen, vertiefen sie nur den Eindruck, dass es ein Naturschutzpark ist.«[208] Für Kracauer ist nur noch das wirklich geschützt, was vergessen und übersehen wird, aus dem individuellen und kollektiven Gedächtnis gestrichen ist und sich an den übersehenen Orten, den Rändern und in den Katakom-

---

206 Siegfried Kracauer, »Abschied von der Lindenpassage«, in: Ders., *Schriften*, hg. v. Inka Mülder-Bach, Frankfurt a. M.: Suhrkamp 1990, Bd. 5,2, S. 260–265.
207 Siegfried Kracauer, »Erinnerung an eine Pariser Straße«, in: Ders., *Gesammelte Werke*, Bd. 5,3 (Aufsätze 1932–1965), hg. von Inka Mülder-Bach, Frankfurt a. M.: Suhrkamp 1990, S. 358–364, S. 360.
208 Siegfried Kracauer, »Der neue Alexanderplatz«, in: Ders., *Gesammelte Werke*, Bd. 5,3, hg. von Inka Mülder-Bach, Frankfurt a. M.: Suhrkamp 1990, S. 150–154, S. 152.

ben der Städte und des Unbewussten eingenistet hat. Bei Kracauer werden die Städte Paris und Berlin zu den bevorzugten Großräumen, in denen sich Niemandsländer finden. Sie gleichen dabei in vielem den *terrains vagues*, die sich seit der französischen Romantik vor allem im Weichbild von Paris auffinden lassen und eine bedeutende Konjunktur in der französischen Literatur entfaltet haben.[209]

Terrains vagues sind zunächst das Gebiet, das jenseits des Pariser Stadtwalls, der heutigen Stadtautobahn *peripherique*, als unbebaute militärische »Grenzwüste« dienen sollte: Es ist die so genannte »Bann-Meile«, die Banlieue von Paris. Dieses Gelände beschreibt Victor Hugo Mitte des 19. Jahrhunderts ausführlich als einen Ort des Dazwischen, der »amphibischen« Charakter habe.[210] Seit den 20er Jahren wird diese Zone zu einer Ikone der modernen Photographie und des Films, die man nicht nur von Eugène Atgets Serie »Zoniers« (1913),[211] sondern auch von Robert Doisneau[212] und Jacques Tatis »Mon Oncle« (1958) und zudem von zahlreichen anonymen Photographen kennt.[213] Die politischen Dimensionen, die den »amphibisch«-ambivalenten Charak-

209 Vgl. dazu Jacqueline M. Broich, Daniel Ritter (Hg.), *Die Stadtbrache als »terrain vague«. Geschichte und Theorie eines unbestimmten Zwischenraums in Literatur, Kino und Architektur*, Bielefeld: transcript 2017; Wolfram Nitsch, »Terrain vague. Zur Poetik des städtischen Zwischenraums in der französischen Moderne«, in: *Comparatio* 5 (2013), S. 1–18.
210 Vgl. dazu Nitsch, »Terrain vague«, S. 11; Victor Hugo, *Les misérables*, hg. v. Maurice Allem, Paris: Gallimard 1951 [1862], S. 595.
211 Mitte der zwanziger Jahre wurde Atget von jungen Avantgardekünstlern entdeckt. Man Ray erwarb etwa vierzig Aufnahmen und veröffentlichte 1926 vier von ihnen in *La Révolution surréaliste*. Die amerikanische Photographin Berenice Abbott kaufte 1927 etwa 1.500 Negative und 10.000 der im Atelier verbliebenen Abzüge und brachte sie in die USA.
212 Vgl. etwa *La poterne des peupliers* (1934).
213 Vgl. die Ausstellung »La Zone« in der Galerie Lumière des Roses, vgl. Jean-Fabien Leclanche, »L'histoire des bidonvilles autour de Paris racontée à travers des photos d'amateurs« (online unter https://www. enlargeyourparis.fr/culture/lhistoire-des-bidonvilles-autour-de-paris-racontee-avec-des-photos-damateurs, abgerufen am 2.4.2020).

ter einer elenden Zone voller Freiräume und Spielplätze betont, sind nun deutlich zu erkennen. Der französische Philosoph Philippe Vasset beschreibt sie – nicht unkritisch – als »zones vouées à la pure potentialité«, als Möglichkeitszonen.[214] Diese Möglichkeitszonen wandern im Laufe des 20. Jahrhunderts von der Peripherie in die Zentren, durchlöchern diese Zentren und stellen sie in Frage.

Auch bei Kracauer finden sich neben den soziologischen und politischen Implikationen wissenspoetische oder auch epistemologische Fragen, die oft anhand von topologischen Mustern erörtert werden. Deutlicher noch als in anderen hier schon besprochenen Texten wird bei Kracauer die Frage nach brauchbaren und angemessenen Kategorien des Wissens am Modell einer Raumtheorie bzw. einer Raumpoesie verhandelt, wobei es letztendlich um eine Verräumlichung von Zeitstrukturen, also von Geschichte und Gedächtnis geht. Grenzen und Abgrenzungen gelten für ihn als Operationen kultureller Setzungen und zugleich als Operationen von Sprache und Denken; sie sind jeweils ebenso notwendig wie problematisch.

Die Lindenpassage, die Kracauer nur noch aus der Erinnerung beschreibt, ist ein Ort mitten im Zentrum der Großstadt Berlin und doch hat sie den Charakter einer Peripherie: »Sie beherbergte[] das Ausgestoßene und Hineingestoßene, die Summe jener Dinge, die nicht zum Fassadenschmuck taugten.«[215] Ähnlich wie bei Kafka findet sich die Peripherie auch hier immer genau an den Stellen, an denen man das Zentrum vermuten würde, denn genau dort nistet sich das ein, was man eigentlich ausschließen möchte. Die Auslagen der Läden in der Passage dienen »körperlicher Notdurft« und der »Gier nach Bildern«.[216] Es finden sich hier alte Brillen, Briefmarken, Reisebüros,

214 Philippe Vasset, *Un livre blanc. Récit avec cartes*, Paris: Fayard 2007, S. 61. Zit. n. Nitsch, »Terrain vague«, S. 4.
215 Kracauer, »Abschied von der Lindenpassage«, S. 260.
216 Ebd., S. 261.

Pornographisches, Anatomiemuseen, Andenkenläden und ein Weltpanorama:

> Was die Gegenstände der Lindenpassage einte und ihnen allen dieselbe Funktion zuerteilte, war ihre Zurücknahme von der bürgerlichen Front. Man exekutierte sie, wenn es möglich war, und konnten sie nicht ganz zerstört werden, so wies man sie doch aus und verbannte sie ins innere Sibirien der Passage.[217]

Die bürgerliche Welt wird durch ein Terrorregime regiert, das nur überlebt, weil es alles Unliebsame in die Verbannung – eben nach Sibirien – schickt oder in Ghettos wegsperrt. Die Passage ist ein Ort des Überlebens, ein Schutzraum, eine Zone, die – wenigstens für eine bestimmte Zeit – der Kontrolle und der Macht entzogen ist. In diesem Niemandsland mitten in der Stadt lässt man sich in Ruhe, kann man in Ruhe pornographische Bilder anschauen, in Ruhe nichts tun, in Ruhe schlendern, flanieren[218] und träumen. Weder ganz öffentlich noch vollkommen privat lässt sie sogar Intimes – Begegnungen, Blicke oder Treffen – zu, ohne dass man Sanktionen zu fürchten hätte. In diesem – relativ – gewalt- und machtfreien Raum entwickelt sich ein seltsames Verhältnis zwischen Menschen und Dingen, das für Walter Benjamin das typische Leben in den Passagen ausmacht: Hier, in ihren »trüben verschmutzten Spiegeln tauschen die Dinge den Kaspar-Hauser-Blick mit dem Nichts«.[219]

---

217 Ebd.: »Hier aber rächten sie sich am bürgerlichen Idealismus, der sie unterdrückte, indem sie ihre geschändete Existenz gegen seine angemaßte ausspielten. Erniedrigt, wie sie waren, gelang es ihnen, sich zusammenzuscharen und im Dämmerlicht des Durchgangs eine wirksame Protestaktion gegen die Fassadenkultur draußen zu veranstalten. Sie stellten den Idealismus bloß und entlarvten seine Produkte als Kitsch.«
218 Vgl. dazu Harald Neumeyer, *Der Flaneur. Konzeptionen der Moderne*, Würzburg: Königshausen & Neumann 1999, S. 363 ff.
219 Walter Benjamin, *Das Passagen-Werk, Gesammelte Schriften*, Bd. V, 2,

Die Passage könnte man als typischen modernen *Non-lieu*[220] oder als Heterotopos verstehen. Beides trifft aber die Funktion dieser Orte nicht genau, sie sind weder anonyme Durchgangsorte postmoderner Entfremdung noch Gegen-Welten einer alltäglichen Normalität. Kracauers Passagen sind vielmehr ein ironischer Kommentar zur Ordnungs- und Klassifikationswut der Moderne, die er schlicht für faschistisch hält. Die Passage stellt die Frage, wie wir erkenntnistheoretisch – und moralisch – mit dem umgehen, was sich nicht auf den Begriff bringen lässt: Was machen wir mit der Sprache der Dinge, die vielleicht der Kafka'schen Dohlensprache der Nordvölker gleicht?

Kracauer hat sich bis zu seinem Tod mit dem Problem von Wahrnehmung, Ausschließung, Grenzziehung, Aufmerksamkeit, Klassifikation und Bezeichnung intensiv auseinandergesetzt. Seine Frau bittet in einem Brief vom 30. März 1968 Hans Blumenberg um eine Erklärung einiger englischer Notizen aus dem Nachlass Kracauers, die er für seine unvollendete Geschichtsphilosophie angelegt hatte: »Prof. Blumenberg has etablished a principle of the economy of intention. According to this principle, the intensive attention we pay to one problem precludes our close investigation of others.« Blumenberg antwortet Lili Kracauer am 16. April: Er habe mit Kracauer in diesem Zusammenhang die Husserl'sche Idee einer »erfüllten Anschauung« diskutiert und kritisiert. Sie sei ihnen als »hypertrophe Unendlichkeitszumutung erschienen«. Statt einer »erfüllten« Anschauung scheint Kracauer eher eine Form der »flüchtigen«, »migrierenden«, »exterritorialen« Anschauung zu favorisieren.[221]

Es geht ihm immer wieder – konkret wie in der »Linden-passage« und in seinem Roman *Ginster* und abstrakter wie

hg. von Hermann Schweppenhäuser u. Rolf Tiedemann, Frankfurt a. M.: Suhrkamp 1991, S. 672.
220 Marc Augé, *Orte und Nicht-Orte. Vorüberlegungen zu einer Ethnologie der Einsamkeit*, Frankfurt a. M.: Fischer 1994.
221 Die Originale der Briefe befinden sich im DLA in Marbach/Neckar.

in seiner Geschichtstheorie – um Gebiete, die jenseits von bzw. zwischen Begrenzbarkeiten liegen, um Räume, die zugleich Peripherie und Zentrum sind, um Orte, die zugleich Zeitlichkeit markieren. In seinem 1928 erschienenen Kriegsroman *Ginster* hat Kracauer seinen Protagonisten selbst wie einen Chronotopos gestaltet.[222] »Ginster« heißt die Hauptperson ja bekanntlich nach der Pflanze, die an Bahndämmen wächst, an den Orten, die keiner sieht, den Brachlandschaften der Großstädte, den Niemandsländern der modernen Welt. Sie sind Orte des Überlebens, weil über sie hinweggesehen wird: Sie liegen im wahrsten Sinne des Wortes nicht in der Schusslinie, denn Ginster etwa überlebt den Ersten Weltkrieg, weil er in seinem persönlichen Niemandsland einfach übersehen wird.

Jenseits dieser Überlebensstrategien von Menschen und Dingen haben die Niemandsländer eine wissensgeschichtliche Funktion. Dort, wo sich diejenigen aufhalten, die übersehen werden (wollen oder sollen), hat auch derjenige seinen Ort, der zu lernen hat, nicht nur das zu sehen, was offensichtlich ist. Der Historiker, so Kracauer in *Geschichte – Vor den letzten Dingen*, lebt im »fast vollkommenen Vakuum der Exterritorialität«, dem »wahren Niemandsland«.[223] Kracauers Historiker ist nicht nur unparteiisch im Sinne von Georg Simmels Niemandslandbewohner jenseits der Scheidungen, sondern er ist auch geschult in der Aufgabe, für andere nicht sichtbare Phänomene, Zeichen, Dinge und Menschen zu bemerken, und zwar weil er nicht exakt fokussiert, weil er mehr sieht, als er sehen will. »Nur in diesem Zustand der Selbstvertilgung oder Heimatlosigkeit kann der Historiker mit dem betreffenden Material kommunizieren [...]«.[224] Die Kommunikation mit dem »Material« setzt eine spezifische Des-Identifikation voraus.

222 Siegfried Kracauer, *Ginster. Von ihm selbst geschrieben*, Frankfurt a. M.: Suhrkamp 1990, S. 230 f.
223 Kracauer, »Geschichte – vor den letzten Dingen«, S. 85.
224 Ebd. Er zitiert dort Schopenhauer, um die besondere Form der

Kafkas Schuster etwa ist viel zu sehr Chinese, um die Sprache der Nomaden als solche zu erkennen. Als Historiker – und man darf voraussetzen, dass Kracauer das auch für Ethnologen angenommen hätte –, ist man aber gehalten, auch die Sprachen der Tiere und die Blicke der Dinge als solche zu erkennen und zu dokumentieren.[225] Um eine derartige Haltung zu gewinnen, muss man sich besonderen Konditionen aussetzen. Für Kracauer ist es der Aufenthalt im Niemandsland der historischen Exterritorialität.

Kracauer verweist in dem Passagen-Text ausdrücklich auf das Projekt seines Freundes und Kollegen Walter Benjamin. Präziser als Benjamin es allerdings formuliert, kann Kracauer zeigen, in welcher Weise die Passage mit ihren Bewohnern nicht nur – gegen alle Chronologie – historische Gleichzeitigkeit markiert, sondern einen Raum generiert, in dem eine bestimmte Haltung, eine Form des Wissens, besser: ein Habitus des Wahrnehmens möglich wird. In den Passagen hat sich nicht nur die Vergangenheit eingenistet, sondern sie sind vielmehr der Beweis dafür, dass die Vergangenheit gar nicht vergangen ist: »Wir selber begegnen uns als Gestorbene in dieser Passage wieder.«[226] Niemandsländer sind immer auch die Orte für die Untoten, die Bewohner des Elysiums, die Tannhäuser, die Schimmelreiter, Odradeks, Homos und die Passagen-Passanten. Letztlich haben also alle diese Niemandsländer nicht nur Teil an einer Verwischung der Grenzen zwischen Dingen und Menschen

Betrachtung zu illustrieren: »Vor ein Bild hat sich jeder hinzustellen, wie vor einen Fürsten, abwartend, ob und was es zu ihm sprechen werde; und, wie jenen, auch dieses nicht selbst anzureden: Denn da würde er nur sich selbst vernehmen.«
225 Vgl. Martin Seel, »Wie phänomenal ist unsere Welt?«, in: Ders., *Paradoxien der Erfüllung. Philosophische Essays*, Frankfurt a. M.: Fischer 2006, S. 171–189: »Die Welt übersteigt unsere geistigen Fähigkeiten auf eine mal erstaunliche und mal erschreckende Weise […,] wir können uns weder theoretisch noch ästhetisch die Beruhigung verschaffen, dass alles, was es gibt, in unsrer oder sonst einer Ordnung ist.« (Ebd., S. 189)
226 Kracauer, »Abschied von der Lindenpassage«, S. 265.

und Tieren, sondern auch an der Infragestellung der einen
großen Grenze, der zwischen Tod und Leben.

3 Robert Musils Bergstollen im Grenzland zwischen Leben und Tod

Die Ambivalenz von Sensibilisierung und Indifferenz, Lebenserfahrung und totalem Selbstverlust wird in vielen Texten Musils immer wieder verhandelt.[227] Zwei Texte eignen sich für den hier vorgestellten Zusammenhang besonders gut, beide sind an der Peripherie des österreichischen Reiches angesiedelt, im bergigen Grenzgebiet zu Italien, das im Ersten Weltkrieg heftig umkämpft war: »Die Amsel« und »Grigia«. Die Novelle »Grigia« wurde 1924 mit zwei weiteren Erzählungen zu einem Zyklus zusammengefasst.[228]

---

227 Hier könnte man auch Musils ersten Roman *Die Verwirrungen des Zöglings Törleß* heranziehen: Das Internat selbst in der öden Weite der böhmischen Steppe, die Dachkammer in der Schule oder auch das Zimmer der Prostituierten Bozena haben allesamt etwas von Niemandsländern, weit entfernt, übersehen und vergessen. Sie bieten auf gefährliche und faszinierende Weise Möglichkeiten, Grenzen zu überschreiten, Normen zu brechen und Erfahrungen zu machen, die andere Orte nicht bieten. (York-Gothart Mix, »Männliche Sensibilität oder die Modernität der Empfindsamkeit. Zu den Leiden des jungen Werther, Anton Reiser, Buddenbrooks und den Verwirrungen des Zöglings Törleß«, in: Karl Eibl (Hg.), *Empfindsamkeit*, Hamburg: Meiner 2001, S. 191–208; Matthias Luserke-Jaqui, »›Dieses grausame, entartete, wilde Geschlecht‹. Über die literarische Darstellung der Schule als Ort männlicher Sozialisation«, in: Karin Tebben (Hg.), *Abschied vom Mythos Mann. Kulturelle Konzepte der Moderne*, Göttingen: Vandenhoeck & Ruprecht 2002, S. 49–64.
228 Anders als im Novellenband »Vereinigungen« von 1911 wird in »Drei Frauen« aber gerade nicht aus der Perspektive der Frauen erzählt, sondern ganz im Gegenteil bleiben die Frauen der erzählenden Stimme fremd, es dominiert eine Außenperspektive, die den Frauen etwas Rätselhaftes verleiht. Dabei sind die Novellen eher konventionell erzählt, enthalten genaue Raum- und Zeitangaben und realistische Beschreibungen von Landschaften, Arbeitsalltag und Bevölkerung. »Die Erzählungen enthalten klar konturierte Dialoge (in »Grigia« unter

Die Tendenz dieser Erzählungen ist eher realistisch, und so spielen auch »Krieg, innereuropäischer Kolonialismus, die Welten des Geschäftslebens und der Wissenschaft sowie familiäre Strukturen«[229] eine große Rolle. Zudem lassen sich in »Grigia«, wie die Literaturwissenschaft ausführlich dokumentiert und kommentiert hat, auch biographische Übereinstimmungen finden. Weder Orts- noch Personennamen sind geändert.

Im Ersten Weltkrieg ist Musil in Südtirol und an der italienisch-serbischen Front stationiert. Mit der Kriegserklärung Italiens am 23. Mai 1915 wird die Landsturm-Infanterieeinheit 169 zum Kampfeinsatz verlegt. Es geht von Pergine, das am Eingang des Fersentals liegt, in die Ortschaft Palai am Talende. Hier lernt er die Bäuerin Lena Maria Lenzi kennen. Musil scheut sich nicht, die Identität seiner Sommerliebe in der Novelle preiszugeben: »Sie hieß Lene Maria Lenzi; das klang wie Selvot und Gronleit oder Malga Mendana, nach Amethystkristallen und Blumen, er aber nannte sie noch lieber Grigia, mit langem I und verhauchtem Dscha, nach der Kuh, die sie hatte, und Grigia, die Graue, rief.«[230]

Der Protagonist der Novelle geht als Geologe mit einer wissenschaftlichen, aber wenig überzeugend organisierten Expedition nach Tirol, um dort in alten, aufgelassenen Stollen Gold zu finden; das gelingt nicht. Er beginnt während

Einbeziehung des regionalen Dialekts) sowie starke Konturierungen des Raumes und seiner realen wie symbolischen topologischen Beschaffenheit (in »Grigia«, aber auch in »Die Portugiesin«, und vor allem in den ersten Abschnitten von »Tonka«, in denen die Lebenswelt der Titelfigur räumlich verortet wird). Dies legt eine realistische‹ bzw. referentielle Lesart der drei Erzählungen gegenüber den stärker artistisch-selbstreferentiellen *Vereinigungen* nahe.« (Wolfgang Müller-Funk, »*Drei Frauen* (1924)«, in: Birgit Nübel, Nobert C. Wolf (Hg.), *Robert-Musil-Handbuch*, Berlin, Boston: De Gruyter 2016, S. 199–224, S. 200).
229 Ebd.
230 Robert Musil, »Grigia«, in: Ders. *Gesammelte Werke*, Bd. 2, hg. von Adolf Frisé, Reinbek bei Hamburg: Rowohlt 2000, S. 234–251, S. 245.

dieser vergeblichen Suche mit einer der – verheirateten – Bäuerinnen im Tal eine Affäre. Sein Name, Homo, deutet an, dass es sich bei aller sonstigen historischen Exaktheit, insbesondere auch der Namen von Orten, Bäuerinnen, Soldaten und Expeditionsteilnehmern, hier eher um einen – wenn auch wenig subtilen – Hinweis auf die gleichnishafte Rolle des Protagonisten handelt. Homo ist dabei der *Mann*, der im Fersental Frauen begegnet, wie er sie aus dem bürgerlichen Wien nicht kennt; er ist aber zugleich auch der *Mensch*, der dem Tod begegnet, wie er ihn sich nicht ausmalen konnte.

Die Männer der Bäuerinnen sind offenbar zum Zeitpunkt der Expedition zunächst alle als Gastarbeiter unterwegs. Als der Ehemann von Grigia dann aber heimkehrt, belauert er die beiden in einem der alten Stollen, verschließt diesen dann mit einem schweren Felsbrocken und verschwindet. Grigia, die den größeren Überlebenswillen hat, findet schließlich einen Spalt, durch den sie entwischt. Was aus ihr und ihrer Ehe wird, bleibt ungeklärt. Homo bleibt im Höhlengrab und stirbt – vielleicht.

Die seltsame Expedition an die Ränder des Reiches, in ein verstecktes Tal, auf der Suche nach Gold in den aufgelassenen Stollen, hat offenbar eine Gleichgültigkeit ausgelöst, wie sie Soldaten im Krieg oft verspüren:

Jeden Tag holt sie sich ihre Opfer, einen festen Wochendurchschnitt, soundsoviel vom Hundert, und schon die Generalstabsoffiziere der Division rechnen so unpersönlich damit wie eine Versicherungsgesellschaft. Übrigens man selbst auch. Man kennt instinktiv seine Chance und fühlt sich versichert, wenn auch nicht gerade unter günstigen Bedingungen [...]. Das ist jene merkwürdige Ruhe, die man empfindet, wenn man dauernd im Feuerbereich lebt. Es ist so, als ob die Angst vor dem Ende, die offenbar immer wie ein Stein auf dem Menschen liegt, weggewalzt worden wäre, und nun blüht in der unbestimmten Nähe des Todes eine sonderbare innere Freiheit.[231]

So beschreibt die Person »Azwei«, die Erzählerfigur aus Musils Prosaskizze »Die Amsel«, den Krieg: »Aber zwei Jahre später«, – damit meint der Erzähler zwei Jahre nachdem er nachts dem Gesang einer Amsel folgend seine Frau verlassen und ein neues Leben begonnen hat, – »befand ich mich in einem Sack, dem toten Winkel einer Kampflinie in Südtirol, die sich von den blutigen Gräben der Cima di Vezzena an den Caldonazzo-See zurückbog.«[232] Der Einsatzort von Azwei liegt also dort, wo Homo sich auf Goldsuche begibt. Es handelt sich um eine Gegend am südlichen Rande des in »Grigia« beschriebenen Fersentals. Auch hier kommt der Tod ohne Schrecken:

> Über unsere ruhige Stellung kam einmal mitten in der Zeit ein feindlicher Flieger. Das geschah nicht oft, weil das Gebirge mit seinen schmalen Luftrinnen zwischen befestigten Kuppen hoch überflogen werden mußte. Wir standen gerade auf einem der Grabkränze, und im Nu war der Himmel mit den weißen Schrapnellwölkchen der Batterien betupft wie von einer behenden Puderquaste. Das sah lustig aus und fast lieblich.[233]

Azwei meint einen Fliegerpfeil auf sich zurasen zu hören: »In diesem Augenblick hörte ich ein leises Klingen, das sich meinem hingerissen emporstarrenden Gesicht näherte [...]; aber im gleichen Augenblick wußte ich auch schon: es ist ein Fliegerpfeil!«[234] Die Ahnung des nahenden Todes erschreckt ihn nicht, sondern führt zu einem Gefühl »wie ein

---

231 Robert Musil, »Die Amsel«, in: Ders., *Gesammelte Werke*, Bd. 2, hg. von Adolf Frisé, Reinbek bei Hamburg: Rowohlt 2000, S. 548–562, S. 555.
232 Ebd., S. 554.
233 Ebd., S. 555.
234 Ebd.

noch nie erwartetes Glück!«[235] Ein geradezu ekstatisches Erlebnis, das, zwischen Tod und Leben angesiedelt, den Erzähler vollkommen dezentriert:

> Es war ein dünner, singender, einfacher hoher Laut, wie wenn der Rand eines Glases zum Tönen gebracht wird; aber es war etwas Unwirkliches daran; das hast du noch nie gehört, sagte ich mir. Und dieser Laut war auf mich gerichtet; ich war in Verbindung mit diesem Laut und zweifelte nicht im geringsten daran, daß etwas Entscheidendes mit mir vor sich gehen wolle. Kein einziger Gedanke in mir war von der Art, die sich in den Augenblicken des Lebensabschiedes einstellen soll, sondern alles, was ich empfand, war in die Zukunft gerichtet [...].[236]

Diese Extremsituationen wiederholen sich noch einmal beim Tod seiner Mutter, beim Lesen seiner eigenen Kinderbücher, wobei er sich selbst als Kind wieder zu begegnen scheint, und schließlich glaubt er in einer singenden Amsel seine verstorbene Mutter wiederzuerkennen. Spätestens hier hat Azwei in den Augen seines Gesprächspartners Aeins die Grenze zum Irrsinn überschritten. An die Grenzen zwischen Leben und Tod, Tieren und Menschen rühren in einer modernen Welt nur die Kranken, Traumatisierten und Wahnsinnigen. Sie leben in einer anderen Welt.

Auch der Zugang zum Fersental wird in »Grigia« beschrieben wie ein solcher Zugang zu einer anderen Welt: Menschen und Gebäude, Landwirtschaft und Gebräche wirken zurückgeblieben und aus der Zeit gefallen. An dieser Peripherie des österreichischen Reiches trifft die Expedition auf Frauen, die einen seltsamen Dialekt sprechen, den niemand richtig versteht außer ihnen selbst. Die Begegnungen zwischen Homo und Grigia sind fast sprachlos, sie versuchen

235 Ebd., S. 556.
236 Ebd.

sich zu verständigen, ohne sich je zu verstehen. Aber nicht das abgeschiedene Tal, sondern im Tal auch noch die alten Stollen, angeblich voller Gold, sind das Ziel der Expedition.

Die Ingenieure und Geologen sind jedoch nicht nur Wiedergänger einer ebenso romantischen wie vergeblichen Suche nach Gold, sondern eben auch moderne Wissenschaftler und Techniker, die mit Material und Geld, Technik und Autorität wie Kolonisatoren in das Tal eindringen. Sie erlauben sich, in einen Raum ohne Nomos und Besitzer einzugreifen, die Einheimischen auszunutzen und mit deren Frauen zu schlafen. Das Tal ist zweifellos – wie die meisten kolonialen Gebiete eben – kein juristisches Niemandsland, aber die Abwesenheit der Männer, das primitive Leben der Frauen und die seltsame Sprache scheinen das besitzergreifende Verhalten der Expedition zu rechtfertigen.

Das Ende im Stollen, das offenlässt, ob der vor die Öffnung gerollte Stein – eine Art Kontrafaktur der Wiederauferstehung Christi und zugleich der Metapher, die Azwei verwendet, um seine Freiheit zu beschreiben – tatsächlich unüberwindlich ist, überlässt Homo und den Leser einem Schwebezustand zwischen Tod und Leben, Wissen und Nichtwissen. Homo setzt diesem Zustand nichts entgegen. Wie Azwei gegenüber dem Fliegerpfeil scheint er gebannt, verzaubert, entrückt, gelähmt und bewegt zugleich von dem, was ihm geschieht.

Die Expedition ins Fersental verbindet kolonialen Eroberungsgestus und romantische Tiefensehnsucht mit einer Lust am Selbstverlust. Wie in »Die Amsel« spielt sich das ab in einem Raum der Unentschiedenheit bzw. Ungeschiedenheit von Mensch und Tier, Frau und Kuh, Mutter und Amsel, Natur und Kultur, fremd und zugehörig, männlich und weiblich, fern und nah.[237] Die Aufhebung von gesellschaft-

---

237 Rosmarie Zeller hat am Beispiel von »Grigia« davon gesprochen, dass »Grenzauflösungen« ein »durchgehendes Charakteristikum der Novelle« seien (Rosemarie Zeller, »Musils Arbeit am Text. Textgenetische Studie zu Grigia«, in: *Musil-Forum* 32 (2011/12), S. 41–64, S. 51).

lichen Konventionen, von Normen und Gesetzen scheint hier mit dem Eindringen ins Tal zu beginnen, setzt sich fort in dem ungeklärten Status der Beziehung zwischen Grigia und Homo, Homo und seiner Familie, Grigia und ihrem Mann und gleicht dem Verhalten von Azwei, wenn dieser unmotiviert und plötzlich seine Familie verlässt.

Ungeklärt bleibt auch die Frage, ob der Höhlenausgang für Homo verschlossen ist, oder ob nur sein Überlebenswillen fehlt. Letztlich wird so die Differenz zwischen Leben und Tod diffus, und dies umso mehr, als das mit einem Steinbrocken verschlossene bzw. wieder geöffnete Grab Christi das mythische Narrativ zu einer durchlässigen Grenze zwischen Leben und Tod assoziiert. Homo ist zugleich der Mensch, der Mann und ein Niemand, der im Niemandsland der österreichisch-italienischen Grenze verschollen bleibt.

Azwei dagegen verliert sich im Niemandsland eines weißen Rauschens. Ob das alles Sinn habe, lässt sich nicht beantworten: »Du lieber Himmel, – widersprach Azwei – es hat sich eben alles so ereignet; und wenn ich den Sinn wüßte, so brauchte ich dir wohl nicht erst zu erzählen. Aber es ist, wie wenn du flüstern hörst oder bloß rauschen, ohne das unterscheiden zu können!«[238] Das weiße Rauschen ist die Begleitmusik für die Expeditionen ins Niemandsland. Auch die akustischen Wahrnehmungen werden diffus, Wörter lassen sich nicht von Tönen unterscheiden, es gibt aber immer die *Möglichkeit* einer Bedeutung, eines Sinns, der sich aus dem Rauschen, der Sprache der Dohlen oder Amseln ergeben kann.

Im berühmten vierten Kapitel von Musils *Mann ohne Eigenschaften* findet sich eine Reflexion über Möglichkeitsmenschen: »Möglichkeitsmenschen leben [...] in einem feineren Gespinst, in einem Gespinst von Dunst, Einbildung, Träumerei und Konjunktiven«.[239] Ein solcher Mensch sei

---

238 Musil, »Die Amsel«, S. 562.
239 Robert Musil, *Der Mann ohne Eigenschaften*, in: Ders., *Gesammelte Werke*, Bd. 1, hg. von Adolf Frisé, Reinbek bei Hamburg: Rowohlt 1978, S. 16.

»keineswegs eine sehr eindeutige Angelegenheit [...]«,[240] denn eine solche Disposition bedeute für den einzelnen Menschen »sowohl eine Schwäche wie eine Kraft« und er könne »sich eines Tages als ein Mann ohne Eigenschaften vorkommen«.[241] Im Fersental befindet sich Homo in einem Niemandsland der Einbildungen, Träumereien, des Dunstes, in einem Möglichkeitsraum, in dem der Mann ohne Eigenschaften erscheint: irgendwo zwischen Holozän und Anthropozän.[242] Abgeschlossen von der wirklichen Welt und vom wirklichen Leben bieten das Tal und seine alten Stollen den Raum und die Möglichkeit für ein alternatives Verhalten, das letztlich eigentlich gar keines mehr ist: keine Eigenschaften haben, nicht urteilen, nicht entscheiden, nicht verstehen, nicht oder kaum handeln. Angst und Lust lassen sich nicht mehr unterscheiden, so wie offenbar auch Mensch und Tier, Sinn und Unsinn nicht streng getrennt sind. Im Niemandsland der österreichischen Provinzen befindet sich der Mensch ohne Eigenschaften wie in einem Reservat, in dem ein prekäres Überleben höchstens zeitweise möglich ist.

Unerwartet fröhlich ist dagegen die Kafka'sche Provinz, in der alle Markierungen verwischt, Mauern überflüssig und Grenzen unterspült sind. Jenseits von Zentrum und Peripherie haben sich die Bewohner dieser Provinz offenbar in einem Land eingerichtet, das nicht unter mangelnder Staatlichkeit zu leiden scheint, ja das Glück hat, kein Gesetz zu kennen. Sie leben – so suggeriert es der Erzähler – nach den lockeren Regeln einer narrativen Ordnung.

Für Kracauer sind Niemandsländer Räume eines bestimmten Wissens, das sich jenseits bereits bekannter Klas-

240 Ebd., S. 17.
241 Ebd., S. 18.
242 Vgl. Max Frisch, *Der Mensch erscheint im Holozän*, Frankfurt a. M.: Suhrkamp 1979; vgl. Georg Braungart, »›Katastrophen kennt allein der Mensch, sofern er sie überlebt‹: Max Frisch, Peter Handke und die Geologie«, in: Carsten Dutt, Roman Luckscheiter (Hg.), *Figurationen der literarischen Moderne*, Heidelberg: Winter 2007, S. 23–41.

sifikationen befindet und so immer Gefahr läuft, übersehen oder überhört zu werden. Nur wer sich seiner selbst nicht allzu sicher ist, nicht sicher ist, was es zu wissen gilt, was wichtig und unwichtig ist, was ein Ereignis, eine Aussage überhaupt ist, kann je Dohlen und Amseln zuhören oder Rauschen durchdringen. Kracauer besteht darauf, dass dies, eine Existenz in der Exterritorialität des Niemandslandes, die herausragende Eigenschaft von Historikern – und Photographen – sein muss.

Für Musil ist das Niemandsland die Übersetzung der Eigenschaftslosigkeit in eine räumliche Dimension, den Mann ohne Eigenschaften gibt es nur in den Niemandsländern der Gesellschaft. Dort ist er als Beobachter und Wahrnehmender zweckrationalem Beobachten überlegen und zugleich entzogen. Er bewegt sich in einer Welt von Phänomenen und Ereignissen, Sprachen und Erfahrungen, die kaum mehr oder sogar gar nicht mehr kommunizierbar sind. Allerdings ist er auch gefährdet, weil Differenzieren, Urteilen und Handeln in weite Ferne rücken, andere Menschen nur noch in diffuser Beleuchtung sichtbar sind und Leben und Tod keine eindeutige Grenze mehr trennt.

1 Michel Leiris und das Geheimnis des Elternschlafzimmers

Im Rahmen der Veranstaltungen des Collège de Sociologie
in Paris hielt Michel Leiris im Januar 1938 seinen später berühmt gewordenen Vortrag über »Das Sakrale im Alltag«.[243]
Das Sakrale im Alltag besetzt nach Leiris bestimmte Orte.
Orte, die in verschiedener Hinsicht eher abgelegene, aber
keine vollkommen einsamen Orte sind. Es sind etwa abgelegene, abgeschlossene Räume innerhalb von bürgerlichen
Wohnungen, ›Ab-Orte‹, das Elternschlafzimmer oder ganz
wörtlich der Abort, die Toilette.[244] Der Abort gleicht »einer Höhle, einer Unterwelt, aus der man seine Inspiration
bezieht«.[245] Es ist ein Rückzugsort für die Kinder der Familie, die sich auf der Toilette treffen, sich Geschichten erzählen, ja ihre eigene Mythologie erfinden. Außerhalb von
Privatwohnungen findet Leiris Vergleichbares zwischen

243 Michel Leiris, »Das Sakrale im Alltag«, in: *Das Collège de Sociologie
1937–1939*, hg. von Denis Hollier mit einem Nachwort von Irene Albers
und Stephan Moebius, Berlin 2012, S. 90–110; franz.: »Le sacré dans la
vie quotidienne« (1938), in: Denis Hollier (Hrsg.), *Le Collège de Sociologie
(1937–1939)*, Paris: Gallimard 1995, S. 94–119.
244 Vgl. Leiris, »Das Sakrale im Alltag«, S. 102.
245 Ebd. Vgl. in der französischen Fassung: »Comme autre pôle sacré
de la maison – pôle gauche, tendant à l'illicite, par rapport à la chambre
parentale qui était le pôle droit, celui de l'autorité établie, sanctuaire de
la pendule et des portraits des grands-parents, – les W.-C., où tous les
soirs, l'un de mes frères et moi, nous nous enfermions, par nécessité
naturelle, mais aussi pour nous raconter, d'un jour à l'autre, des sortes de
feuilletons à personnages animaux qu'alternativement nous inventions.
C'était dans cet endroit que nous nous sentions le plus complices, tandis
que nous fomentions des complots et que nous élaborions toute une
mythologie quasi secrète, reprise chaque soir, parfois mise au net sur des
cahiers, aliment de la part la plus proprement imaginative de notre vie.«
(Leiris, »Le sacré dans la vie quotidienne«, S. 102) Vgl. dazu auch Stephan
Moebius, *Die Zauberlehrlinge. Soziologiegeschichte des Collège de Sociologie
(1937–39)*, Konstanz: UvK Universitätsverlag Konstanz 2006.

den bebauten Gebieten und der städtischen Peripherie. »Le sacré dans la vie quotidienne«, so der französische Titel des Textes, stellt die Frage, wie man sich die Annäherung »an ein zugleich verlockendes und gefährliches, geachtetes und verworfenes Objekt [...], jene Mischung aus Respekt, Begierde und Schrecken« vorzustellen hat.[246] Was hier zunächst im Zusammenhang mit einem Objekt, einem Gegenstand, verhandelt wird, gilt auch für diejenigen Räume und Orte, die diese Mischung aus Respekt, Begierde und Schrecken hervorrufen.

Jenseits der bürgerlichen Wohngebiete gibt es im Stadtrandgebiet von Paris »Zonen«, die die Funktion eines Niemandslandes noch deutlicher erfüllen als die Toilette im Haus: »[J]enes Buschland oder Niemandsland, das sich zwischen der Zone der Wallanlagen und der Rennbahn von Auteuil erstreckte«,[247] ist ein »unscharf definierte[r] Bereich«. »Diese tatsächlich von Unholden heimgesuchte ›Zone‹«[248] steht zur Welt der bürgerlichen Häuser genauso in Opposition wie der Dschungel oder Busch zu den afrikanischen Siedlungen der Igbo, die Leiris als Ethnologe später besuchen wird.

Dieses Niemandsland der Pariser Banlieue stiftet damit bei Leiris eine narrative Verbindung zwischen den sakralen Orten seiner Kindheit am Rande von Paris und einer sozialen Raumordnung des Sakralen, die er bei seinen Reisen durch Ostafrika kennenlernt. Der Begriff »Niemandsland« dient ihm auch in diesem Zusammenhang zur Bezeichnung eines Zwischenbereichs, einer Art Schwelle, »die so schmal wie eine Rasierklinge ist, winzige Interferenzzone oder psychologisches *no man's land*, das den ureigenen Bereich des Sakralen bildet«.[249] Ausführlich thematisiert wird das Nie-

---

246 Leiris, »Das Sakrale im Alltag«, S. 98.
247 Ebd., S. 102 f.
248 Ebd., S. 103.
249 Michel Leiris, *Spiegel der Tauromachie*, Berlin: Matthes & Seitz 2004, S. 131.

mandsland, das sich zwischen Busch und Dorf befindet, in seiner Untersuchung der Geheimsprache der Dogon:

> Au-delà des terres cultivées commence immédiatement la brousse, *olu*; lieu des plus incertains, suivant les croyances indigènes; sorte de »no man's land« que ne fréquentent guère que chasseurs et chevriers et où, quand on la traverse par nécessité – par exemple pour se rendre à un autre village – l'on peut s'attendre à toutes espèces de rencontres surnaturelles.[250]

Die Niemandsländer an den Rändern des Alltags sind Orte der Inspiration und der besonderen Begegnung, der Gefahr und des Sakralen, die auf eine ganz außergewöhnliche Weise das allzu Bekannte des Alltags in Frage stellen und zugleich erträglicher machen.

Ähnlich wie in den von Arnold von Gennep als »rites de passage«[251] bezeichneten Praktiken der sozialen Statusänderung befinden sich die hier genannten Gruppen, die Jäger, Hirten oder Reisenden, in einer physischen und räumlichen Liminalität nach der Trennung vom dörflichen Alltag und vor der Wiedereingliederung in die Gemeinschaft. Viktor Turner nennt diesen Zustand in Fortschreibung von Gennep »betwixt and between«[252] und hält ihn für einen Zu-

---

250 Michel Leiris, *La Langue secrète des Dogons de Sanga*, Paris: Institut d'ethnologie 1948 (Neuauflage Paris 1992), S. 5. Vgl. dazu Irene Albers, »Poesie und Geheimsprache: Die Poetik von La Langue secrète des Dogons de Sanga«, in: Irene Albers und Helmut Pfeiffer (Hg.), *Michel Leiris. Szenen der Transgression*, München: Fink 2004, S. 209–258.
251 Arnold van Gennep, *Les rites de passage*, Paris: E. Nourry 1909 (*Übergangsriten*, Frankfurt a. M.: Campus 2005).
252 Viktor Turner, »Betwixt and Between. The Liminal Period in Rites de Passage«, in: June Helm (Hg.), *Symposium on New Approaches to the Study of Religion. Proceedings of the 1964 Annual Spring Meeting of the American Ethnological Association*, Seattle WA: University of Washington Press 1964, S. 4–20. Nicht überraschend sind es Ethnologen, die sich mit den seltsam diffusen und unterregulierten Räumen der Niemandsländer

stand, in dem sich Gemeinschaft neu bildet: »I would argue that it is in liminality that communitas emerges, [...] at least in a cultural and normative form – stressing equality and comradeship as norms rather than generating spontaneous and existential communitas [...].«[253] Solche Anti-Strukturen produzieren »a plurality of alternative models for living«, von denen auch moderne westliche Gesellschaften noch profitieren: »Universities, institutes, colleges, etc., are ›liminoid‹ settings for all kind of freewheeling, experimental cognitive behaviour as well as forms of symbolic action, resembling some found in tribal society [...].«[254] Niemandsländer werden hier als sozial höchst brisante Zonen beschrieben, die unersetzbare Funktionen sowohl für die individuelle Entwicklung als auch für den sozialen Zusammenhalt haben. Sie stellen dabei eine Alternative zur durchstrukturierten Ordnung des Alltags dar und bieten somit die dringend gebotene Entlastung, die Verwandlung, Entwicklung, Innovation und Erholung ermöglicht.

Auch der Ethnologe Fritz Kramer hat in verschiedenen seiner Analysen darauf aufmerksam gemacht, dass die Unterscheidung in Natur und Kultur, wie sie der Westen kennt, nicht identisch ist mit der Differenz zwischen Dorf und Wildnis in afrikanischen Kontexten, ihr fehlt das Dritte, der Übergang, die Schwelle und deren Funktionen.[255] Der Busch, dieser dritte Raum, ist nicht »Wildnis«

befassen und damit auch eine Tradition stiften, die die Philosophie des 20. Jahrhunderts nachhaltig beeinflusst.

253 Victor Turner, *Dramas, Fields, And Metaphors. Symbolic Action in Human Society*, Ithaca, London: Cornell University Press 1974, S. 232.

254 Victor Turner, *From Ritual to Theatre. The Human Seriousness of Play*, New York: PAJ Publications 1982, S. 33.

255 Dabei gibt es allerdings nicht ›das Exotische‹, sondern die immer wieder überraschende Begegnung mit und Aneignung von – mehr oder weniger – exotischen Dingen und Praktiken, von Krawatten und Tanz, Musik und Sprache. Aneignung geschieht durch Nachahmung, durch übertreibende, ironische, verzerrte oder witzige Imitation. Diese mimetische Nachahmung, Übertreibung, Verspottung des »Fremden« macht

im Sinne einer unbelebten Gegend, sondern ein Ort, der von den Menschen nicht kultiviert, sondern nur vorübergehend durchquert und erkundet wird, der von Geistern bewohnt ist und Gelegenheit zu besonderen Begegnungen bietet. Während Kultur Ordnung und Sicherheit gewährt, ist diese Gegend »dagegen Zuflucht und Entlastung, gerade weil sie als launisch und gefährlich erfahren wird.«[256] Die Kommunikation mit den geheimnisvollen Bewohnern des Buschs übernehmen die dafür vorgesehen Spezialisten, also Priester und Schamanen. An ihnen und sogar an denjenigen, die den Busch nur durchqueren müssen – als Jäger oder Händler etwa – bleibt immer eine Aura von Fremdheit, Gefahr und Faszination zugleich haften.[257] Diejenigen, die sich im Busch mit den Geistern verständigen, einen Raum der Liminalität durchqueren können, sind Boten und Mittler, Händler und Informanten, sie liefern Waren und Wissen.[258]

in vielen Gesellschaften Afrikas und Europas – und wahrscheinlich der Welt – den Kern vieler Theaterstücke, Tänze und Rituale aus. Ein von Kramer mehrfach erwähntes Beispiel ist der de Gaulle-Tanz aus Gabun. »Es gab eine Zeit, in der die Fang von Gabun sich für de Gaulle begeisterten. [...] Mitten im tropischen Urwald errichtete man große Lauben mit Tischen und Stühlen für die Würdenträger, die man ›Präsident‹, ›Friedensrichter‹ oder ›Zollbeamter‹ nannte. [...] Alle hatten sich verkleidet: Die Frauen trugen Rock und Bluse, die Männer Hemd und Hose, Krawatte und Schuhe [...]. Manchmal entstanden Clubs und Bünde, die sich Darbietungen dieser Art zur Aufgabe machten.« (Fritz Kramer, *Der rote Fes. Über Besessenheit und Kunst in Afrika*, Frankfurt a. M.: Athenäum 1987, S. 3.)

256 Fritz W. Kramer, »Exotismen«, in: *Kursbuch* 116 (1994), S. 1–7, S. 4. Vgl. auch: Victor Turner, *The Drums of Affliction. A Study of Religious Processes among the Ndembu of Zambia*, Oxford 1966, S. 89–127.

257 Vgl. Fritz W. Kramer, »Boosco«, in: Ders., *Schriften zur Ethnologie*, hg. von Tobias Rees, Frankfurt a. M.: Suhrkamp 2005, S. 302–319.

258 François Jullien, Sinologe und Philosoph, schlägt in seinen Reflexionen über »kulturelle Identität« vor, diese Einstellung, die auch er – wie Kramer und Leiris – beobachtet, aufzugreifen und Fremdheit als »kulturelle Ressource« zu sehen. Man würde dann nicht von Identitäten und Differenzen zwischen fremd und eigen sprechen, sondern von »Abständen« (François Jullien, *Es gibt keine kulturelle Identität. Wir*

Jenseits der Dorfgrenze findet sich damit nicht nur das gefährliche Andere von Alltag und Ordnung, sondern vor allem auch eine Ressource, deren man sich mit bestimmten Praktiken – Ritualen – und Personen – Schamanen und Maskenträgern – bedienen kann und sogar muss, denn ohne die Bewohner und die Kräfte des Buschs sind dörflicher Alltag, alltägliche Arbeit und sozialer Zusammenhalt nicht möglich.[259]

Die Niemandsländer, die Leiris, Turner, Gennep und Kramer beschreiben, halten Ressourcen bereit, allerdings gerade nicht im kapitalistischen Sinne einer Möglichkeit zu kolonialer Ausbeutung und Aneignung. Denn wer Niemandsländer erobern, besetzen und ausbeuten will, kann von den eigentlichen Ressourcen nicht oder eben nur in materieller Hinsicht profitieren. Die wahren Ressourcen liegen auf einem anderen Feld, in einem Bereich, der die notwendige Entlastung vom Alltag und seinen Zwängen bereithält. Wer also Niemandsländer nur zeitweise besuchen, durchstreifen und erleben will, wird sie erhalten und sie als Entlastung, als eine Art Urlaub vom Alltag, als Form der Inspiration und Verwandlung verstehen und so den allzu vertrauten und allzu strengen Ordnungen des Alltags neue Dimensionen hinzufügen. Nicht zuletzt sind sie auch diejenigen Orte im sozialen System, an denen man dem Fremden begegnet, und zwar nicht als radikal Anderem, sondern als demjenigen, das seinen eigenen Raum beanspruchen kann und muss. Möglicherweise ist gerade darin die Funktion des Schwellenraums der Niemandsländer in der ethnologischen

---

verteidigen die Ressourcen einer Kultur, übers. v. Erwin Landrichter, Berlin: Suhrkamp ²2017, S. 71).

259 Vgl. Fritz W. Kramer, »Exotismen«, in: Ders., *Schriften zur Ethnologie*, S. 188–195; ders., »Afrikanische Darstellungen von Fremden«, in: *Schriften zur Ethnologie*, S. 122–144. Kramers Anliegen ist nicht nur ein inhaltliches, sondern vielmehr ein methodisches: Die Ethnologie befasst sich weniger mit dem Fremden als mit dem, was ein Fremder tut, wenn er wiederum auf einen ihm Fremden trifft.

Literatur am deutlichsten zu erkennen: Es handelt sich um *third spaces*, die der Konfrontation mit dem Fremden einen eigenen Modus einräumen. Sie erleichtern die Verständigung mit verschiedenen Repräsentationsformen des Fremden – dazu gehört auch das Sakrale – bzw. machen sie überhaupt erst möglich.[260]

2 *Chinua Achebe:* Bad bush – ajo ofia

Wenige Jahre nachdem Leiris eine spezifische Raumordnung beobachtet, die ihm nicht nur für das Besondere im Pariser Alltag, sondern auch für das dörfliche Zusammenleben und für die Sprache der Dogon signifikant zu sein scheint, erscheint Chinua Achebes Romanzyklus *Things Fall Apart* (1958). In dieser Romantrilogie ist ein spezifisches Niemandsland zentral, und zwar im Wortsinne: Anders als bei Leiris ist das Niemandsland bei Achebe nicht an der Grenze, sondern inmitten des Dorfes zu finden. Der Roman befasst sich aus literarischer Perspektive mit einer Besonderheit von Igbo-Dörfern und liefert damit eine spezifisch andere als die ethnologische Perspektive, wobei die Rolle des Sakralen im Alltag ebenfalls eine zentrale Rolle spielt.

Zweifellos könnten hier zahlreiche andere Beispiele für Niemandsländer in der Literatur der späten Moderne am Übergang zur Postmoderne genannt werden: Eine Option wäre etwa J. G. Ballards *Concrete Island* (1974) gewesen: Der Protagonist wird durch einen Autounfall auf ein Rasenstück zwischen Autobahnen verschlagen, auf dem nur Stadtstreicher leben und das er wohl – das bleibt offen – nie mehr verlassen wird. Auch hier ist man inmitten von belebten Orten radikal dem Verschwinden ausgesetzt. Es handelt sich bei

---

260 Vgl. dazu auch: Carlo Ginzburg, »Verfremdung. Vorgeschichte eines literarischen Verfahrens«, in: Ders., *Holzaugen. Über Nähe und Differenz*, Berlin: Wagenbach 1999, S. 11–41.

Ballard um eine der vielen rein dystopischen Varianten von Niemandsland, die ich in diesem Buch eher in den Hintergrund gerückt habe. Dies mag – wenigstens zum Teil – die Entscheidung für Achebes Texte mitbegründen.

Chinua Achebes Trilogie gehört längst zum Kanon der – antikolonialen – Weltliteratur. Auf den ersten Blick geht es in dem dreiteiligen Roman um die Geschichte des Protagonisten Okonkwo: Er ist ehrgeizig, intelligent, erfolgreich und aggressiv, ein Frauenverächter und ein schlechter Vater, ein Mörder und doch auch eine tragische Gestalt. Gewohnheitsmäßig könnte man von einer negativ verlaufenden Bildungsgeschichte sprechen. Es zeigt sich allerdings schnell, dass anhand dieser Biographie weniger das Leben eines Einzelnen als vielmehr historische Prozesse und gesellschaftliche Strukturen verhandelt werden: Das Verhältnis von sozialer Ordnung und Unordnung etwa, Verbrechen und deren Sanktionen, Arbeit und Eigentum, Aneignung und Kolonialisierung. Die Erzählungen kreisen weniger um Biographien als um Land, um die Verteilung und Bearbeitung von Grund und Boden, die Grenzen zwischen bebautem Gebiet und Wald, um gutes und schlechtes Land. Es geht zudem um die Bewegungen innerhalb dieser verschiedenen Räume und um Raumordnungen, also um Immigration, Emigration, Verbannung, Exil und Rückkehr. Die Erzählmuster sind daher auch eher räumlich angelegt als chronologisch strukturiert und der eigentliche Protagonist dieser Geschichten ist entsprechend auch weniger eine Person als ein Stück Land: der *bad bush*, der *evil forest* oder *ajo ofia*.

Ajo ofia ist nicht die Wildnis jenseits des Dorfes, wie Ikemefuna S. Okoye betont.[261] »As a space associated primarily with death and violence, the Evil Forest stands out in the topography of Achebe's novel as a spatial void. Yet, in spite of this singularity, the Evil Forest organizes the texts

---

261 Ikemefuna S. Okoye, »History, Aesthetics and the political in Igbo Spatial Heteropolis«, in: *Paideuma* 43 (1997), S. 75–91.

in interesting ways.«[262] Oft befindet sich dieser so genannte *bad bush* im Zentrum von Kommunen und bildet damit einen wichtigen Teil aller traditionellen Igbo-Dörfer. Okoye spricht von einem »space of exclusion«,[263] der für ihn der Schlüssel zum Verständnis der sozialen Ordnung ist:

Ajo Ofia is perhaps most easily recognized as a thick, seemingly primeval, forested area, that nevertheless exists within the lived spaces of the town, and for this reason appears somewhat incongruous. This forested area is the place into which is trashed all manner of social, medicinal, and ritual spent material. It is therefore recognized to be a spiritually charged space [...].[264].

Auch wenn andere Orte, wie Grotten, Höhlen und sakrale Plätze, auf ähnliche Weise vom Alltag abgeschieden zu sein scheinen, bildet der *bad bush* eine Ausnahme:

Unlike sacred groves and shrines, the Evil Forest is not committed to the residence of a particular deity, neither is it under the care of any priest. The discourse of care that underlies other zones of prohibition does not apply to the Evil Forest because it is primarily a »dumping ground,« a landfill of sorts where disposable things and bodies are deposited to »rot away above the earth.[265]

Ainehi Edoro-Glines nennt diesen Ort, der unkultiviert und doch keine Natur ist, nicht bebaut werden darf und doch zum Dorf gehört »a complex political and literary

262 Ainehi Edoro-Glines, »Achebe's Evil Forest: Space, Violence, and Order in Things Fall Apart«, in: *Cambridge Journal of Postcolonial Literary Inquiry* 5/2 (2018), S. 176–192.
263 Okoye, »History, Aesthetics and the political«, S. 76.
264 Ebd., S. 82.
265 Edoro-Glines, »Achebe's Evil Forest«, S. 177.

paradigm«.[266] Entscheidend dabei ist, dass der *bad bush* nicht in die binäre Ordnung von kultiviertem Land und Wildnis einzuordnen ist:

> The Evil Forest is what breaks down the binary division by virtue of its being simultaneously virgin forest – »untouched by the axe bush-fire« – and wasteland, into which is »trashed all manner of social, medicinal, and ritual spent material.«[267]

So wird der *bad bush* – »by blurring the distinction between uncultivated forest and exhausted farms« – zu einem Raum-Narrativ, das genau dies auslöst, nämlich das »blurring the distiction.«[268] Wir könnten dies mit Georg Simmel als jenseits der Scheidungen übersetzen und als Niemandsland identifizieren.

»To imagine the Evil Forest as uncultivated nature that precedes the civilizing process is to miss the extent of its singularity and, thus, its logical function.«[269] Der *bad bush* ist nicht das Land, das *vor* dem Prozess der Kultivierung liegt und damit der Kultivierung zur Verfügung stünde, sondern ein Ort, der inmitten des Dorfes die Opposition von Natur und Kultur, von ›primitiv‹ und ›zivilisiert‹ negiert und damit das Unverständnis der Missionare – und vieler Leser – provoziert.

Im Roman[270] wird dieser spirituell aufgeladene und sakral bedeutsame Ort den christlichen Missionaren als Platz zur Ansiedelung und zum Bau ihrer Kirche angeboten. Dies bedeutet allerdings keine Geste der Integration gegenüber den Abgesandten der westlichen Welt, sondern ist im Gegenteil

---

266 Ebd.
267 Okoye, »History, Aesthetics and the political«, S. 82.
268 Edoro-Glines, »Achebe's Evil Forest«, S. 180.
269 Ebd.
270 Okoye weist darauf hin, dass dies den historischen Tatsachen entspricht, vgl. Okoye, »History, Aesthetics and the political«, S. 86 ff.

gedacht als eine Art Falle, da die Bewohner des Dorfes davon ausgehen, dass die Missionare von den dort lebenden Ahnengeistern getötet bzw. an schweren Krankheiten sterben werden.

Allerdings geschieht nicht das Erwartete: Die Missionare bauen die Kirche, bleiben am Leben und scheinen somit als Sieger über die alten Geister und Götter aus der Geschichte hervorzugehen. Sie siegen sogar in dreifacher Weise: Sie bekommen Grund und Boden, überleben und entziehen das Grundstück auch noch den Geistern. Die junge Generation der Einheimischen ist davon begeistert und wechselt auf die Seite der Fremden, die Jungen sehen sich von der gewalttätigen Autorität der Väter befreit und schließen sich dem christlichen Glauben an. Damit haben die Missionare genau das erreicht, was sie anstrebten.

Der Bann ist gebrochen, die Banlieue gentrifiziert, der Ort entzaubert, und doch bleiben am Ende letztlich keine Sieger übrig, denn in der zweiten Generation erweisen sich die Missionare als Tyrannen, die die jungen Einheimischen enttäuschen. Die soziale Ordnung des Dorfes erodiert, Okonkwo begeht Selbstmord, die vermeintliche Kultivierung endet – wieder einmal – tödlich. Die »vollends aufgeklärte Erde strahlt im Zeichen triumphalen Unheils«[271] und die Missionare erweisen sich als plumpe Handlanger einer »Entzauberung der Welt«.[272] Offensichtlich ist es nicht möglich, einen *bad bush* zu kolonisieren, er lässt sich nicht in eine lineare Fortschrittsgeschichte von Vormoderne zu Moderne einfügen, sondern beharrt auf seiner ambivalenten Funktion von Gewalt und Bann, Sakralem und Banalem.

Ainehi Edoro-Glines verweist im Zusammenhang mit der Analyse von Achebes Romanen zu Recht auf Giorgio

---

271 Theodor W. Adorno, Max Horkheimer, *Dialektik der Aufklärung*, Frankfurt a. M.: Fischer Verlag 1969, S. 9.
272 Ebd.

Agamben, der darauf besteht, dass Natur kein vorkulturel-
ler Zustand sein kann:

> What Agamben is at pains to point out here – that the
> state of nature has been erroneously understood as a
> prepolitical function, which ceases to operate with the
> institution of sovereignty – is made explicit in the phys-
> ical presence of the Evil Forest within the clan. Achebe's
> Evil forest, thus, predates and clarifies Agamben's re-
> vision of Hobbes. Agamben's insistence that the nat-
> ural condition of man survives the establishment of
> the commonwealth and continues to inhere within it
> is plainly demonstrated in the Evil Forest as a physical
> space contemporaneous with the clan.[273]

Der Hinweis auf Agamben ist bemerkenswert und soll
daher hier kurz verfolgt werden: In dessen Werk wird die
vielleicht radikalste und düsterste Version von Niemandsländern entworfen, aber auch ein Modus von Depravierung
skizziert, der moderne Eigentumsgesellschaften in Frage
stellt. In beiden Fällen – jeweils in verschiedenen Bänden
des *homo-sacer*-Projekts ausgeführt – haftet der Situation
des Menschen im Zustand der totalen Exemption etwas Sa-
krales an. »Sacer« hier mit »heilig« zu übersetzen, verfehlt
einige Bedeutungen des Begriffs. »Sacer« bedeutet – anders
als »sanctus« – nicht nur heilig, sondern auch verflucht, ver-
wünscht, einer Gottheit geweiht. Der *homo sacer* des Römischen Rechts ist einer, der sich eines Verbrechens schuldig

---

273 Edoro-Glines, »Achebe's Evil Forest«, S. 179. Ainehi Edoro-Glines
schließt ihre Ausführungen mit der Vermutung, dass »perhaps the
literary uses of the Evil Forest are not limited to Achebe's work and
could be made to function as a generalizable model that is applicable to
other texts, fictional topographies, and narrative discourses.« Dies ist
zweifellos der Fall: Die literarische Funktion des »Evil Forest« gehört zum
Narrativ der Niemandsländer, das auf unterschiedliche Weise die Aufteilung der Welt in Natur und Kultur, Wildnis und Zivilisation stört.

gemacht hat und daher aus der Gemeinschaft ausgestoßen, gewissermaßen vogelfrei und zum Besitz einer Gottheit geworden ist. Anders als die Inhaftierung und damit der Verlust von Freiheit ist hier das Übermaß an Freiheit und Uneingebundenheit die Strafe. Der *homo sacer* ist dauerhaft in ein Niemandsland verbannt. Das Niemandsland ist in Agambens *homo-sacer*-Projekt das Lager. Das Lager gehört nicht mehr zum Territorium des Rechtsstaats, überhaupt eines Staates, sondern ist ein Gebiet totaler Rechtlosigkeit und vollkommener Willkür, wie sie totalitäre Regimes bis heute charakterisieren.

Die Verwandtschaft des *homo sacer* mit Flüchtlingen, mit den jüdischen Emigranten und der Exterritorialität von Siegfried Kracauer ist nicht zu übersehen, auch die Verbindung zu Leiris' sakralen Orten, die mitten im Alltag liegen und doch aus ihm verbannt sind, ist offensichtlich. Leiris' und Kracauers Niemandsländer sind allerdings weit entfernt davon, zur radikalen Annihilation des Menschen zu führen, wie die Lager es bei Agamben tun. Vielmehr sind sie zwar auch Orte, die einen zeitweisen Selbstverlust initiieren können, diesen aber viel eher als Übergang und Metamorphose inszenieren und nicht die totale Vernichtung heraufbeschwören. Sie sind darin Wielands elysischen Niemandsländern mit ihren harmlos anmutenden Abschälkuren oder den herakleischen Verkleidungsspielen in Gottfried Kellers Novelle viel näher verwandt als Agambens Territorien. Auch der Name »Homo« in Musils Novelle »Grigia« weist zwar auf das existentielle, reduzierte Menschsein an sich hin, das in Niemandsländern zum Vorschein kommen mag, mit welcher Radikalität und Brutalität dies allerdings gedacht werden kann, macht erst Giorgio Agamben deutlich.

3 Giorgio Agamben: Zone und Lager

Der dystopische Charakter von rechtsfreien Niemandsländern zwischen staatlichen Grenzen, von Straflagern, Camps und Ghettos wird in literarischen wie in theoretischen Texten des 20. Jahrhunderts immer häufiger adressiert.[274] Die beiden Aspekte, die dem Niemandsland seinen ambivalenten Charakter verleihen – der Verlust an Sicherheit und der Gewinn an Freiheit – scheinen sich in der zweiten Hälfte des 20. Jahrhunderts immer weiter auseinander zu bewegen, so dass das Niemandsland entweder ein entsetzliches Ausgeliefertsein offenbart oder – und nicht immer zugleich – eben einen geradezu idyllischen Möglichkeitsraum entwirft.[275]

[274] So etwa auch in: Renée Brand, *Niemandsland*, Zürich: Oprecht 1940. Der Roman erzählt von den an der Schweizer Grenze gestrandeten jüdischen Flüchtlingen aus Deutschland. Heinrich Böll dagegen verwendet den Titel für eine Sammlung von Nachkriegsgeschichten, die – zwar erst 1985 erschienen – alle zwischen 1945 und 1949 angesiedelt sind. Neben Dorothee Sölle, Dieter Hildebrandt und Günter Gaus schreiben hier auch Christoph Meckel und Hubert Fichte. Heinrich Böll (Hg.), *NiemandsLand*, Bornheim-Merten: Lamuv 1985. Gernot Wolfsgrubers Roman *Niemandsland* adressiert weder Flucht noch Nachkriegsverwüstungen, sondern den scheiternden Versuch eines Arbeiters sich aus seinem Milieu in das der Angestellten vorzuarbeiten. Er landet nicht in einem territorialen oder weltanschaulichen Niemandsland, sondern in einem sozialen und emotionalen (vgl. Gernot Wolfsgruber, *Niemandsland*, Salzburg, Wien: Residenz-Verlag 1979). Eine Verbindung von Flucht, weltanschaulicher Verlorenheit und Enttäuschung stellen die Memoiren bzw. das Tagebuch von Gustav Regler dar: *Sohn aus Niemandsland. Tagebuch 1940–43*, hg. von Gerhard Schmidt-Henkel und Ralph Schock, Basel, Frankfurt a. M.: Stroemfeld 1994. Der Spanienkämpfer und Kommunist Regler erzählt hier nicht nur von seiner Irrfahrt durch Europa und die Welt, sondern auch von seiner allmählichen Distanzierung von der stalinistischen Sowjetideologie.
[275] Vgl. Thomas Assheuer, »Rechtlos im Niemandsland«, in: *Die Zeit*, Nr. 7, 7. 2. 2002 (online unter https://www.zeit.de/2002/07/200207_fluechtlinge_xml, abgerufen am 2. 4. 2020); vgl. auch Kathryn Bigelow, ZERO DARK THIRTY (2012); Roger Willemsen, *Hier spricht Guantánamo. Roger Willemsen interviewt Ex-Häftlinge*, Frankfurt a. M.: Zweitausendeins 2006; Judith Butler, *Gefährdetes Leben. Politische Essays*, Frankfurt a. M.: Suhrkamp 2005, S. 69–120.

Besonders grauenvolle Zonen des 20. und 21. Jahrhunderts sind – neben den Lagern – die Umgebungen der großen Reaktorkatastrophen von Tschernobyl[276] und Fukushima, aber auch die Gebiete, die sich entlang von – ehemaligen oder noch bestehenden – Grenzzäunen gebildet haben, die als Todesstreifen galten oder noch gelten, wie etwa die ehemalige deutsch-deutsche[277] oder die heutige koreanisch-koreanische Grenze.[278]

Die Gebiete um die Berliner Mauer, die deutsch-deutsche Grenze bzw. deren Verschwinden wurden in der Literatur, aber auch in der wissenschaftlichen Diskussion mit *terrains vagues* verglichen: »Here the city as terrain vague signifies the possibility of unity based on a concept of flourishing multiple identities«[279] Sie gelten als raumzeitliche Orte der Entgrenzung und Verunsicherung: »In this regard the terrain vague is not solely a spatial category; it is also temporal. More precisely, we might call the terrain vague a ›place-in-time‹: a location that signifies transience.«[280]

---

276 Vgl. Natacha Bustos, Francisco Sánchez, *Tschernobyl. Rückkehr ins Niemandsland,* übers. von André Höchemer, Berlin: Egmont Graphic Novel 2016; Heiko Roith, Projekt »Chernobyl30« – ein Mahnmal in Bildern (online unter http://www.chernobyl30.com/, abgerufen am 2.4.2020).

277 Vgl. Mary Cosgrove, »›Heimat‹ as Nonplace and ›Terrain Vague‹ in Jenny Erpenbeck's ›Heimsuchung‹ and Julia Schoch's ›Mit der Geschwindigkeit des Sommers‹«, in: *New German Critique* 39/2 (116) (Summer 2012), S. 63–86.

278 Vgl. dazu auch literarisch: *Grenzgeschichten. Berichte aus dem deutschen Niemandsland*, hg. von Andreas Hartmann und Sabine Künsting, Frankfurt a. M.: Fischer 1990; Willi F. Gerbode, *Der Zaun. Roman aus Niemandsland*, Rosendahl: Rothenberg 1999 erzählt aus dem ehemaligen Grenzland zwischen BRD und DDR; Wolfgang Bittner, *Niemandsland*, Leipzig: Forum 1992, hier ist das Niemandsland der Rand der Großstadt und zugleich die Nachkriegsgeschichte mit ihren Verwerfungen und Grenzziehungen; vgl. Andrew J. Webber, *Berlin in the Twentieth Century: A Cultural Topography*, Cambridge: Cambridge University Press 2008.

279 Cosgrove, »›Heimat‹ as Nonplace and ›Terrain Vague‹«, S. 64; vgl. Elke Brüns, *Nach dem Mauerfall: Eine Literaturgeschichte der Entgrenzung.* München: Fink 2006, S. 56 f.

280 Ebd., S. 65.

Sowohl Tschernobyl als auch die innerdeutsche Grenze sind mittlerweile zu Touristenzielen geworden. Während jedoch das Wandern an der deutsch-deutschen Grenze eher die positiven Aspekte dieses verschwundenen Todesstreifens und die dadurch entstandene Biodiversität – deren Erhalt staatlich gefördert wird[281] – betont, ist der Tourismus in der berüchtigten Zone bei Tschernobyl nach wie vor auf die abschreckende Wirkung der noch immer fast unbewohnten Gegend ausgerichtet. Das Gebiet um Tschernobyl ist heute sowohl Reiseziel als auch Objekt wissenschaftlicher Erforschung, aber vor allem auch Thema von Reportagen, Berichten, Photoprojekten und Publikationen.[282] Die wenigen Rückkehrer, die »Samosely«,[283] deren genaue Zahl unbekannt ist, leben dort nur geduldet. Sie leben auf dem Territorium eines Staates als dessen Bürger – und sind doch klandestine Bewohner einer verbotenen Zone. Anders als die Passagen, die Siegried Kracauer und Walter Benjamin als Niemandsländer inmitten der großen Städte zu Beginn des 20. Jahrhunderts identifizieren,[284] sind es in der zweiten

281 Im November 2018 wurde das Grüne Band Thüringen als Nationales Naturmonument ausgewiesen.

282 Vgl. Anonym, »Selfsettlers, or Samosely«, in: *Chernobyl Tour. Eyeopening experience of post-Apocalyptic world* (online unter https://www.chernobyl-tour.com/samosely_chernobyl_zone_en.html; Morgan Audic, *De bonnes raisons de mourir*, Paris: Etoile 2019.

283 Vgl. Anonym, »Selfsettlers, or Samosely«; Kim Hjelmgaard, »Why a babushka in Chernobyl Exclusion Zone refuses to leave home«, in: *USA today*, 18.4.2016 (online unter https://eu.usatoday.com/story/news/world/2016/04/17/chernobyl-30-anniversary-babushka-ukraine/82887336/, abgerufen am 25.2.2020); Martin Wittmann, »Ein Mann, ein Ort« (online unter https://www.sueddeutsche.de/panorama/tschernobyl-jahrestag-1.4421352, abgerufen am 25.2.2020).

284 Diese finden sich nicht nur in Texten, sondern auch – wichtig für Kracauer und Benjamin – auf Photographien: vgl. etwa Man Ray, *Le Terrain Vague* (1932) (online unter https://www.moma.org/collection/works/55651, abgerufen am 16.4.2020) und Eugène Atget, der 1913 seine von 1899 bis 1912 aufgenommenen Photos aus der »Zone« von Paris unter dem Titel »zoniers« veröffentlicht; vgl. James Cannon, *The Paris Zone. A Cultural History 1840–1944*, London: Routledge 2016.

Hälfte des 20. Jahrhunderts, nach dem Zweiten Weltkrieg, nicht die vergessenen Orte voller übersehener Dinge, sondern die verwüsteten Orte voller kaputter Dinge, zerstörte und verseuchte Landschaften voller verkrüppelter Menschen und Tiere, die als *no man's lands* bezeichnet werden.

Insbesondere die politischen Niemandsländer zwischen staatlichen Grenzen, an den Rändern von Staaten, dort, wo sich Durchgangslager, Auslieferungs- und Flüchtlingslager finden, sind Teil und Anlass eines kulturtheoretischen Diskurses, der – weit über die traditionellen Konzepte von Non-Lieux und Heterotopie hinaus – Herrschaft, Gewalt, Souveränität und Krieg an der instabilen und gefährlichen Topologie des Niemandslandes festmacht.

Hannah Arendt spricht allerdings bereits 1944 von »Gäste[n] aus dem Niemandsland«, die »Außerhalb des Gesetzes« stehen: »Sie kommen aus dem Niemandsland, denn sie können weder ausgewiesen noch deportiert werden.«[285] Für Arendt ist dies allerdings gerade kein Grund für persönliches Mitleid und karitatives Engagement, denn dadurch »gefährden sie die normale Gesetzlichkeit jedes Landes, das sie aufnimmt«[286] und bringen die Barmherzigkeit, die die erste Reaktion gegenüber Flüchtlingen ist und sein soll, an ihre Grenzen. Arendt nennt es einen politischen Fehler,

---

285 Hannah Arendt, »Gäste aus dem Niemandsland«, in: Dies., *Nach Auschwitz. Essays und Kommentare* I, hg. von Eike Geisel und Klaus Bittermann, übers. von Eike Geisel, Berlin: Tiamat 1989, S. 150–153, S. 151. Brigitte Kronauer kommentiert in einigen ihrer Essays die Romane Joseph Conrads und befasst sich dort auch mit den kolonialen Phantasien, wie sie etwa in *Herz der Finsternis* oder *Lord Jim* beschworen werden. »Die Grenzüberschreitungen, häufig erzwungen, selten erstrebt, in ein Niemandsland ohne gesellschaftlichen Schutz, bedeutet nicht nur Relativierung, sondern Zersetzung fundamentaler Prinzipien und erzeugt den Schrecken einer nicht zu widerrufenden Heimatlosigkeit ...« Wenn einer einmal des »Gehäuses seiner Überzeugungen« beraubt sei, wie etwa Kurtz, dann gäbe es keinen Ausweg mehr. Brigitte Kronauer, »Zwischen Fixstern und Finsternis. Zu Joseph Conrad«, in: Dies. (Hg.), *Zweideutigkeit. Essays und Skizzen*, Stuttgart: Klett-Cotta 2002, S. 95–116, S. 98.
286 Arendt, »Gäste aus dem Niemandsland«, S. 152.

auf diese schnell verbrauchte Barmherzigkeit zu bauen, es sei eine »übermenschliche Forderung«, die dann nur »allzumenschliche« Reaktionen, also Ablehnung hervorrufe.[287] Eine Lösung gäbe es nur im Gesetz, das heißt dann, wenn die geflohenen Juden nicht nur aus dem Lager, sondern auch aus dem Niemandsland der Gesetzlosigkeit befreit würden.[288] Die Erkenntnisse sind erschreckend aktuell und machen deutlich, wie riesig die Niemandsländer der europäischen Politik heute geworden sind: Das gesamte Mittelmeer ist inzwischen eines.

Ihre Argumentation im Zusammenhang mit den Niemandsländern der Deportation ist zentral für Arendts Kritik an der Menschenrechtsbewegung, die sie für naiv bzw. nicht durchsetzungsfähig hält. Menschenrechte seien immer nur so sinnvoll, wie sie als Bürgerrechte gelten. Der Nationalstaat garantiere dabei nicht nur das »Recht, Rechte zu haben«,[289] sondern auch die Pluralität von Interessen, die sie durch eine Weltgesellschaft ideologisch unterwandert sieht. Niemandsländer sind für Hannah Arendt in den totalitären Weltgesellschaftsentwürfen sowohl der Stalinisten als auch der Nationalsozialisten die Bedingungen terroristischer Willkürherrschaft.[290]

Hannah Arendts Thesen sind im Zusammenhang mit der Menschenrechtsdebatte vielfach diskutiert und ebenso häufig auch kritisiert worden.[291] Die heute meistdiskutierte Theorie zu diesen Zonen findet sich jedoch nicht bei Arendt

287 Ebd.
288 Vgl. ebd.
289 Ebd.
290 Vgl. dazu Hannah Arendt, *Elemente und Ursprünge totaler Herrschaft. Antisemitismus, Imperialismus, totale Herrschaft*, München, Zürich: Piper 1986, S. 546 ff.; vgl. Christoph Menke, »The ›Aporias of Human Rights‹ and the ›One Human Right‹: Regarding the Coherence of Hannah Arendt's Argument«, in: *Social Research* 74/3 (2007), S. 739–762.
291 Vgl. Christoph Menke, Francesca Raimondi (Hg.), *Die Revolution der Menschenrechte. Grundlegende Texte zu einem neuen Begriff des Politischen*, Frankfurt a. M.: Suhrkamp 2011; Matthias Lutz-Bachmann, Hauke Brunk-

selbst, sondern bei Giorgio Agamben, dessen *homo sacer* der Bewohner solcher katastrophischer Niemandsländer ist. Mit der radikal dystopischen Vorstellung von Niemandsländern als Orten einer nicht nur inhumanen, sondern antihumanen Vernichtungsideologie bezieht sich Agamben unter anderen auch auf Georges Bataille und Roger Caillois, die Ende der 1930er Jahre zusammen mit Michel Leiris die bereits erwähnten Vorträge des Collège de Sociologie initiierten und organisierten.[292] Viele der dort von 1937 bis 1939 gehaltenen Vorträge kreisen um Fragen von Macht, von Ein- und Ausschluss, Diskriminierung, um die Krise Europas im Lichte des heraufziehenden Faschismus und des drohenden Krieges. Eine besondere Aufmerksamkeit gilt der Aussonderung, dem Exil und der Gefährdung im Niemandsland. Leiris hatte dort – wie oben bereits besprochen – das Sakrale im Alltag und die Niemandsländer zum Thema gemacht.

Beide Aspekte, das Sakrale des existentiellen Menschseins und die damit einhergehende Aussonderung, werden in Agambens Theorie radikalisiert. Dabei ist es für ihn nicht nur das Lager im strengen Sinn des Wortes, das dieses Phänomen hervorbringt. Es können etwa auch »*zones d'attente*«[293] sein, ein Hotel am Flughafen etwa, »in dem die normale Ordnung de facto aufgehoben ist«.[294] Agamben bezeichnet solche lagerartigen Orte als »Niemandsland zwischen Öffentlichem Recht und politischer Faktizität, zwi-

horst, Wolfgang R. Köhler (Hg.), *Recht auf Menschenrechte. Menschenrechte, Demokratie und internationale Politik*, Frankfurt a. M.: Suhrkamp 1999.
292 Vgl. Irene Albers, *Der diskrete Charme der Anthropologie. Michel Leiris' ethnologische Poetik*, Konstanz: Konstanz University Press 2018.
293 Giorgio Agamben, *Homo sacer. Die souveräne Macht und das nackte Leben*, übers. von Hubert Thüring, Frankfurt a. M.: Suhrkamp 2002, S. 183; vgl. dazu: Andrew Norris, »Giorgio Agamben and the Politics of the Living Dead«, in: *Diacritics* 30/4 (Winter 2000), S. 38–58 und Ludger Schwarte (Hg.), *Auszug aus dem Lager. Zur Überwindung des modernen Raumparadigmas in der politischen Philosophie*, Berlin, Bielefeld: Akademie der Künste/transcript 2007.
294 Agamben, *Homo sacer*, S. 183.

schen Rechtsordnung und Leben«.[295] Ein solcher Ort kann
für Agamben auch das Leben in einem Mönchsorden sein.
Damit ist für ihn jeder Ort, der die Ununterscheidbarkeit
eines im Ausnahmezustand verharrenden politischen Handelns perpetuiert, ein Lager.

> Wer das Lager betrat, bewegte sich in einer Zone der
> Ununterscheidbarkeit zwischen Außen und Innen, Aus-
> nahme und Regel, Zulässigem und Unzulässigem, in
> welcher die Begriffe selbst von subjektivem Recht und
> rechtlichem Schutz keinen Sinn mehr hatten [...].[296]

Die Sphäre jenseits der Scheidungen, die für Georg Simmel
positiven Charakter hatte und gerade aufgrund der hier erwähnten Ununterscheidbarkeit ein ganz spezifisch friedliches Potential zu haben schien, mutiert bei Agamben – wie
auch schon bei Hannah Arendt – zum Ort des reinen Ter-
rors. Rekurrierend auf die Machttheorien von Carl Schmitt
und Michel Foucault bzw. die Totalitarismuskonzeption
von Hannah Arendt[297] ist für Agamben das Lager der Ort
des »nackten Lebens«.[298] Es charakterisiert – gewissermaßen als der normale Ausnahmezustand – das Scheitern des
modernen Nationalstaates, der sich nur konstituieren und

---

295 Giorgio Agamben, *Ausnahmezustand* (= *Homo Sacer*. Bd. II.1), übers
von Ulrich Müller-Scholl, Frankfurt a. M.: Suhrkamp 2004, S. 8.
296 Agamben, *Homo Sacer*, S. 180.
297 Vgl. dazu Francesca Raimondi, »Prekäre Politik. Hannah Arendt
zur Flüchtlingsfrage«, in: *HannahArendt.net. Zeitschrift für politisches
Denken* Band 8,1 (April 2016) (online unter ⟨http://www.hannaharendt.
net/index.php/han/article/view/346⟩, abgerufen am 2.4.2020). Vgl. dazu:
Arendt, *Elemente und Ursprünge totaler Herrschaft*, S. 560; Eva Geulen,
Kai Kauffmann, Georg Mein (Hg.), *Hannah Arendt und Giorgio Agamben.
Parallelen – Perspektiven – Kontroversen*, München: Fink 2008.
298 Vgl. dazu auch: NO MAN'S LAND von Boris Tanović (2001). Der Film
erzählt die Geschichte von drei bosnischen bzw. bosnisch-serbischen
Soldaten, die in einem Schützengraben aufeinandertreffen und neben
ihrer Feindschaft auch Gemeinsamkeiten erkennen.

erhalten kann durch die Aussonderung des nackten Lebens ins totalitäre Niemandsland.

Die dystopische Seite, wie sie mit Agambens *homo sacer* das totale Ausgeliefertsein im Bezirk radikaler und intendierter Rechtlosigkeit markiert, ist im 20. Jahrhundert oft begleitet von einer Sehnsucht nach Räumen jenseits staatlicher und sozialer Regelhaftigkeit, die als Möglichkeitsräume eine Ressource von Freiheit, Tagtraum und Spiel repräsentieren. So wird immer wieder der Versuch unternommen, in den Niemandsländern doch auch noch deren andere Seite, also Freiraum für Spiel, Imagination und Begegnungen, ja die Freiheit, nicht zu besitzen, und, damit verbunden, eine Freiheit zur Nichtidentität zu finden.

Diese irritierende Verwandtschaft von Lager und Allmende – oder moderner, den Commons – betont etwa Donald S. Pease in seiner Abhandlung »From the Camp to the Commons«.[299] Er bezieht sich dabei einerseits auf die Theorien von Giorgio Agamben und andererseits auf neuere Thesen zur Funktion der Commons, wie sie u. a. Michael Hardt und Antonio Negri[300] vorlegen:

Whereas the Camp designates a spatial event that reduces human forms of life to the diminished form of creaturely life Agamben called homo sacer, the Commons supplies Hardt and Negri with theatrical space to stage the springing up of the »Multitude« whose members develop relations of solidarity and cooperation within yet against the terrifying biopolitical power at work in Agamben's Camp.[301]

299 Donald S. Pease, »From the Camp to the Commons: Biopolitical Alter-Geographies in Douglass and Melville«, in: *Arizona Quarterly* 72/3 (Herbst 2016), S. 1–24.
300 Michael Hardt, Antonio Negri, *Commonwealth*, Cambridge Mass.: Harvard UP 2011; dies., *Multitude: War and Democracy in the Age of Empire*, Cambridge Mass.: Harvard UP 2006.
301 Pease, »From the Camp to the Commons«, S. 2.

Einmal beraubt der leere Raum des Niemandslandes das Subjekt aller seiner Rechte, im anderen Fall wird er zur Bühne der Selbstermächtigung.[302]

Agamben selbst hat genau diese irritierende Verbindung an anderer Stelle aufgegriffen und dabei den ebenfalls irritierenden Zusammenhang von Regeln – strengen Ordensregeln des christlichen Mönchtums – und Freiheit diskutiert: »Ist eine Lebensform denkbar, also ein dem Zugriff des Rechts vollständig entzogenes Menschenleben und ein Körper- und Weltgebrauch, der nicht in der Aneignung mündet?«, fragt er sich in der Einleitung zu *Höchste Armut. Ordensregeln und Lebensform*, dem Band IV.1 des *homo-sacer*-Projekts. Am Beispiel der franziskanischen Regeln führt er dieses scheinbare Paradox von Regel und Freiheit aus. Die Ordensregeln der Franziskaner verlangen, Christus in radikaler Armut nachzufolgen. Diese Forderung führt im innerkirchlichen Armutsstreit, der im 13. Jahrhundert beginnt, zu lang andauernden und prominent besetzten Debatten. So argumentiert etwa Hugo von Digne, dass es neben Besitz und Eigentum irdischer Dinge auch Nießbrauch und einfachen Gebrauch gebe. Der Gebrauch wiederum sei vom Eigentum zu trennen, man könne also Dinge auch *ge*brauchen – ob auch *ver*brauchen, bleibt die Frage –, ohne sie zu besitzen. Hugo von Digne, so Agamben, bestehe auf dem »Recht, rechtlos zu sein.«[303] In direkter Anspielung auf Hannah Arendt stellt Agamben den rechtlosen Menschen, dem nur das nackte Leben geblieben ist, als den wahren Freien dar.[304]

Die Entkopplung von Gebrauch und Eigentum führt weit weg von den politischen Debatten um Lager und politische

---

302 Vgl. ebd., S. 7. Pease zeigt dies am Beispiel englischer Romane des 19. Jahrhunderts, u. a. *Moby Dick*, auf.
303 Giorgio Agamben, *Höchste Armut*, S. 168.
304 Werner Hamacher, »Vom Recht, Rechte nicht zu gebrauchen«, in: Cornelia Vismann, Thomas Weitin (Hg.), *Urteilen / Entscheiden*, München: Fink 2006, S. 269–290.

Willkür. Vielmehr geht es darum, den Gebrauch von Dingen gegenüber ihrem Besitz zu rechtfertigen. Anders formuliert, bedeutet dies, dass diejenigen, die Dinge anhäufen, die sie nicht brauchen und nicht gebrauchen, sondern sie auf diese Weise nur dem Gebrauch durch andere entziehen, sich des Missbrauchs schuldig machen. Umgekehrt sind diejenigen, die nur gebrauchen, was sie wirklich benötigen, die wahren Heiligen in der Nachfolge Christi. Selbstverständlich lautet das Gegenargument in diesem Streit, dass der Gebrauch – vor allem dann, wenn etwas *ver*braucht wird – einer Aneignung gleiche und damit die faktische Voraussetzung für rechtmäßiges Eigentum sei. Der theologische Streit um die franziskanische Armut bleibt letztlich fruchtlos.

Agamben zeigt, warum die Argumente der Mönche sich nicht durchsetzen konnten, und plädiert für eine andere Strategie: Er sieht in der Armut die einzig mögliche nachmoderne Lebensform. »In ihrer Art, von den Dingen Gebrauch zu machen, ist die ›höchste Armut‹ die Lebensform, die auf den Plan tritt, wenn alle Lebensformen des Abendlands ihre geschichtliche Vollendung erreicht haben.«[305]

Was bei Agamben etwas theologisch, pathetisch und dabei ebenso utopisch wie dystopisch klingt, verfolgt der Historiker Peter Linebough in seinen verschiedenen, politisch engagierten Untersuchungen zur Geschichte der Commons, zu *enclosures* und *resistance*, denn die Überlegung, Eigentum und Gebrauch zu entkoppeln, ist nicht verschwunden, sondern findet unter anderem in historischen Untersuchungen zu Eigentumssystemen ihren Niederschlag. Es ist nicht die Geschichte mönchischer Ordensregeln, sondern diejenige vormoderner, nichteuropäischer oder auch vergessener und diskriminierter Theorien und Praktiken der Commons, der gemeinsamen Nutzung ohne Eigentumsrechte, die Linebough nachzeichnet. Prominentes Beispiel ist dabei immer wieder der Wald als Raum gemeinschaftlicher Nutzung.

305 Agamben, *Höchste Armut*, S. 194.

Linebough kann zeigen, dass Privateigentum an Grund und Boden keineswegs der selbstverständliche, immer gültige Standard gewesen ist. Er spricht von einer »Invisibility of the Commons«,[306] die nicht nur für die Geschichtswissenschaft, sondern auch für die politische Theorie gelte.

Diese Unsichtbarkeit charakterisiert offenbar diejenigen Räume, die sich einer – kapitalistischen, modernen – eigentumsrechtlichen Festlegung entziehen. Viele moderne Niemandsländer sind tatsächlich versteckt und nur noch für ihre Bewohner überhaupt zu erkennen.

4 Ruderalflächen: Spielplätze für Kinder – und Erwachsene

Die seit der Romantik vielfach adressierten *terrains vagues* innerhalb großer Städte, an denen sich Kindheitserinnerungen und Stadtspaziergänger, Flaneure und die Ethnographen der eigenen Welt abarbeiten, werden im 19. und 20. Jahrhundert zu einem weit verbreiteten und immer wieder variierten Thema literarischer Imagination. Es sind brachliegende Flächen, Baulücken, Bombenkrater aus vergangenen Kriegen, Gleisanlagen, aufgelassene Fabriken, Ruderalflächen an Straßenrändern, an und in denen sich eine bunte Population von Pflanzen, Tieren und Menschen findet.[307] Sie scheinen ein Versprechen auf Abenteuer und Zerstreuung zu verkörpern, eine spezifische Form von Freiheit zu ermöglichen, so etwas wie genuine – nicht immer ungefährliche – Spielplätze zu sein.

---

306 Peter Linebough, *Stop, Thief! The Commons, Enclosures and Resistance*, Oakland: Pm Press 2014, S. 249 ff.

307 Wenig idyllisch allerdings: Maxim Kantor, *Haus im Niemandsland*, Berlin: Poll-Edition/Moskau: Sabaschnickov 1993, S. 23: »Meine Jugend verbrachte ich in einem Moskauer Arbeiterviertel. Koptewo – kein guter Bezirk, einer der übelsten. ... Vor dem Fenster sah ich graue Betonbaracken und fahles gereiftes Gras am Schienenstrang, das auch weiter hinten wucherte – auf den Ödflächen und Müllhalden.«

Es waren zunächst nicht die Kulturwissenschaften, sondern die Stadtgeographie und die Ökologie, die den Aus-
schlag gaben, sich vermehrt mit diesen Gebieten zu befassen, Stadtbrachen zu beachten, ihre Biodiversität als Chance
zu sehen und ihre Funktion innerhalb hoch verdichteter
Stadtlandschaften neu zu bewerten.[308] Über diesen Umweg
konnten für das *terrain vague*[309] dann auch die kulturelle
Dimension aufgearbeitet und eine literarische Geschichte
geschrieben werden.[310] Das städtische Niemandsland, das,

308 Vgl. Andreas Feldtkeller (Hg.), *Städtebau: Vielfalt und Integration.*
Neue Konzepte für den Umgang mit Stadtbrachen, Stuttgart, München:
Dt. Verl.-Anst. 2001; Dieter D. Genske, Susanne Hauser (Hg.), *Die Brache*
als Chance: Ein transdisziplinärer Dialog über verbrauchte Flächen (Geowis-
senschaften und Umwelt), Berlin: Springer 2003; *MehrWert für Mensch*
und Stadt: Flächenrecycling in Stadtumbauregionen. Strategien, innovative
Instrumente und Perspektiven für das Flächenrecycling und die städtebau-
liche Erneuerung. Dokumentation des 1. Workshops »Flächenrecycling
in Stadtumbauregionen« in Freiberg, Sachsen, 20.–21. 9. 2005, hg. von
Bundesamt für Bauwesen und Raumordnung in Kooperation mit dem
Umweltbundesamt und dem Projektträger Jülich, Bonn 2006 (online
unter https://www.bbsr.bund.de/BBSR/DE/Veroeffentlichungen/Sonder-
veroeffentlichungen/2006/flaechenrecycling.html?nn=413102); Roland
Ostertag, »Umbruch – Brache – Aufbruch. Der Garten – das Paradies?«,
in: Kunibert Wachten (Hg.), *Wandel ohne Wachstum? Stadt-Bau-Kultur im*
21. Jahrhundert, Braunschweig: Vieweg 1996, S. 174–185; Heidi Müller,
Gisela Schmitt, Klaus Selle (Hg.), *Stadtentwicklung rückwärts! – Brachen*
als Chance? Aufgaben, Strategien, Projekte. Eine Textsammlung für Praxis
und Studium, Dortmunder Vertrieb für Bau- und Planungsliteratur 2004.
309 Vgl. Jacqueline M. Broich, Daniel Ritter (Hg.), *Die Stadtbrache als*
»terrain vague«. Geschichte und Theorie eines unbestimmten Zwischenraums
in Literatur, Kino und Architektur, Bielefeld: transcript 2017; Ignasi de Sola-
Morales Rubio, »Terrain Vague«, in: Cynthia C. Davidson (Hg.), *Anyplace*,
Cambridge Mass.: MIT Press 1995, S. 118–123.
310 Vgl. Burkhard Schäfer, *Unberühmter Ort. Die Ruderalfläche im magi-*
schen Realismus und in der Trümmerliteratur, Frankfurt a. M. u. a.: Lang
2001; Helmut Lethen, »Ein heimlicher Topos des 20. Jahrhunderts«, in:
Gustav Frank (Hg.), *Modern Times? German Literature and Arts Beyond*
Political Chronologies. Kontinuitäten der Kultur 1925–1955, Bielefeld:
Aisthesis 2005, S. 213–219. Vgl. auch: Nadine Kahnt, »Terrain Vague«
(online unter https://phoenix.blverlag.ch/terrain-vague/, abgerufen am
2. 4. 2020); Anonym/GrünBerlin-Gruppe, »Park am Gleisdreieck. Stadt-

inspiriert von Biologie und Ethnologie, als ein Raum besonderer Begegnungen und Gefahren erkannt wurde und als literarischer Ort im Grunde seit der Romantik eine wichtige Rolle gespielt hat, aber nie im Zusammenhang erforscht und hervorgehoben wurde, wird nun neu entdeckt.[311]

»Erinnern Sie sich, wie Sie in Ihrer Kindheit am Tümpel in der nahen Kiesgrube gekauert sind und Kaulquappen aus dem Wasser gefischt haben?«, so beginnt die Einleitung zu einer Schweizer Publikation über *Brachland. Urbane Freiräume neu entdecken.* Es sind neben den ökologischen insbesondere auch soziale oder auch pädagogische: »Auf Brachflächen gelten andere Regeln – beziehungsweise zunächst gar keine«.[312] Daher sind Begegnungen auf städtischen Brachen auch anders als solche in Vereinen oder an Arbeitsstellen, man kann es »dabei bewenden lassen«, wenn man auch nur mal einen Sonnenuntergang zusammen betrachtet, man »lässt es gut sein« und geht nach Hause.[313] »Die Stadtbrache ist nun nicht mehr bloß ein verwahrlostes, unbestimmtes Gebiet der Stadt, sondern auch ein Ort ohne klare Grenzen und Definitionen – also ein Territorium, das sich zum Möglichkeitsraum aufwerten lässt.«[314]

Ähnlich wie Michel Leiris bringen auch die Stadtplaner und Ökologen die städtische Brache mit Kindheitserinne-

wildnis« (online unter https://gruen-berlin.de/gleisdreieck/ueber-den-park/stadtwildnis, abgerufen am 2.4.2020): »Vor einem Jahrzehnt war das Gebiet der Stadtwildnis noch auf rund zwei Dritteln vegetationsfrei. Heute ist die Fläche nahezu vollständig bewachsen. Die Luftbilder von 2004 und 2015 zeigen die Veränderung von der weitgehend unbewachsenen Fläche zur dicht begrünten Stadtwildnis.«

311 Vgl. historische Bedeutungen der Brache: Hermann Droop, *Untersuchungen ueber das Wesen und Wirken der Brache*, Heidelberg, Univ. Diss. 1898; Joseph C. Leo, *Reizendes Beyspiel der Nützlichkeit und Möglichkeit zu Abschaffung der Brache*, Frankfurt a. M.: Eichenberg 1777.

312 Sabine Tschäppeler, Sabine Gresch, Martin Beutler (Hg.), *Brachland. Urbane Freiflächen neu entdecken*, Bern u.a.: Haupt 2007, S. 23.

313 Ebd., S. 24.

314 Kahnt, »Terrain Vague«.

rungen und spielerisch genutzten Möglichkeitsräumen in Verbindung, als seien Kindheit und städtische Niemandsländer in fast natürlicher Weise aufeinander bezogen. »Aus städtebaulichen Ärgernissen verwahrloster Randzonen, sogenannter *terrains vagues*, haben sich längst potenzielle Möglichkeitsräume des urbanen Lebens entwickelt.«[315] Tatsächlich finden sich auch zahlreiche literarische Texte, in denen Niemandsländer, Brachen, Ruinen, aufgelassene Fabrikgelände, Ruderalflächen und verlassene Grundstücke zum Raum mehr oder weniger glücklicher, mehr oder weniger gefährlicher und spannender Kindheitserinnerungen werden. Das gilt nicht nur für zeitgenössische Literatur, sondern – wie neuere Forschungen zeigen konnten – bereits für diejenigen, die im 19. Jahrhundert Stadtbrachen – insbesondere die Pariser Banlieue – entdeckten.[316]

1919 markiert Oskar Loerkes Erzählung »Die Puppe« den Beginn einer Konjunktur von Texten, die sich mit den unheimlichen oder auch ganz im Gegenteil heimeligen städtischen Niemandsländern befassen. Eine Baulücke, eingezäunt und verwildert, wird zum Anziehungspunkt; nicht so sehr, weil der Ort selbst fasziniert, sondern weil sich dort ein herrenloser Koffer findet: *res nullius* in der *terra nullius*. Tatsächlich zeichnen sich Stadtbrachen und aufgelassene Industriebrachen dadurch aus, dass sich dort überall auch verlorene, geheimnisvolle Dinge, kaputte Gegenstände, verrostete Werkzeuge, alte Gleisanlagen oder zerborstene Fenster finden.

315 Ebd.
316 Vgl. dazu Broich, Ritter, *Die Stadtbrache als »terrain vague«*, S. 28. Manfred Russo parallelisiert das expansive Interesse an den Peripherien, die anthropologische Neugier, mit der die Großstadtflaneure, die Intellektuellen und Schriftsteller die ›exotische‹ Umgebung der Stadtzentren erforschen, mit dem kolonialen Expansionsdrang und der Faszination, mit der die europäischen Staaten im 19. Jahrhundert andere Kontinente erforschen und in Besitz zu nehmen versuchen. (Manfred Russo, *Projekt Stadt: Eine Geschichte der Urbanität*, Basel: Birkhäuser Verlag 2016, S. 69 ff., besonders S. 88.)

Loerkes Text beginnt programmatisch: »Die Erde gehört niemandem«.[317] Dieser Gedanke kommt dem armen Schedel, einem in jeder Hinsicht armen, benachteiligten, ja fast unsichtbaren Menschen, der mitten in Berlin zwischen zwei Brandmauern das »verfluchte[ ] Unlandstück[ ]« entdeckt, wo Brennnesseln wuchern und es nach Hundeurin stinkt.[318] Er reiht sich damit – ohne dies allerdings zu ahnen – in die Reihe derjenigen ein, die seit der Antike, von Cicero bis Arendt, darüber spekulieren, wem denn nun die Welt gehören soll.

Der Koffer, der halb verdeckt im Kraut des Grundstücks versteckt liegt, ist aus grauem Segeltuch und erscheint Schedel wie »ein Zwergenhaus mitten im Unort«.[319] Das Zwergenhaus im Unort hat für den nicht wirklich erwachsenen Mann eine unwiderstehliche Anziehung. Er vermutet – ohne es je zu überprüfen – einen Inhalt, der ebenfalls an – sexualisiertes – Kinderspiel erinnert:

> In ihm lag all die Zeit die Puppe im gelben Kleide, den Kopf nach unten, die dicken Füße mit den schwarzen Wachstuchschuhen hoch gegen die vordere Schmalwand gestemmt, das abgegriffene Portemonnaie mit den vier Geldscheinen unter ihrem Gesäß.[320]

Vielleicht befindet sich dort aber auch ein Hut oder eine Pfeife: Schedel hat das Grundstück nie betreten, den Koffer nie geöffnet.

Als eine Gruppe Schulkinder neugierig genau dies versuchen will, reagiert er panisch und bricht am Ende hilflos zusammen. Das – imaginäre – Spielzeug wird nie gefunden. Die im Koffer gefangene Puppe mit dem Geld unter ihrem

317 Oskar Loerke, »Die Puppe«, in: Fritz Martini (Hg.), *Prosa des Expressionismus*, Stuttgart: Reclam 1983, S. 272–281, S. 272.
318 Ebd., S. 275.
319 Ebd.
320 Ebd., S. 276.

Gesäß gehört niemand, genau wie die Erde, genau wie der »Unort«. Genauso wie auch Schedels Gedanken nicht eigentlich ihm gehören, sondern vielmehr er besessen ist von seinen fixen Ideen.

»Die Erde gehört niemand. Sie war auch dem Auge kein Vaterland«,[321] wird am Ende der erste Satz der Erzählung noch einmal aufgegriffen und variiert. Schedels »Weltkummer«[322] hängt irgendwie mit der Puppe, dem Koffer und dem »Unort« zusammen, aber er weiß nicht, wie und warum. Schedel hat kein Vaterland und wagt sich nicht an die Puppe, auch nicht an das Geld. Das Niemandsland ist ihm ein Spielplatz für seine Imaginationen, die allerdings nicht kreativ, sondern zwanghaft werden. In einem verhängnisvollen Dazwischen – zwischen dem Kind mit seinem Spielpatz und dem Erwachsenen mit seinen Phantasien, mitten in einer verkorksten und nie enden wollenden Pubertät – verliert er sich.

Nicht alle Spielplätze in den Niemandsländern sind so gefährlich wie das brachliegende Grundstück von Oskar Loerke. Viele Texte aus der Nachkriegszeit des Zweiten Weltkriegs thematisieren die Trümmerlandschaften der verwüsteten Städte in Ost und West und finden dort überraschende Schönheit und ein kleines Glück. Brigitte Kronauer reflektiert in ihren Essays wiederholt ihre Sehnsucht nach Natur, ihre besondere Liebe zum Wald, ihre Sensibilität für »›Waldeinsamkeit‹«,[323] und sieht darin eine Folge ihrer Kindheit im zerbombten Ruhrgebiet:

Jedenfalls habe ich zwischen fünf und dreizehn Jahren jedes überwucherte Restparadiesgärtchen, jede Neuansiedlung eines noch so winzigen Unkrautidylls, oft war es das sogenannte und stets verlauste ›Trümmer-

321 Ebd., S. 278.
322 Ebd.
323 Brigitte Kronauer, »Hotel Wald International«, in: Dies. (Hg.), *Zweideutigkeit, Essays und Skizzen*, Stuttgart: Klett-Cotta 2002, S. 22.

lieschen‹ (= schmalblättriges Weideröschen), zwischen
den zusammengebrochenen Häusern unserer damali-
gen Umgebung aufgespürt und in heimlichen Nachmit-
tagssitzungen, in hastigen Verweilpausen vor und nach
der Schule zu meinem unumschränkten Eigentum erklärt.[324]

Was niemandem gehört, oder was von niemandem gepflegt
wird, kann von dem verträumten Schulkind in Besitz genommen werden, allerdings nicht, um diese »Restparadiesgärtchen« zu kultivieren und zu kolonisieren, sondern
nur – wie kluge Kinder es tun –, um dort eine Pause vom
Alltag zu haben.[325]

Die kleinen Fluchten, die sich in die Routine des Alltäglichen einfügen lassen, sind Momente und Orte der Phantasie, die sich von diesen Trümmerlandschaften ein Leben
lang ernähren kann:

In die strengen Ausströmungen der wenigen im Schutt
gedeihenden Blumen mischte sich fast immer der spezifische, je nach Witterung schwankende Gestank von Ab-
fällen und verwesendem Kleingetier, aber ich muss wohl
auch damals schon die Idealvorstellung eines echten
Waldgeruchs nach Pilzen, Laub, Moder, Holz durchaus
in mir gehabt und das tatsächlich Wahrgenommene mit

324 Ebd.
325 Vgl. Alexander Honold, »Selbstbegegnung auf gewundenem Pfad:
erzählte Landschaftsräume in Kronauers ›Berittener Bogenschütze‹«,
in: Tanja van Hoorn (Hg.), *Brigitte Kronauer*, Berlin: De Gruyter 2018,
S. 236–255; Tanja van Hoorn, »Brigitte Kronauers politische Natur-
Aesthetik«, in: Dies. (Hg.), *Brigitte Kronauer*, S. 187–202; Alke Brockmeier,
»Eine Utopie der Natur? Multiperspektivische Naturbetrachtungen in
Erzählungen von Brigitte Kronauer«, in: Tanja van Hoorn (Hg.), *Brigitte
Kronauer*, S. 203–217; Ute Weidenmüller, »Anpassung, Verführung,
Täuschung: extreme Natur(an)sichten in Brigitte Kronauers ›Die Tricks
der Diva‹«, in: Tanja van Hoorn (Hg.), *Brigitte Kronauer*, S. 218–235; vgl.
auch: Brigitte Kronauer, *Natur und Poesie*, Stuttgart: Klett-Cotta 2015.

der selbstverständlichen Routine einer, wenn's drauf ankommt, Quartalshedonistin dahingehend zuendephantasiert haben.[326]

Nicht von guten Gerüchen, sondern nur von Gestank durchzogen ist der ungeheuerliche, riesige Unort, den Wolfgang Hilbig in *Alte Abdeckerei* beschreibt.[327] »Fragmente der Betonbefestigung, die völlig verwachsen waren von Gesträuch und Gras, überschüttet offenbar von der Kohlenlast umgestürzter Bahnloren, und durchmischt vom Geröll der zerbröckelnden Betondecke [...]«.[328] Da findet sich einer wieder, der schon als Kind allein durch die finsteren Gegenden rund um die Wohnsiedlungen gestreift war:

Von jedermann waren andere Geschichten zu hören, die davon abrieten der Mühle zu nahe zu kommen: die finsterste besagte, es hätten sich in dem verlassenen Anwesen die Fremden eingenistet, Leute aus Osteuropa, die hier den Krieg überstanden hätten und ihr Versteck danach nicht mehr aufgegeben [...] Sie waren verschlagen und gewalttätig, sie waren unverständlich und unnahbar – je östlicher, desto gefährlicher der Menschenschlag [...].[329]

Der Junge fürchtet, dass sie ihm ansehen würden, dass er »selbst aus einer Familie kam, deren Ursprünge weit im Osten lagen [...]«.[330] Auf eine befremdliche Weise gehört er selbst zu diesen Menschen, die entweder aus dem Osten kommen oder eben in der alten Abdeckerei arbeiten,

---

326 Kronauer, »Hotel Wald International«, S. 22.
327 Wolfgang Hilbig, *Alte Abdeckerei. Erzählung*, Frankfurt a. M.: Fischer 1990. Der kurze Text war ein großer Erfolg und wurde in allen Feuilletons – mit Ausnahme von Marcel Reich-Ranicki – gefeiert. Vgl. Wolfgang Wittstock (Hg.), *Wolfgang Hilbig. Materialien zu Leben und Werk*, Frankfurt a. M.: Fischer 1994, S. 180–189.
328 Hilbig, *Alte Abdeckerei*, S. 13.
329 Ebd., S. 21.
330 Ebd., S. 22.

die sich in einem alten, halb verfallenen und aufgelassenen Kohlebergwerk – Germania II – befindet. Daher kommt auch der verdreckte, stinkende Fluss, in dem die ekligen Reste der getöteten Tiere schwimmen.[331] Der Bach führt wie eine geheimnisvolle Spur immer weiter weg von den hell beleuchteten Siedlungen, immer weiter hinein in den »Dunstsud« und die »übelriechende Dämmerung«.[332] Was wie ein zielloses Streifen durch die Außenbezirke einer heruntergekommenen Industriestadt wirkt, ist am Ende aber doch so etwas wie eine Suche. »Wahrscheinlich war es nur ein einziger Ort, den ich suchte … ein Ort, von dem ich mich damals vertrieben gefühlt hatte, oder weil dort noch etwas von mir versteckt war […]«.[333]

Das Niemandsland der alten Industriebrache vermittelt eine Ahnung von verlorener Heimat und ungelebter Zugehörigkeit, was ebenso irritierend wie faszinierend ist. Die Suche bleibt erfolglos, im Gegenteil, sie macht deutlich, dass es kein Ankommen geben kann: Der Junge gehört zu den Exilanten aus »Haltlosigkeit«, die nie eine Heimat gehabt hatten: »Wir waren nicht von den Wurzeln gerissen worden, wir hatten nicht unsere Rechte verloren, wir waren exiliert, weil wir Wurzeln und Rechte nie gehabt hatten […].«[334] Letztlich wird es darum gehen, sich in der

331 Vgl. Sabine Nöllgen, »The darkness of the Anthropocene: Wolfgang Hilbig's ›Alte Abdeckerei‹«, in: Sabine Wilke, Japhet Johnstone (Hg.), *Readings in the Anthropocene. The Environmental Humanities, German Studies, and Beyond*, New York: Bloomsbury Academic 2017, S. 148–165; Hiroshi Yamamoto, »Fabrikruinen und Tagebaureste: Chronotopoi in Volker Brauns ›Bodenloser Satz‹ und Wolfgang Hilbigs ›Alte Abdeckerei‹«, in: *Neue Beiträge zur Germanistik* 13/1 (2014), S. 186–200; Uwe Schoor, Gerhard Bauer, »Das tickende Fleisch unterm Gras: Wolfgang Hilbig, *Alte Abdeckerei*«, in: Gerhard Bauer, Robert Stockhammer (Hg.), *Möglichkeitssinn. Phantasie und Phantastik in der Erzählliteratur des 20. Jahrhunderts*, Wiesbaden: Westdeutscher Verlag, S. 239–253.
332 Hilbig, *Alte Abdeckerei*, S. 41.
333 Ebd., S. 61.
334 Ebd.

»Wurzellosigkeit«[335] ganz einfach auszuruhen und allmählich in ein Land der Erinnerungen hinüberzugleiten, in dem sich Pflanzen und Tiere, Erde und Luft, Materie und Gedanken miteinander vermischen und zu einem Strom des Vergessens werden, der ins Nichts führt. Ein Niemandsland ist der einzige Ort, der dies erlaubt.

Unter den vielen weiteren Beispielen, die man hier anführen könnte, um zu zeigen, wie Niemandsländer als Spiel- und Traumorte funktionieren, eignet sich wohl Georg Kleins *Roman unserer Kindheit* aus dem Jahr 2010 besonders gut.[336] Der Text berichtet vom zugleich heimeligen und unheimlichen Leben einer Kinderbande im Brachland der Großstadt. In den 60er Jahren des 20. Jahrhunderts irgendwo in Deutschland – manchmal eher im Ruhrgebiet, dann doch eher wieder in einer süddeutschen Stadt – wird die Geschichte der Kinder von einem Wesen erzählt, das sich selbst in einer Art Niemandsland zu befinden scheint – nämlich kurz vor seiner Geburt und offenbar auch kurz vor seinem Tod, im dunkeln Inneren des Mutterleibes. Berichtet wird, wie sich ungefähr 30 Kinder zusammen die Sommerzeit mit Geschichten, kleinen Raubzügen, Mutproben, Sammeln, Spielen und Essen vertreiben.[337]

335 Ebd.
336 Eine andere Wahl hätte sein können, sich mit der Literatur und auch den Photoarbeiten zu verschwundenen Landschaften zu befassen. Dazu gibt es besonders für die Gebiete der ehemaligen DDR zahlreiche Beispiele, von denen einige in: Martin Ehrlicher, Marc Weiland (Hg.), *Topographische Leerstellen. Ästhetisierung verschwindender und verschwundener Dörfer und Landschaften*, Bielefeld: transcript 2018, besprochen werden. Vgl. auch Thomas Windisch, Thomas Mach, Ilija Trojanow (Hg.), *Wer hat hier gelebt. Augenreise zu verlassenen Orten. Mythos und Wahrheit über Geisterhäuser und untergegangene Welten*, Wien: Brandstätter 2019.
337 Silke Horstkotte, »Der Tod des Erzählers: Thomas Hettches ›Nox‹, Thomas Lehrs ›Frühling‹ und Georg Kleins ›Roman unserer Kindheit‹«, in: Isabelle Staufer (Hg.), *Jenseitserzählungen in der Gegenwartsliteratur*, Heidelberg: Universitätsverlag Winter 2018, S. 61–97; Caroline Merkel, »Die offenen Geheimnisse der Gegenwart: Zeitgenossenschaft architektonisch erzählt«, in: Linda K. Hammarfelt, Edgar Platen, Petra Platen

Sie erkunden dabei Keller, leerstehende Kneipen, unbewohnte Häuser einer Neubausiedlung, Schrebergärten und verwahrloste Grundstücke:

> Der flache Abhang, der hinter dem Spielplatz nach Oberhausen hinunterführt, heißt zu recht Rosenhang, weil wilde Heckenrosen alles überwuchern. [...] Die Baufirma, die das Gelände einem der Bauern, die die Wiesen hinunter nach Oberhausen mähen, abgekauft hat, spekuliert darauf, dass die Neue Siedlung eines Tages mit der alten Vorstadt Oberhausen zusammenwachsen wird. Bis dahin kümmert man sich nicht weiter um den erworbenen Grund.[338]

Es handelt sich nicht um Natur oder gar Wildnis, sondern um einen verwilderten Ort, den die Bewohner der umliegenden Siedlungen als Müllkippe verwenden[339] – und damit den Kindern eine Freude machen. Dieser übersehene Fleck zwischen den Siedlungen ist für die Kinder ein Ort, an dem sie Dinge sammeln, sich selbst versammeln, vor allem auch (Witze) erzählen und so einen Zusammenhang stiften, der sich in den vielen – oft kaum verständlichen – Geschichten unterschiedlicher Familien

(Hg.), *Erzählen von Zeitgenossenschaft. Zur Darstellung von Zeitgeschichte in deutschsprachiger Gegenwartsliteratur*, Bd. 10, München: Iudicium 2018, S. 94–105; Christoph Jürgensen, »»Eins zu eins ist jetzt vorbei«: urbane Räume bei Georg Klein und Alban Nikolai Herbst«, in: *Ich habe sie gesammelt, die unmöglichen Orte. Literarische Topographien der Gegenwart*, zusammengestellt von Jörg Schuster, Jan Süselbeck, Kevin Vennemann, in: *die horen. Zeitschrift für Literatur, Kunst und Kritik*, Bd. 257, 60. Jahrgang, Göttingen: Wallstein 2015, S. 164–174; Leonhard Herrmann, »Andere Welten, fragliche Welten: fantastisches Erzählen in der Gegenwartsliteratur«, in: Silke Horstkotte, Leonhard Herrmann (Hg.), *Poetiken der Gegenwart. Deutschsprachige Romane nach 2000*, Berlin, Boston: De Gruyter 2013, S. 47–65.

338 Georg Klein, *Roman unserer Kindheit*, Reinbek bei Hamburg: Rowohlt 2010, S. 69.

339 Ebd.

und seltsam irrealen Figuren, die die Siedlung bewohnen, manifestiert.[340]

Irritierender als diese Brache ist allerdings eine andere Baulücke, die offenbar nur manchmal zu erkennen und die eher eine Art architektonische Erinnerungslücke ist, in der vergessen geglaubte Träume – Möglichkeiten – den einen oder anderen Passanten überraschen. So erinnert sich etwa einer der Väter, dass er früher gerne Akkordeon gespielt hat und jetzt auch wieder gerne spielen würde, weil er in der eigentlich gar nicht existierenden Lücke plötzlich einen sitzen sieht, der Akkordeon spielt.

Auch die erzählende Stimme befindet sich in einer Art Möglichkeitsraum oder besser einem Möglichkeitsstadium: Es spricht – das erschließt sich den Lesenden erst allmählich – die noch ungeborene Schwester eines der Jungen. Sie hätte einen Platz einnehmen können in der Kinderbande, hätte auf dem Sofa im Rosenhang sitzen und sie hätte eine Lücke füllen können in ihrer Familie. Diese Lücke hat sich am Ende des Romans geschlossen, das Kind wird nicht geboren, sondern stirbt, bevor es sein Leben beginnen kann.

Der Roman ist gewissermaßen in diese Lücke hineingewuchert und hat sich zwischen Tag- und Nachtzeiten, zwischen Sonnen- und Regentagen (so lauten die Kapitelüberschriften), zwischen Kindern und Erwachsenen, Vergangenheit – des Krieges – und Zukunft – des heraufziehenden Wirtschaftswunders –, vor allem aber zwischen Realität und Phantastik, Traum und Wirklichkeit einen Platz geschaffen, der unübersichtlich und regellos, ohne richtigen Anfang und echtes Ende auf eine provozierende Weise verwildert wirkt. Die wuchernde Poetik des Romans bezieht ihre Energie aus dem Niemandsland zwischen den bebauten Flächen, aber auch aus dem Raum zwischen Kindheit und Erwachsensein und sogar demjenigen zwischen Leben und Tod.

---

340 Vgl. dazu Caroline Merkel, *Produktive Peripherien: Literarische Aneignungen der Vorstadt*, Würzburg: Königshausen & Neumann 2016, Kap. IV, 3,2.

In den zuletzt betrachteten Texten haben sich die Niemandsländer ausgebreitet und verändert. Niemandsländer und ihre Herausforderungen gelten der Anthropologie und ihrer Literatur als unentbehrliche Ressourcen für gesellschaftlichen Zusammenhalt, aber auch für individuelle Entwicklung, und zwar gerade durch ihre Herausgehobenheit aus Ordnung und Stabilität. Leiris spricht vom »Sakralen«, das sich hier im Alltag zeige und erleben lasse. Bei Agamben, in der kritischen Nachfolge von George Bataille und Hannah Arendt, wird dieses Herausnehmen zur Ausnahme, zum radikalen Ausnahmezustand, der den Menschen ebenfalls in einen Moment des Sakralen, allerdings den des *homo sacer* versetzt, und ihm dabei alles nimmt, was Gesellschaft, Staat, Gesetz und Moral versprechen. Die Sakralität des *bad bush* ist auch bei Chinua Achebes *Things Fall Apart* das Hauptmerkmal des dörflichen Niemandslandes. Sie garantiert die Ordnung und ist doch zugleich auch Anlass dazu, Unordnung in die Gemeinschaft zu bringen. Das Sakrale im Zentrum des Dorfes wird zum Ort, an dem sich Kolonial- und Familiengeschichte treffen und ist damit auch Zentrum des Romans selbst, der um die Frage kreist, ob das traditionell Sakrale autoritäre Herrschaft oder notwendige Ressource repräsentiert.

Je düsterer die Geschichten um die Niemandsländer auf der einen Seite werden, desto deutlicher treten auf der anderen Seite diejenigen Niemandsländer hervor, die als Traumlandschaften und Spielplätze an die *terrains vagues* der Romantik und ihre immer noch vielversprechenden Möglichkeiten erinnern. Mitten im Schutt der Nachkriegszeit finden sich die duftenden Miniwälder von Brigitte Kronauer oder auch die zugewucherte Sitzbank der witzigen Kinderbande von Georg Klein.

Die Frage nach dem Zusammenhang von Macht, Herrschaft, Nationalstaaten und ihrer territorialen Verantwortung, vor allem für diejenigen, die keine Staatsbürger (mehr) sind, bleibt präsent und virulent im literarischen und theoretischen Niemandslandsdiskurs. Und auch die prekäre Koppelung von Eigentum und Subjektivität wird wieder aufgerufen: Oskar Loerkes kurzer Prosatext stellt zwar zu Beginn und am Ende die Frage, wem die Welt denn gehöre, geht dem aber weder politisch noch philosophisch nach, sondern zeichnet das Psychogramm eines Menschen, der angesichts eines brachliegenden, städtischen Niemandslands erlebt, wie wenig er sich selbst gehört, dass er niemandem und nichts zugehört, vollkommen verloren und vereinsamt ist.

5 *Cowboys lost in* no man's land

Auch wenn es im 20. Jahrhundert schon kaum mehr echte, also im juristischen Sinne tatsächliche Niemandsländer gibt, ist die Frage nach Legitimität und Verteilung von Eigentum, die nach staatlicher und privater Handlungsmacht, nach dem Verhältnis von Subjektivität und Besitz nicht aus den politischen Diskursen verschwunden, und entsprechend sind Niemandsländer und ihre Narrative von Inbesitznahme, Selbstsetzung und Selbstverlust, dem Verlust von Rechten und dem Zugang zu Gemeinschaft zugleich auch ein zentrales Thema von Kunst und Theorie geworden bzw. geblieben. In der aktuellen Debatte über Flüchtlingskrisen in Europa, den USA und Südostasien sind es vor allem die riesigen Lager, die sich auf Inseln und zwischen staatlichen Grenzen ausbreiten und trotz ihrer vorgeblich nur vorübergehenden Existenz nicht mehr aufgelöst werden. Prominentestes Beispiel für die literarische Reflexion dieser Niemandsländer ist wohl Elfriede Jelineks Schauspiel »Wir Schutzbefohlenen«, das das Flüchtlingselend im europäischen Mittelmeer auf die – knöchelhoch geflutete – Bühne gebracht hat. Das Theater wird als geographisches, aber auch als rechtliches und moralisches Niemandsland gezeigt.

Zum Schluss möchte ich aber nicht ein weiteres litera-
risches, sondern ein filmisches Beispiel wählen. Mehr als
ein Ausblick auf ein riesiges Feld, das einen prominenteren
Platz in einem Buch über Niemandsländer verdient hätte,
kann dies allerdings nicht sein. Eine Geschichte filmischer
Niemandsländer würde eine eigene Studie verlangen. Sie
hätte sich auf andere Schwerpunkte zu konzentrieren und
würde wohl auch zu anderen Ergebnissen kommen. Dies
liegt zum einen daran, dass sich die Beispiele notwendigerweise auf das 20. Jahrhundert zu konzentrieren hätten und
sich für den Film zudem auch andere thematische Schwerpunkte identifizieren ließen.

Viele Niemandslandsfilme setzen auf Abenteuer, dra-
matische Ereignisse und spektakuläre Rettung bzw. deren
Scheitern, so etwa die Geschichten vom Leben auf und der
Flucht von einsamen Inseln, sie erzählen von Kriegsereig-
nissen zwischen den Fronten, Reisen in den Weltraum oder
zum Mittelpunkt der Erde.[341] Dabei begegnet man vielen
Literaturverfilmungen, wie etwa denjenigen von Robinsonaden oder dystopischen Sozialexperimenten wie LORD OF
THE FLIES, das u. a. 1963 von Peter Brook verfilmt wurde.
Angeblich unbekannte Inseln und Strände, wie in THE
BEACH (2000) von Danny Boyle nach einem Roman von Alex
Garland, werden in einem zunächst harmlosen, dann aber
abenteuerlichen Zusammentreffen von Rucksackreisen-
den, Aussteigern und Cannabisbauern zu Horrorszenarien;
ebenso wie SHUTTER ISLAND von Martin Scorsese (2010),
wo Identitäten implodieren, Menschen verschwinden und
unaufklärbaren Verbrechen zum Opfer fallen. Zahlreiche
Filme inszenieren postapokalyptisches *Wasteland* nach dem

---

341 Vgl. auch NO MAN'S LAND – TATORT 911, US-amerikanischer Spiel-
film von Peter Werner (1987); Adaptionen von John Ballards *Concrete
Island: When Dinosaurs Ruled the Earth* (1970); CRASH! (1971); EMPIRE OF
THE SUN (1987); HIGH-RISE (2015); CAST AWAY (2000); LE VOYAGE DANS
LA LUNE von G. Méliès (1902); GEHEIMNISVOLLE TIEFE von P. W. Pabst
(1948).

Fallout, so etwa THE ROAD (2011) nach dem gleichnamigen Roman von Cormac McCarthy: Auf einer hoffnungslosen Reise durch das verwüstete Amerika begegnen Vater und Sohn fast niemandem mehr. Die wenigen Überlebenden werden zu Feinden.

In vielen Kriegsfilmen spielen Niemandsländer zwischen den Fronten, unklare Stellungsverläufe und verlorene Deserteure eine komplexe Rolle, die die Zone zwischen Heldentum, verbliebener Menschlichkeit und Kriegsirrsinn ausleuchtet. Francis Ford Coppola hat in seinem höchst erfolgreichen Antikriegsfilm APOCALYPSE NOW (1979) Motive aus Joseph Conrads Roman *Heart of Darkness* adaptiert, in dem fast ein ganzer Kontinent als Niemandsland erscheint. Das von einem desertierten Offizier im vietnamesischen Dschungel geschaffene *no man's land* taucht am Ende einer militärischen Flussexpedition auf und ist von einem Lager kaum zu unterscheiden. Berühmte historische Niemandsländer – aus dem Ersten Weltkrieg und den Balkankriegen – sind in Filmen wie MERRY CHRISTMAS (2005) oder NO MAN'S LAND (NIČIJA ZEMLJA), einem Spielfilm von Danis Tanović (2001) thematisiert. Tanovićs Film spielt in einem Schützengraben, in dem ein serbischer und zwei bosnische Soldaten aufeinandertreffen. Die verfeindeten Soldaten sprechen nicht nur die gleiche Sprache, sondern haben auch gemeinsame Jugendfreunde, da sie aus dem gleichen Dorf stammen. Einer der Männer liegt auf einer Mine, die explodieren wird, sobald er sich bewegt. Die internationalen Hilfstruppen und vor allem auch die Medien stehen der Situation ebenso zynisch wie hilflos gegenüber.

Hier sollen aber nicht solche Filme, die Niemandsländer nur als unterregulierte und gefährliche Orte thematisieren, betrachtet werden, sondern solche, die die Thematik von Eigentum, Besitz und deren Legitimität ins Zentrum stellen, in denen Gründungsmythen erschaffen und zugleich in Frage gestellt werden. Genau dies findet sich in zahlreichen amerikanischen Western.[342] Die Kolonisierung Nordamerikas durch Siedler aus Europa spielt für die philosophische und juristische Debatte um Eigentum, Besitz und Inbesitznahme eine zentrale Rolle. Bereits in der Einleitung wurde darauf hingewiesen, dass sich »Lockes Theorie des Eigentums gar nicht nachvollziehen lässt, wenn man die Situation in Amerika außer Acht lässt [...]«,[343] dass sich also die europäische Debatte direkt auf die Kolonisierung Nordamerikas und daher auch deren zentrale Rechtfertigungsargumente bezieht. Westernfilme sind die populäre Antwort auf moderne Eigentumsdiskussionen. Der Western kann also hier als Genre angeführt werden, da er deutlich macht, wie zentral Fragen der Legitimität von Macht und Eigentum – wenn auch oft implizit und sehr ideologisch eingefärbt – in der populären Breitenwirkung verhandelt werden.

In Westernfilmen geht es nicht nur um den Kampf zwischen American Natives und den Neusiedlern, um Vertreibung und Ausrottung der Ureinwohner, um Eisenbahnbau, Goldsuche und Überleben in der Wildnis, sondern immer auch um die Frage, ob dieses neue Land, das von den Siedlern in Besitz genommen wird, ein Niemandsland ist oder eben nicht, wem es gehört, wer es erwerben darf, wie die Bedingungen einer legalen Inbesitznahme wären, oder ob es schlicht Raub und die Besiedelung ein Verbrechen war.[344] Dabei spielen in vielen Western nicht nur die Auseinandersetzungen zwischen ›Indianern‹ und ›Cowboys‹ eine Rolle, sondern auch die zwischen unterschiedlichen Gruppen von Siedlern, Arbeitern und Immigranten. Immer stellt sich dabei die Frage: Wem gehört das Land?

Der prekäre Übergang von der Eroberung und Besetzung

---

342 Vgl. dazu auch Josef Früchtl, *Das unverschämte Ich: Eine Heldengeschichte der Moderne*, Frankfurt a. M.: Suhrkamp 2004.
343 Vgl. Loick, *Der Missbrauch des Eigentums*, S. 38 f.
344 Vgl. Matthias Asche, Ulrich Niggemann (Hg.), *Das leere Land. Historische Narrative von Einwanderergesellschaften*, Stuttgart: Franz Steiner 2015.

zum Eigentum charakterisiert den amerikanischen Grenzraum, die sogenannte *frontier*, die schon früh in der amerikanischen Geschichte zu einem ganz eigenen Mythos aus-
gebaut wird.

Der amerikanische Grenzraum übernahm als Ort der
Amerikanisierung der aus unterschiedlichen Ethnien
zusammengewürfelten Einwanderungsgesellschaft eine
Schlüsselfunktion für den Prozess der nationalen Iden-
titätsbildung. Sozialgeschichtlich ist die amerikanische
Gesellschaft insofern durch zwei zentrale Erfahrungen
geprägt – die Erfahrung der Einwanderung und die Erfahrung der *frontier*.[345]

Im Zusammenhang mit aktuellen politischen Fragestellungen sprechen Thomas Risse und Ursula Lehmkuhl von
Räumen »begrenzter Staatlichkeit«, das heißt Gebieten,
die zwar zu einem Staat gehören, also rechtlich keine Niemandsländer sind, aber doch keiner effektiven staatlichen
Kontrolle unterliegen.[346] Dazu zählen sie heute Teile So-
malias, Brasiliens, aber auch die Vorstädte von Paris und
Berlin. Die Frage, wie sich in solchen Gebieten *Governance*
vorstellen und durchsetzen lässt, ist nicht nur im Hinblick
auf die aktuelle Situation fragiler Staatlichkeit von Interesse, sondern eben auch im Kontext historischer Dynamiken von Staatenbildung und den damit einhergehenden
Konflikten.

Die *frontier* als imaginäre Grenze bildete für die Siedler
einen Übergang von ›Zivilisation‹, wie sie der Osten der USA
repräsentierte, und einer als Wildnis verstandenen ›Leere‹

345 Ursula Lehmkuhl, »Die Erschließung des amerikanischen Westens. Der
amerikanische Grenzraum – die frontier als Region, Prozess und Mythos«,
online unter https://www.fu-berlin.de/presse/publikationen/fundiert/
archiv/2009_01/09_lehmkuhl/index.html, abgerufen am 29. 9. 2020.
346 Vgl. Thomas Risse, Ursula Lehmkuhl (Hg.), *Regieren ohne Staat?*
Governance in Räumen begrenzter Staatlichkeit, Baden-Baden: Nomos 2007.

im Westen. Der Umgang mit der bedrohlichen Natur, der Verdrängungskrieg gegen die Ureinwohner und die Zerstörung ihrer Kulturareale, aber auch die Frage, wie sich eine Gesellschaft unter diesen Bedingungen selbst zu organisieren hat und soziale Strukturen etablieren kann, formen das Narrativ amerikanischer Identität. Sie lassen den in unzähligen Filmen und Romanen immer wieder erzählten und bis heute durchaus lebendigen und politisch relevanten Mythos amerikanischer Geschichte entstehen.

Amerikanischer Raum, im Sinne des beschriebenen Grenzraums, der *frontier*, war insofern nicht nur eine *contact zone*, in der unterschiedliche Gesellschaftstypen aufeinandertrafen. Sie war auch eine *impact zone*, also ein Raum, der die Identitäten der dort lebenden Menschen maßgeblich prägte. Als Raum, der das Gebiet jenseits der europäischen Siedlungsgrenze bezeichnet, hat die *frontier* die Selbstwahrnehmung der Siedler und damit die Konstruktion einer amerikanischen Ideologie des *American Creed* beeinflusst. Der Raum jenseits der Siedlungsgrenze wurde als *unlimited free* land wahrgenommen und steht damit in einem unmittelbaren Zusammenhang mit dem psychologischen Konzept der *unlimited opportunity*.[347]

Die erfolgreichste Formulierung dieses Narrativs dürfte eben dem amerikanischen Western gelungen sein. Er hat wegen dieser (neo-)mythischen Erzählungen von Freiheit und unbegrenzter Möglichkeit, aber auch wegen derjenigen von Rechtssetzung und (staatlicher) Autorität, nicht nur Filmtheoretiker und -historiker – wie etwa in den 50er Jahren schon André Bazin[348] und Robert Warshow – fasziniert,

---

347 Lehmkuhl, »Die Erschließung des amerikanischen Westens«, o. S.
348 André Bazin, *What is Cinema?*, Bd. II, übers. von Hugh Gray, Berkeley: University of California Press 2005 [1959].

sondern auch Philosophen und Politologen interessiert. Nicht zufällig ist es der Hegel-Spezialist Robert P. Pippin, der 2010 Vorlesungen zu *Hollywood Westerns and American Myth. The Importance of Howard Hawkes and John Ford for Political Philosophy*[349] veröffentlicht und sein Interesse mit der These begründet, dass es in Western darum gehe, »how legal order [...] is possible.«[350] Es sei das »core drama [...] of political life.« Western griffen dabei, so Pippin, naturrechtliche Theoreme auf:

[M]any great Westerns are indeed about the founding of modern bourgeois, law-abiding, property-owning [...] technologically advanced societies in transition – in situations of, mostly, lawlessness (or corrupt and ineffective law) that border on classic ›state of nature‹ theories.[351]

Western seien genuine Bebilderungen von naturrechtlichen Thesen und enthielten zudem deren narrative Überprüfung. Es gehe daher um ein »basic human problem, the political problem«.[352] Was Pippin hier als *das* politische Problem überhaupt apostrophiert, könnte man auch als Eigentumsproblem bezeichnen: Wem gehört die *Open Range* (wenn sie denn überhaupt eine ist) und wer darf sie einzäunen? Nach welchen und wessen Regeln wird Eigentum verteilt und wem zugesprochen?

Der im 1862 von Präsident Abraham Lincoln unterzeichnete *Homestead Act*[353] erlaubte es jeder Person – gemeint

---

349 Robert B. Pippin, *Hollywood Westerns and American myth: the importance of Howard Hawks and John Ford for political philosophy*, New Haven: Yale University Press 2010.

350 Ebd., S. 20.

351 Ebd.

352 Ebd.

353 Vgl. dazu https://www.archives.gov/education/lessons/homestead-act; Trina R. Shanks, »The Homestead Act: A major asset-building policy in American history«, in: Michael Sherraden (Hg.), *Inclusion in the*

waren dabei nicht die Native Americans – über 21 Jahren, sich auf einem bis dahin ›unbesiedelten‹ Stück Land niederzulassen, sich ein 160 Acre, also etwa 64 Hektar großes Land abzustecken und zu bewirtschaften. Nach einer Dauer von fünf Jahren wurde der Siedler dann zum Eigentümer.

Das Gesetz war das Ergebnis jahrzehntelanger Auseinandersetzungen: Schon deutlich vor Mitte des 18. Jahrhunderts hatte es Überlegungen gegeben, wie Land in Nordamerika unter den Siedlern zu verteilen sei und vor allem auch, wie man diese Aneignung begründen konnte. Die sogenannte *Preemption*, die auch als »Squatter's Rights«, also als Besetzer-Rechte, bezeichnet wurden, galt als »policy by which first settlers, or ›squatters,‹ on public lands could purchase the property they had improved.« Damit sollten die Siedler vor Spekulation und Vertreibung geschützt werden: »Squatters who settled on and improved unsurveyed land were at risk that when the land was surveyed and put up for auction speculators would capture it.«[354] Grund und Boden, der bearbeitet wurde, sollte gegen einen geringen Preis in das Eigentum der Siedler übergehen: »In 1841 Henry Clay devised a compromise by providing squatters the right to buy 160 acres of surveyed public land at a minimum price of \$1.25 per acre before the land was sold at auction.«[355] Diese Regelung war die Vorbereitung für die allgemeine staatliche Regelung im *Homestead Act*, die allerdings auch einer ideologischen Grundlage bedurfte.

Denn erstaunlicherweise war es den Siedlern ein Anliegen, die Okkupation von Land zu legitimieren – vor welcher Instanz auch immer, denn es wurde ja als *terra nullius* wahrgenommen. Im 17. Jahrhundert waren es die ersten Siedler, die den Eindruck hinterließen, dass das vorgefundene

American Dream: Assets, Poverty, and Public Policy, Oxford: Oxford University Press 2005, S. 20–41.

354 Zit. nach https://www.britannica.com/topic/preemption, abgerufen am 29.9.2020.

355 Ebd.

Land leer und wüst sei. »A man may stand on a little hilly place and see divers thousands of acres of ground as good as need to be«: Häuser, Dörfer, Straßen oder auch nur Menschen scheint es dort nicht zu geben.[356] John Winthrop, ein in Cambridge ausgebildeter Jurist, begnügte sich nicht mit Beobachtungen, sondern begründete damit in einem Text aus dem Jahr 1629 auch das gängige, angeblich religiös legitimierte Verfahren der Aneignung:

That which lies common and had been replenished or subdue is free to any that will possess and improve it, for God hath given to the sons of men a double right to the earth: there is a natural right and a civil right; the first right was natural when men held the earth in common, every man sowing and feeding where he pleased, and then as and the cattle increased, they appropriated certain parcels of ground by enclosing and peculiar menace, and this in time gave them civil right.[357]

Winthorp argumentiert ähnlich wie John Locke, dass es zunächst ein von Gott verbürgtes Recht auf Nutzung für alle gegeben habe, das dann aber durch diejenigen, die sinnvoll davon Gebrauch machen, auch eine zivilrechtliche und nicht nur theologische Legitimierung erfahren hat. Bis sich aufgrund dieser Argumente auch ein Verfahren durchsetzen konnte, das als *public land policy* Jahrzehnte amerikanischer Politik prägen sollte, vergingen noch mehr als 150 Jahre.

Was zunächst als großartige Geste der Landverteilung erschien und alle diejenigen belohnen sollte, die auf ihrer Scholle ausharrten und aus Steppenlandschaften, Wüsten und Prärien landwirtschaftlich kultivierten Boden machen sollten, war nicht nur eine Beraubung der Native Ameri-

356 Zit. nach Daniel Damler, »Der amerikanische Traum. Eigentum durch Arbeit im Wilden Westen«, in: Kempe, Suter (Hg.), *Res nullius*, S. 23–45, S. 27.
357 Zit. nach ebd., S. 29, Anmerkung 24.

cans, die vertrieben und in Reservaten angesiedelt wurden, sondern stellte sich zudem schnell als zu naiv geplant heraus. Der grundlegende Irrtum war derjenige, der auch schon John Lockes Überlegungen *of property* heute zu simpel erscheinen lässt: Es gab eben doch nicht genug bzw. genug gutes Land für alle. Vor allem aber waren auch nicht alle bereit, die Grundregel der Subsistenzwirtschaft zu akzeptieren, schließlich versprach die kapitalistische Akkumulation von Grund und Boden nicht nur eine drastische Vermehrung von Vermögen, sondern auch von Macht und politischem Einfluss.

Wie Rousseau richtig voraussieht, sind auch im Wilden Westen nicht Autarkie, Freiheit und kleines Glück das Ziel der neuankommenden Siedler, vielmehr akkumulieren Großfarmer nicht nur riesige Mengen an Rindern, sondern auch riesige Flächen an Weide- und Ackerland. Die Erträge werden selbstverständlich verkauft und nicht selbst verbraucht. Man kann sich die Naivität der amerikanischen Gesetzgeber angesichts der heraufziehenden modernen Ökonomie nur durch eine anachronistische Begeisterung für die biblische Genesis und John Lockes *Treatise* erklären, die sich allerdings beide nicht für eine realistische Eigentumspolitik und schon gar nicht für eine zivilgesellschaftlich sinnvolle Erschließung eignen:

Wenn wir davon ausgehen, dass der Topos von einem verwilderten Garten Eden, von einer entrückten Locke'schen Welt im Naturzustand als ideologische Basis auch noch 1889 präsent war, ist leicht einzusehen, warum sich niemand in Washington über Eisenbahntrassen, Poststationen, Kasernen und Polizeistationen den Kopf zerbrach. Eine Eisenbahn in Gottes *terra nullius* war und ist nun mal eine absurde Vorstellung.[358]

358 Ebd., S. 56.

Wie immer beim Einzäunen einer so genannten *terra nullius* gibt es natürlich auch im Old West diejenigen, die den Zaun bauen und diejenigen, die ausgegrenzt, vertrieben, getötet und vernichtet werden. Das monumentale Narrativ des blutigen Kampfes zwischen ›weißen‹ Siedlern und ›roten‹ Indianern ist ganz zweifellos eines der populärsten und es hat das Hollywood-Kino weltberühmt gemacht. Dabei nehmen die Siedler zwar selten für sich in Anspruch, die ersten gewesen zu sein, die eine bestimmte Gegend erreichen, jedoch behaupten sie immer, die ersten zu sein, die dort das Land bebauen – und entsprechend das Privileg haben, es einzuzäunen. In den Reservaten, die man den verschiedenen Stämmen der Great Plains und des Nordens zuwies,[359] war daher zunächst auch kein Privateigentum vorgesehen. Dort sollte alles Allgemeinbesitz sein, obwohl erklärtes Ziel zugleich war, die Stammesstrukturen, die Sprache und Kultur systematisch zu zerstören. Tatsächlich war für viele indianische Ureinwohner Privatbesitz kein erstrebenswertes Gut, sie verkauften einen Großteil ihres Landes, das ihnen spät dann doch noch zugewiesen worden war, für lächerliche Summen.

Weniger beachtet wird dabei, dass es neben den Native Americans auch noch andere Verlierer der Akkumulation und Eingrenzung von Land gibt: Die weißen Cowboys, die *drifters*, die mit der Erfindung von Weide- oder von billigerem und effektiverem Stacheldraht überflüssig werden. Als einsamer Reiter mit Revolver und Stetson, immer ohne Eigentum an Grund und Boden, ohne Familie, dafür mit einer gewissen melancholischen, erotischen Anziehungskraft ausgestattet, gehört er zum Mythos des amerikanischen *Old West*. Den *drifter* haben die Western überhaupt erst zum Helden gemacht, ja gewissermaßen erfunden.[360]

359 Vgl. den Text des Removal Act von 1830: https://memory.loc.gov/cgi-bin/ampage?collId=llsl&fileName=004/llsl004.db&recNum=459.
360 Vgl. Scott Simmon, *The Invention of the Western Film. A Cultural History of the Genre's First Half-Century*, Cambridge: Cambridge Univer-

Er ist gerade keiner der Siedler, kein Landwirt, keiner, der den Pflug führt, den Boden einkerbt und den Weizen erntet. Nicht selten ist er – oder war er – ein Kleinkrimineller und hat gewisse Ähnlichkeiten mit seinen Gegenspielern, den echten Gangstern. Nicht wirklich den geltenden Gesetzen unterworfen, bewegt er sich in einem undefinierten, aber attraktiven Raum zwischen Gesetz und Rechtsbruch, wo sich – wie bei allen echten Helden – Gehorsamsverweigerung und moralische Integrität gegenseitig verstärken.

Als eine der zentralen Gestalten der großen Landnahme im 19. Jahrhundert ist er derjenige, der außer seinem Pferd (oft nicht einmal das) und seinem Sattel nichts besitzt und mit denjenigen, die Zäune um ihre Besitzungen ziehen, in Konflikt gerät. Im Cowboy begegnen wir auf eine seltsam vertraute Weise und mitten in der Geschichte der großen, gewalttätigen Landnahme eines ganzen Kontinents noch einmal dem Besitzlosen, dem freien, autarken Menschen, der aus der Rousseau'schen Urzeit der Menschheit mitten in die Moderne hineinzureiten scheint: Er kämpft nicht nur gegen Verbrechen und Gesetzlosigkeit, manchmal zusammen mit den oder auch gegen die Indianer, sondern auch gegen Stacheldrahtzäune und deren Verfechter. Diese Auseinandersetzungen waren keine harmlosen Nachbarschaftsstreitigkeiten, sondern blutige Kämpfe, die sogenannten *Fence Wars* oder *Open Range Wars*, die gegen Ende des 19. Jahrhunderts in Nordamerika fast bürgerkriegsähnliche Heftigkeit annahmen.

Diese *Fence* oder *Fence Cutting Wars* des späten 19. Jahrhunderts spielen in vielen Western eine zentrale, wenn auch

sity Press 2003, S. 94 ff. »The western is the only genre whose origins are almost identical with those of cinema itself.« (S. 140) Vgl. auch Robert Warshow, *Die unmittelbare Erfahrung. Filme, Comics, Theater und andere Aspekte der Populärkultur*, Berlin: Vorwerk 8 2014; Georg Seesslen, *Western. Geschichte und Mythologie des Westernfilms*, Marburg: Schüren 1995; Richard Slotkin, *Gunfighter Nation. The Myth of the Frontier in Twentieth-Century America*, Norman: University of Oklahoma Press 1989.

oft nicht weiter explizierte Rolle, darunter in so berühmt gewordenen wie CHISUM (1970) mit John Wayne in der Hauptrolle. Noch 2003 produzierte Kevin Costner einen Film mit dem Titel OPEN RANGE, der zu einem Überraschungserfolg wurde. Costner als Charley und seine kleine Cowboytruppe sind *freegrazer*, die ihre Rinder durch die *open range* treiben und dabei in Konflikt mit Rinderbaronen und korrupten Sheriffs geraten. Der melancholische Film, in dem alle Beteiligten ständig über die sich ändernden Zeiten sinnieren, will nicht suggerieren, dass eine Handvoll Cowboys sich gegen kapitalistische Weidewirtschaft durchsetzen kann. Sie erringen nur einen kleinen Sieg über einen unbedeutenden betrügerischen Bürgermeister, bringen ihre letzte Herde ans Ziel und werden sich mit dem eingenommenen Geld einen Saloon kaufen: Nur wer Eigentum besitzt, hat eine Chance, zu überleben. Auch wenn Costner als Charley Waite immer wieder betont, dass es nicht nur darum gehe, den Rindern ihre Bewegungsfreiheit zu lassen, sondern auch darum, dass er sich selbst nie und von niemandem sagen lasse, wohin er zu gehen habe, ist das nicht sehr glaubhaft, denn letztlich ist es der ökonomische Zwang zum Überleben unter den veränderten Bedingungen der Moderne, der die Entscheidung herbeiführt. Der Freiheitswille wirkt etwas in die Jahre gekommen, wie der Cowboy selbst auch.

In SHANE, einem Film aus dem Jahr 1953, ist es allerdings tatsächlich noch der *drifter,* dem es gelingt, arme Siedler gegen reiche Rinderbarone zu verteidigen und in einer ikonischen Schlusseinstellung verlässt er – verletzt und einsam – das Tal der irgendwie spießig wirkenden Siedler. RAUCHENDE COLTS – GUNSMOKE –, die mit 20 Staffeln längste Western-Serie überhaupt, streift die Thematik in vielen Episoden, in denen es vor allem um die Etablierung von Recht, Ordnung und Zivilgesellschaft geht. In André De Toths DAY OF THE OUTLAW von 1959 ist der Konflikt zwischen Rangern mit großen Herden und Siedlern, die ihr Land einzäunen wollen, nur ein Konflikt von vielen. Bedrohlicher als dieser sind der Bürgerkrieg und marodierende Deserteure, die ein ganzes Dorf mitten in einem schrecklichen Schneesturm als Geiseln nehmen. Der Ranger, der für das offene Weideland eintritt, geht als Sieger vom Platz, allerdings wird nicht geklärt, wie seine weitere Zukunft aussehen soll.

CHISUM von 1970 beruht auf historischen Fakten und inszeniert nur historische Personen, unter ihnen John Chisum, der am sogenannten Lincoln-County-Rinderkrieg als reicher Herdenbesitzer beteiligt war und in dessen Diensten sich auch zeitweilig Billy the Kid befand. Die Konflikte dieses Films, die die Gegend um Lincoln lange in Unruhe versetzten, drehen sich nicht mehr nur um *Open Range* und Einzäunung, sondern schon um konfligierende Interessen in einer fortgeschrittenen, marktwirtschaftlich-kapitalistisch orientierten und dekadenten Gesellschaft.

Spätwestern und Neowestern nach 2000 befassen sich fast ausschließlich mit der Dekonstruktion der Westernmythen und inszenieren »the tension between demythologisation and remythologisation. [...] The term currently used for this technique is ›deconstruction‹.« Der Philosoph Josef Früchtl zitiert unter anderem die Filme von Clint Eastwood als Beispiele:

UNFORGIVEN is a film which would have pleased even a well-raised and sensitive philosopher like Theodor W. Adorno, had he not had so many prejudices against the cinema. For it is a film offering no less than a negative theology in the guise of a western, capable only of circling laconically and in eternal damnation around its dissolved absolute, the hero.[361]

361 Joseph Früchtl, »›... And avenge and forgive us our sins‹: negative theology and patriarchal feminism in the films of Clint Eastwood«, in: *Esthetica: Tijdschrift voor Kunst en Filosofie* (2007), S. 1–7, S. 2.

Zentral ist der Konflikt um die Einzäunung von Weiden dagegen noch für MAN WITHOUT A STAR (1955),[362] in dem Kirk Douglas als Dempsey Rae offenbar traumatische Erfahrungen mit Stacheldraht gemacht hat.[363] Dempsey ist ein *drifter*, der auf der Suche nach freiem Land und guter Arbeit immer weiter vom tiefen Süden nach Norden zieht. Er heuert auf einer Farm in Arizona an und stellt fest, dass der Chef eine Chefin ist, die aus dem Osten kommt und mit ihrer Riesenherde vor allem Geld machen möchte. Selbstverständlich kann er nur für sie arbeiten, weil er sie sofort zu seiner Geliebten macht.

Die Nachbarn mit kleineren Herden fürchten die ruinöse Konkurrenz durch die Rindermassen von der Ostküste und wollen ihre eigenen Herden, Weiden und vor allem die Wasserstellen mit Hilfe von Einzäunung schützen. Das von einem Nachbarn freundlich begonnene Gespräch über Vorteile dieses *enfencements* der Weiden gerät zum Streit. Dempsey verlässt Tisch und Haus des Gastgebers, sobald nur von Zäunen die Rede ist: »Barbed Wire«, kommentiert er, »I don't like it and I don't like anyone who uses it« (TC 00:24:15). Den vollkommen vernarbten Rücken des Cowboys sieht man erst später, wenn schon klar ist, dass es sich nicht um einen oberflächlichen Streit unter Farmern handelt.

Letztlich hat er sich aber dann doch auf die Seite derjenigen zu stellen, die ihre Weiden mit Zäunen vor der Expansion der Rinderbaronin – die ihre Interessen sogar mit Waffengewalt durchsetzen will – schützen müssen. »Do you own that ground?«, fragt sie nicht ganz zu Unrecht die alten Siedler. »No, but we got there first«, antworten diese. Was das für ein Gesetz sei, will sie wissen: Es sei das Gesetz, das sie selbst gemacht hätten. Es ist das uralte Gesetz, das

---

362 A MAN CALLED GANNON ist ein weniger erfolgreiches Remake von 1968.
363 Der Film beruht auf einem eher trivialen Roman von Dee Linford (1915–1971), einem Journalisten und Chronisten des alten Westens.

denjenigen privilegiert, der zuerst da ist (TC: 00:40:25). Sie wird es nicht akzeptieren, sondern mit dem Recht des bzw. der Stärkeren dagegenhalten. Niemand scheint sich für die wirkliche Gesetzeslage zu interessieren, der *Homestead Act* wird nicht erwähnt. Das Recht, ein angeblich leeres Land zu besetzen – was es natürlich auch hier nicht war –, erscheint nun plötzlich als naive Siedlermentalität, denn nun ist bald alles besiedelt, Niemandsländer und die *frontier* gibt es – offiziell ab 1890 – nicht mehr. Das Recht des (oder der) Stärkeren ist das Gesetz der neuen Zeit.

Dempsey hat die Seiten zu wechseln, er hilft dann eben doch den kleinen Farmern, Stacheldraht zu ziehen, um sie vor den großen Herden zu schützen. Als man ihm zum Dank dafür selbst Land für eine Ranch anbietet, lehnt er dankend ab: »I just don't like barbed wire«. (TC 1:13:00) Er verabschiedet sich und reitet weiter nach Norden, hat dort aber offensichtlich so wenig Zukunft wie der *Old West* überhaupt.

MAN WITHOUT A STAR erzählt die Geschichte eines gutaussehenden, fröhlichen Simplicissimus, der zwischen die Fronten gerät. Als Cowboy will er nichts besitzen außer seinem Sattel, muss sich aber entscheiden, wem er seine Arbeitskraft verkauft. Auf die Chefin von der Ostküste kann er sich – auch als Geliebter – einlassen, aber nur so lange, bis sie sich als rücksichtslose Kapitalistin erweist. Seinen Körper verkauft er dabei gleich doppelt, als Arbeiter und als Liebhaber, damit wird er allerdings keineswegs unentbehrlich, auch die Liebe unterliegt marktwirtschaftlichem Kalkül. Mit denjenigen, die ihr Land einzäunen, will er eigentlich nichts zu tun haben, wiederum allerdings nur solange, bis er merkt, dass sie seine Hilfe brauchen. Er ändert seine Haltung, was ihm schwerfällt.

Dempsey hält es erst mit Rousseau, bis er merkt, dass dies zu naiv ist. Sein Versuch, eine Art Che Guevara des Westens zu werden, scheitert aber auch, weil er Zäune auch dann noch hasst, wenn sie zum Schutze der Ärmeren errichtet werden.

Die Zukunft gehört ganz offensichtlich denjenigen, die sich niederlassen und Verträge ausarbeiten, Besitz erwerben und arbeiten. Der *drifter* gehört in eine andere Welt und in eine andere Zeit. Sein Leben in radikaler Freiheit, radikaler Armut und Unabhängigkeit, das ihn nicht nur als Verwandten anderer Vagabundenfiguren wie Chaplins Tramp oder Lucky Luke ausweist, sondern ihn eben auch als eine etwas grobschlächtige Imitatio Christi, einen liederlichen Bruder von Agambens franziskanischen Bettelmönchen erscheinen lässt, ist ebenso einnehmend wie überkommen in Zeiten von Eisenbahn und Großgrundbesitz. Die – ausgerechnet im Mythos vom harten Mann versteckte – Kritik an der kapitalistischen Moderne ist nicht zu übersehen. Das Land der unbegrenzten Möglichkeiten liegt immer hinter dem Horizont. Im Diesseits gehören diejenigen, die nichts besitzen außer ihrer Arbeitskraft – und ihrer Manneskraft – zu einem elenden Proletariat. Glücklich ist so einer wie Dempsey nur in einem Niemandsland wie dem der *Great Plains*, die allen und niemandem gehören sollten.

Ikonisch geworden sind die Bilder der in die weite Ferne reitenden Cowboys – Lucky Luke pfeift dabei immer sein Lieblingslied »I am a poor lonesome cowboy and a long way from home« – oder auch das von Chaplins Tramp, der auf schnurgeradem Weg in die Weite watschelt. Die Besitzlosen sind auch bindungslos, zudem scheinen sie weder zu altern noch sich zu verändern.[364] Sie haben weder ein Haus, noch eine Familie, noch eine Herkunft oder Zukunft und verleihen damit einer Sehnsucht des bürgerlich Sesshaften Ausdruck: Als sei es der große Traum gerade der Bürger und Bauern, sich von der mühsam erworbenen, umzäunten und kultivierten Scholle wieder zu befreien.

---

364 Lucky Luke tauscht irgendwann die Zigarette gegen einen Grashalm. Aber man hat nicht den Eindruck, dass er das aus eigener Überzeugung tut.

Schluss

»Wir müssen uns daran gewöhnen, dass der Begriff nicht das Selbstverständliche ist.«[1] Die Leistung von nichtbegrifflichem Reden hat Hans Blumenberg in vielen seiner Texte sorgfältig nachgezeichnet und locker zu einer Theorie der Unbegrifflichkeit zusammengeführt. Eine Annäherung an die Funktion von Begriffen auf der einen und das Möglichkeitsbewusstsein auf der anderen Seite liefert er, indem er die Negation als eine Grundoperation von Begrifflichkeit anführt: »In der *Negation* wird die *Entscheidung der Realität über das Möglichkeitsbewusstsein* zur Kenntnis genommen und gebracht.«[2] Möglichkeitsbewusstsein dagegen ist eines, das keine Negation braucht, das sich – mit Freud vielleicht im Traum – mit Blumenberg im Metaphorischen ausdrückt. Es handelt sich dabei um ein spezifisches Wissen, das nicht als Vorbegriffliches, sondern als Überbegriffliches verstanden werden muss, also um eine Epistemologie, die weniger exakt erscheint, aber darum nicht weniger präzise sein muss.

Robert Musil, der Erfinder des »Möglichkeitssinns« (vgl. Kap. III.3) formuliert es schon ganz ähnlich wie Blumenberg: Die Kunst stelle »nicht begrifflich, sondern sinnfällig dar, nicht Allgemeines, sondern Einzelfälle, in deren kompliziertem Klang die Allgemeinheiten ungewiß mittönen«. Kunst interessiere sich »für die Erweiterung des Registers von innerlich noch Möglichem«, und darum sei »die Kunst auch nicht Rechtsklugheit, sondern – eine andere«.[3] Man

---

1 Hans Blumenberg, *Theorie der Unbegrifflichkeit*, aus dem Nachlass hg. von Anselm Haverkamp, Frankfurt a. M.: Suhrkamp 2007, S. 32.
2 Ebd., S. 76.
3 Robert Musil, »Das Unanständige und Kranke in der Kunst«, in: Ders., *Gesammelte Werke*, Bd. II, Hamburg 2000, S. 977–983, S. 980 f.

könnte also von einer Epistemologie sprechen, die statt auf definitorische Eingrenzung der Begriffe eher auf eine Ausdehnung der metaphorischen Register setzt.

Die Übersetzung dieses epistemologischen und zugleich ästhetischen Konzepts in eine Raummetapher wäre ein Ort, dessen Begrenzungen zugewuchert, verwischt, unscharf oder unsichtbar geworden sind. Man darf vermuten, dass Blumenbergs Höhlen und ihre Geschichten, ebenso wie Musils vergessene Peripherien, ihre jeweiligen Niemandsländer also, einen solchen Übersetzungsvorgang repräsentieren.

Solche Räume gehören nicht demjenigen Nomos an, den Cornelia Vismann mit ihrer prägnanten, bereits zitierten Formulierung beschreibt: »The primordial scene of the *nomos* opens with a drawing of a line in the soil«. Vielmehr geht es um einen Typus von Ordnung, um eine Art von *nomos,* der nicht nur anders funktioniert, also eben ohne klare Grenze, sondern auch anders zu beschreiben wäre.

Ludwig Wittgenstein formuliert genau diese Problematik von Funktion und Sprache des Unabgrenzbaren in seinen *Philosophischen Untersuchungen* anhand verschiedener Beispiele, die teilweise schon an anderer Stelle angeführt wurden: »Frege vergleicht den Begriff mit einem Bezirk und sagt: einen unklar begrenzten Bezirk könne man überhaupt keinen Bezirk nennen. Das heißt wohl, wir können mit ihm nichts anfangen.« Wittgenstein dagegen behauptet selbstverständlich genau das Gegenteil und zwar, dass man im Grunde sogar *nur* mit solchen unscharfen Bezirken – bzw. Begriffen – wirklich etwas anfangen könne. »Wenn Einer eine scharfe Grenze zöge, so könnte ich sie nicht als die anerkennen, die ich auch schon immer ziehen wollte [...]. Denn ich wollte gar keine ziehen.« Das gilt etwa für ineinanderfließende Farben: »[W]ird es dann nicht eine hoffnungslose Aufgabe werden, ein dem verschwommenen entsprechendes scharfes Bild zu zeichnen? [...] Es stimmt alles; und nichts.« Für Wittgenstein ist die Diagnose eindeutig:

»Ist das unscharfe [Bild, D. K.] nicht oft gerade das, was wir brauchen?« Er schließt daraus: »Und in dieser Lage befindet sich z. B. der, der in der Aesthetik oder Ethik nach Definitionen sucht, die unseren Begriffen entsprechen.«[4]

Niemandsländer in der Literatur, ihre konstitutive Unschärfe und ihre spezifische Unordnung verbinden die Reflexion auf die Grenzen von Eigentum mit der Frage, was dieses begrenzte und begrenzende Eigentum für die Eigentümer bedeuten mag und was mit denjenigen geschieht, die nichts besitzen. Solche Niemandsländer stellen zudem die Frage nach der besonderen Episteme von unbegrifflicher Unschärfe und nach deren ästhetischer Relevanz. Die Hoffnung auf die ordnungsstiftende Kraft von Abgrenzung und Ausgrenzung sowohl für Besitzverhältnisse als auch für Bewusstseinszustände erweist sich dabei als mindestens ebenso trügerisch wie der Glaube an eine ideale Sprache der sauber abgegrenzten Begriffe.

Die Interdependenz zwischen dem leeren Raum und seinen weitgehend unbehausten Bewohnern stand im Zentrum der vorgestellten literarischen Erzählungen. Es ging dabei nicht nur um den Besitz von Grund und Boden und dessen Beherrschung, sondern zugleich auch um den Besitz einer irgendwie gearteten Identität, um deren Fehlen oder um die Befreiung von den Zumutungen, die Identitäten sein können. Immer wurde also der Zusammenhang von Besitz und Identität mitverhandelt, wobei gerade die Selbstverständlichkeit, mit der Identität durch Besitz bzw. Besitz durch Identität legitimiert werden, als für die Moderne charakteristische, meist unhinterfragte und doch hochproblematische Verbindung identifiziert wurde. Niemandsländer stellen eine Störung im System von Eigentum, Besitz und Identität dar und verlangen daher die Reflexion auf deren Legitimität.

Eigentum – nicht an Mobilia, sondern an Grund und Boden – assoziiert Vorstellungen von Verwurzelung, Ver-

4 Wittgenstein, *Philosophische Untersuchungen*, §§ 71–77, S. 60–63.

ortung, auch Heimat und vor allem Zugehörigkeit, die mit ihrem Gegenteil, dem Verlust von Besitz, von Haus und Hof, mit Vertreibung oder Flucht und einer Existenz in der Fremde kontrastieren. Durch die Niemandsländer wird diese Dichotomie von Eigen(-tum) und Fremd(-heit) gestört oder ergänzt. Das Niemandsland liegt jenseits von Besitz und Eigentum. Als das eigentliche Sujet der Niemandslandstexte kann man daher die Erfahrungen bezeichnen, die die Niemande im Niemandsland machen: Die Entkoppelung von Eigen und Eigentum gehört ebenso dazu wie eine erstaunliche Beglückung durch Entfremdung, allerdings auch die Erfahrung einer vollkommenen Exterritorialität, die nicht einmal mehr dem Status eines Fremden ähnelt.

Dabei ist und bleibt der leere Raum immer ein Imaginäres, er hat keinen geographischen, sondern einen narrativen Ort. Die Fragen, wie Menschen zu Eigentum an Grund und Boden gelangen können, greifen daher auf mythische Narrative von Schöpfung und Verteilung zurück. Im Uranfang muss die Erde allen und niemandem zugleich gehört haben. Ist die Verteilung nicht ein teuflisches Werk, das nur Zwist auslösen und Krieg provozieren soll, dann muss es eine göttliche Legitimation für Besitz und Eigentum an Grund und Boden geben.

Nicht ohne Schwierigkeiten lässt sich dieses Narrativ in ein philosophisches oder völkerrechtliches Argument überführen. Letztlich ist es das Leben selbst, das physische Überleben, die Arbeitskraft und das kleine Glück des Menschen auf Erden, das eine notwendige Aneignung begründen soll. Ist dies aber nicht durch einen Kauf, einen Vertrag abgesichert, dann ist es immer das *venire in vacuum*, die Besetzung von »leerem«, von unbebautem Land, um die es geht.

Das Imaginäre des leeren Raumes verbindet sich mit der Historie von Eigentumsreflexionen und zugleich mit den Erzählungen von Autarkie und Glück, aber auch mit Geschichten von Vertreibung und Besetzung ebenso wie von Befreiung, Verwandlung und Verständigung. Immer ist hier auch das Verbrechen und das Scheitern mitgedacht, oft ist die Rede von drohender Einsamkeit, von Verlust, Opfern und Schuld, von Desorientierung und Verlassenheit. Für die Politik und die Politikwissenschaft stellt sich hier die Frage nach der »Governance in Räumen begrenzter Staatlichkeit«, für die Literatur und die Kulturtheorie geht es eher um die Frage nach Leben und Überleben in den Niemandsländern der Welt.

Niemandsländer entstammen nicht nur dem Imaginären, sie bieten auch der Imagination einen Raum. Sie sind Orte für niemanden und Niemande zugleich. Niemand möchte in einem der schrecklichen, von der Welt vergessenen und verleugneten Lager, die sich an den Rändern und auch im Zentrum wohlhabender Regionen ausbreiten, leben oder auch nur kurze Zeit verbringen müssen.

Ein Niemand in einem Niemandsland zu sein, kann aber eben auch etwas ganz anderes meinen, nämlich die zeitweilige Entlastung von Identität, die Lockerung von biographischen und gesellschaftlichen Zwängen, die Entlastung von Besitz und Fürsorge und vor allem die Entkoppelung von Besitz und Subjektivität, von Eigen und Eigentum. Niemandsländer lösen dann eine durchaus angenehme Form der Selbstentfremdung aus und verhelfen auf diese Weise zu einer eher spielerischen als kritischen Selbstdistanz. Sie sind also im Idealfall ein Therapeutikum gegen Ideologien.

Filmschluss aus MAN WITHOUT A STAR (1955)   221